JN023210

内部監査人のための

IT監査と ITガバナンス 補訂版

一般社団法人日本内部監査協会 編

同文舘出版

発刊にあたって

　ITは，現代社会に多大な恩恵をもたらし，経済活動をはじめとした人々の社会生活と密接不可分なものとなっており，現代の経営組織体にとっても欠くことのできない存在です。組織運営にあたって，IT戦略の構築，ITへの投資，ITから生じるリスクへの対応は，組織の規模の大小を問わず，避けては通れない重要な課題といえます。

　1950年代にわが国に情報システムが導入されて以降，組織体の経営目標の効果的な達成を支援する内部監査にとっても，ITは時代を問わずに一貫して重要な領域であり続けてまいりました。こうしたなか，日本内部監査協会では，昭和62（1987）年（創立30周年）に，『情報システム監査の実務』を，また，平成15（2003）年に，『情報システム監査の基礎と実践』を発刊しました。さらに，平成19（2007）年（創立50周年）には，『ここから始めるIT監査』を，平成24（2012）年には，『IT監査とIT統制—基礎から事業継続・ネットワーク・クラウドまで—』を発刊してきております。

　本書は，昨年創立60周年を迎えたことをきっかけに，近時のさらなるITやAIの発達や普及，またそれに対するIT監査やITガバナンスの進歩を勘案し，内部監査に従事される方々が実務を遂行される際の手引きとなるよう企画されたものです。本書が，そうした方々に少しでもお役に立つことになれば幸いです。

　本書の編集にあたっては，執筆幹事の労をお取りいただいた吉武一氏をはじめ，辻本要子氏，茅野耕治氏，小池聖一・パウロ氏の執筆者の皆様に多大なご協力をいただいたことに対して，深甚なる謝意を表します。

　また，発行に際し，格別のご配慮を賜りました同文舘出版株式会社に，心より感謝いたします。

2018年9月

一般社団法人日本内部監査協会

会長　伏屋　和彦

補訂版はしがき

　今般，『内部監査人のためのIT監査とITガバナンス』の補訂版を出版する運びになった。

　2018年9月に一般社団法人日本内部監査協会創立60周年事業の1つとして出版された初版は，多くの内部監査人に活用され，IT監査の理論的根拠とともに実務におけるノウハウを提供してきた。

　しかしながら，デジタル・トランスフォーメーションに代表されるこの2年半余りのITの進化と普及，あるいは新型コロナウイルス流行等によるリモート業務の増加等，ITを取り巻く環境の変化はITリスクについても大きな変化をもたらし，ITガバナンスやIT監査のあり方についての新しい課題も出現してきた。このような新たな課題に対して内部監査人，IT監査人はどのように対応していくべきかという質問に答えるべく，補訂版として本書を上梓する運びとなったものである。

　たとえば，第3章「情報システムのライフ・サイクルに沿った管理態勢の構築と監査」の中で，従来のウオータフォール型開発手法に関する説明に加えて，新しく節を設けてアジャイル型開発とそのIT監査に関する説明を行った。また，第4章，第5章「情報セキュリティ管理態勢の構築と監査」，第6章「事業継続管理態勢の構築」の中でIoTやクラウド・サービスの普及，リモート業務増加に伴うリスクの変化と対応すべき管理態勢について説明し，「ゼロトラスト」という新しい考え方を紹介した。「ゼロトラスト」とは，ネットワークを社内と社外の物理的な2つの領域に分けて，その境界内で社内ネットワークのセキュリティを守るという従来の「境界防御」の考え方では防御不十分と認識し，社内ネットワークにおいても，アクセスを許可する前には認証を実施して，セキュリティを確保しようとする考え方である。

　この補訂版が，変わりゆくITリスクに係る監査を通して，組織体のITガバナンスやIT統制に貢献される内部監査人，IT監査人の参考になることを切に願うものである。特に，本書を執筆している2021年5月現在新型コロナ

ウイルス禍にあり，その点からも，本書が関係者の皆様に役立つことを願っている。

　最後になったが，一般社団法人日本内部監査協会の方々から変わらぬ暖かい励ましと親切なご指導を頂いた。

　また，同文舘出版株式会社取締役の青柳裕之氏，専門書編集部の大関温子氏，有村知記氏には本書出版に際して格別のご尽力を賜った。この場を借りて謝意を表したい。

2021年5月

執筆者を代表して

吉武　一

目　次

発刊にあたって　　ⅰ
補訂版はしがき　　ⅲ

第 **1** 章

ITガバナンスとITリスク・マネジメント

Ⅰ　ITの発展と普及 ──────────────────────── 2

Ⅱ　ITガバナンスとITリスク・マネジメント ──────── 6

１　ITガバナンス ……… 6

（1）ITガバナンスの定義と役割　　6

（2）ITガバナンスの目的　　7

（3）ITガバナンスに係るIT監査　　10

２　ITリスク・マネジメント ……… 11

第 **2** 章

ITリスクとIT統制

Ⅰ　ITリスク ──────────────────────────── 20

１　リスクの概念 ……… 20

（1）事象，発生可能性，影響　　20

（2）上振れリスクと下振れリスク　　21

２　ITリスクの概念 ……… 22

３　ITリスクの識別 ……… 24

４　ITリスクの評価 ……… 27

５　ITリスクへの対応 ……… 28

Ⅱ IT統制 ———————————————————————————————— 30

1 IT統制の概念 ……… 30

2 IT統制活動の種類 ……… 31

（1）レベル別（階層別）IT統制活動　31

（2）手法別IT統制活動　33

（3）機能別IT統制活動　36

（4）手段別IT統制活動　36

3 IT統制目標の構造化 ……… 38

4 IT統制の成熟度モデル ……… 39

5 固有リスク，統制リスク，残存リスク ……… 41

6 まとめ：ITガバナンス，ITリスク・マネジメント，
IT統制の関係 ……… 43

第 **3** 章

情報システムのライフ・サイクルに沿った
管理態勢の構築と監査

Ⅰ 情報システムのライフ・サイクルに沿った管理態勢 ……… 50

1 情報システムのライフ・サイクル ……… 50

2 SDLCに沿った管理態勢 ……… 50

Ⅱ SDLCに沿ったIT監査 ———————————————————— 51

Ⅲ SDLCのプロセスごとの監査の要点 ———————————— 52

【重要チェックポイント】 SDLCに沿った管理態勢………52

1 企画プロセスについて ……… 56

（1）IT戦略企画プロセスについて　57

（2）情報システム企画プロセスについて　58

2 開発プロセスについて ……… 64

（1）開発プロセスとは　64

（2）開発プロセス（狭義の開発プロセスおよびテストプロセス）
　　　に対する検証　66

3 運用・利用プロセスについて ……… 67

（1）移行プロセスとは　　67
（2）移行プロセスに対する検証　　67
（3）運用・利用プロセスとは　　68

4 保守プロセスについて ……… 71

（1）保守プロセスとは　　71
（2）保守プロセスに対する検証　　72

5 廃棄プロセスについて ……… 72

（1）廃棄プロセスとは　　72
（2）廃棄プロセスに対する検証　　73

6 すべてのプロセスに共通する事項 ……… 73

（1）文書管理とは　　73
（2）エンド・ユーザ・コンピューティング
　　　（End-User Computing）とは　　75
（3）業務委託先の管理　77

Ⅳ　アジャイル型開発とIT監査 ……………………………………… 78

1 情報システムの開発手法 ……… 78

2 アジャイル型開発の特性 ……… 80

3 アジャイル型開発に対するIT監査 ……… 82

Ⅴ　まとめ ………………………………………………………………… 83

第 **4** 章

情報セキュリティ管理態勢の構築と監査（上）

Ⅰ　情報セキュリティガバナンスの必要性 …………………… 86

Ⅱ　情報セキュリティとは ……………………………………………… 88

Ⅲ 情報セキュリティ管理態勢 ———————————————————— 89

1 統制環境（NIST：識別）——— 90

2 リスク評価（NIST：識別）——— 91
（1）情報資産の洗い出しと資産価値の評価　91
（2）リスク評価について　92

3 統制活動（NIST：防御，検知）——— 93
（1）組織的コントロール　93
（2）人的コントロール　96
（3）技術的コントロール　97
（4）物理的コントロール　102

4 情報と伝達 ——— 106

5 モニタリング活動 ——— 107

6 情報セキュリティの事故（インシデント）
対応（NIST：対応，復旧）——— 108
（1）インシデント発生に備えた準備　108
（2）インシデントの検知と記録　109
（3）初動対応・影響範囲の特定・応急措置　109
（4）対応策の実施と評価　109
（5）根本原因の究明と再発防止策の実施　109

7 情報セキュリティ管理の成熟度モデル ——— 109

第 **5** 章

情報セキュリティ管理態勢の構築と監査（下）

Ⅰ サイバーセキュリティ管理の必要性 ————————————— 112

Ⅱ ネットワークの仕組みとサイバー攻撃 ———————————— 113

1 インターネットとの接続点での攻撃 ——— 113

2 社内ネットワークへの攻撃 ——— 115

3 インターネット上の通信に対する攻撃 ········ 118

4 主な攻撃手法と防御方法 ········ 121

（1）分散サービス不能攻撃
　　　（DDoS攻撃：Distributed Denial-of-Service）　121

（2）SQLインジェクション，コマンドインジェクション　　122

（3）クロスサイト・スクリプティング
　　　（XSS：Cross Site Scripting）　122

（4）フィッシング（Phishing）　123

（5）中間者攻撃（MITM：Man In The Middle）　124

（6）MITB（Man In The Browser）　125

（7）新しいタイプの攻撃
　　　（APT：Advanced Persistent Threats），標的型攻撃　126

（8）ビジネスメール詐欺（BEC：Business Email Compromise）　127

（9）ファイアウォール（FW：Fire Wall）　128

（10）プロキシ（Proxy）　128

（11）侵入検知システム（IDS：Intrusion Detection System）　129

（12）侵入防止システム（IPS：Intrusion Prevention System）　130

（13）Webアプリケーション・ファイアウォール
　　　（WAF：Web Application Firewall）　130

（14）暗号化（TLS/SSL：Transport Layer Security/
　　　Secure Sockets Layer）　130

（15）サーバ証明書　131

（16）電子署名（トランザクション認証）　131

Ⅲ　情報セキュリティ管理態勢の監査の要点 ································ 132
　【重要チェックポイント】　情報セキュリティ管理態勢········132

第 **6** 章

事業継続管理態勢の構築と監査

Ⅰ　事業継続管理の必要性 ································ 138

Ⅱ 事業継続管理の対象範囲 138

Ⅲ 事業継続管理の態勢 140

1 統制環境 ……… 140

2 リスク評価 ……… 141
（1）業務への影響度分析（ビジネスインパクト分析） 142
（2）リスク評価（脅威と脆弱性の洗い出し） 143

3 統制活動 ……… 144
（1）組織的コントロール 145
（2）人的コントロール 147
（3）技術的コントロール 147
（4）物理的コントロール 148

4 情報と伝達 ……… 152

5 モニタリング活動 ……… 153

Ⅳ 事業継続管理（BCM）態勢の監査の要点 156
【重要チェックポイント】 事業継続管理（BCM）態勢………156

第 **7** 章

クラウド・コンピューティング管理態勢の構築と監査

Ⅰ クラウド・コンピューティングとは 160

1 クラウド・コンピューティングの定義 ……… 160

2 クラウドの種類 ……… 162

3 クラウドの利用 ……… 165

Ⅱ クラウドに係るリスク 166

1 クラウドに係るリスク ……… 166
（1）ITガバナンスに係るリスク 169

（2）サービス品質に係るリスク　169

（3）情報セキュリティに係るリスク　170

（4）事業継続に係るリスク　170

（5）法令・制度等に係るリスク　171

（6）利用組織自体に係るリスク　171

2 クラウドに係るIT統制 ……… 171

（1）ITガバナンス，ITリスク・マネジメント，IT統制　172

（2）クラウドに係る全般的統制　172

（3）サービス品質に係るコントロール　175

（4）情報セキュリティに係るコントロール　176

（5）事業継続に係るコントロール　176

（6）法令・制度等に係るコントロール　177

（7）クラウドの利用組織自体に係るコントロール　177

Ⅲ　クラウド利用に係る監査 178

【重要チェックポイント】　クラウド・コンピューティング管理態勢………178

Ⅳ　まとめ 181

第 **8** 章

ソーシャルメディア管理態勢の構築と監査

Ⅰ　ソーシャルメディアの普及と定義 184

Ⅱ　情報提供の特徴について 185

（1）情報の方向性　185

（2）記録の側面からの分類　185

（3）情報提供の方法　185

（4）拡散　186

（5）匿名性　186

Ⅲ　ソーシャルメディア等のリスク 187

（1）ITシステムの脆弱性に関するリスク　187

（2）運営に関するリスク　188

（3）社内関係者からの情報発信のリスク　189

（4）未導入のリスク　190

Ⅳ　ソーシャルメディアの管理について　190

（1）統制環境　190

（2）目的の設定　192

（3）事象の識別　192

（4）リスク評価・（5）リスクへの対応　192

（6）統制活動　193

（7）情報と伝達　193

（8）モニタリング　193

Ⅴ　ソーシャルメディアの利用状況の監査　194

（1）経営者の活動評価　194

（2）リスク識別　194

（3）管理態勢　194

（4）従業員教育　195

【重要チェックポイント】 ソーシャルメディア管理態勢……195

Ⅵ　ソーシャルメディアの利用の変化　198

（1）テキストベースから画像，音声へ　198

（2）新型コロナウイルスの影響　199

（3）リスクと対応　199

Ⅶ　まとめ　200

第 **9** 章

ビッグデータ管理態勢の構築と監査

Ⅰ　電子データの普及について　204

1 ビッグデータの概念と組織体における活用方法　204

（1）ビッグデータの概念　204

（2）ビッグデータの利用　206

2 ビッグデータに係るリスク ········ 207

（1）技術的にデータ処理に対応できないリスク　207
（2）情報の信頼性　208
（3）分析処理後のインテリジェンス情報の分析能力　208
（4）費用対効果　208
（5）情報漏洩　209

3 ビッグデータの管理態勢 ········ 210

4 ビッグデータに係る監査 ········ 212

【重要チェックポイント】 ビッグデータ管理態勢 ········213

第 **10** 章

内部統制報告制度におけるIT統制と内部監査

Ⅰ　内部統制報告制度について ··· 218

1 内部統制報告制度導入の経緯 ········ 218

2 内部統制基準・実施基準の概括的理解 ········ 219

（1）内部統制基準・実施基準の構成　219
（2）内部統制の基本的枠組み　219
（3）財務報告に係る内部統制の評価及び報告　222
（4）財務報告に係る内部統制の監査　222

Ⅱ　内部統制基準等におけるITへの対応 ·· 222

1 IT環境への対応 ········ 224

2 ITの利用および統制 ········ 225

（1）ITの利用　225
（2）ITの統制　226

3 ITに係る業務処理統制 ········ 228

4 ITに係る全般統制 ········ 228

Ⅲ ITを利用した内部統制に係る評価および報告 ······· 229

■1 内部統制評価の体制 ········ 230

■2 全社的な内部統制におけるITへの対応 ········ 230

■3 ITを利用した内部統制の評価 ········ 231

（1）ITを利用した内部統制の評価範囲の決定　231

■4 ITを利用した内部統制の有効性の評価 ········ 233

（1）ITに係る全般統制の評価　233
（2）IT全般統制での検討ポイント　234
【重要チェックポイント】ITに係る全般統制 ········ 234
（3）ITに係る業務処理統制の評価　238
（4）ITに係る業務処理統制の評価ポイント　238
（5）経営者評価手続について　240
（6）ITに係る内部統制の有効性の判断　241

Ⅳ 財務報告に係る内部統制の監査 ······· 242

■1 監査計画と評価範囲の検討 ········ 242

■2 監査人による監査手続の実施と不備対応 ········ 243

（1）監査人による監査手続　243
（2）監査人が発見した不備への対応　243

Ⅴ まとめ ······· 244

第 **11** 章

ITガバナンス，IT統制とIT監査の展望

Ⅰ 社会におけるITの潮流 ······· 248

Ⅱ 新しく求められるITリスク・マネジメント態勢，IT監査態勢 ······· 249

■1 新しいニーズ ········ 249

2 統合的監査 ……… 250

3 不正への対応 ……… 251

（1）ITに関連した不正　251
（2）不正のトライアングル　252
（3）不正防止態勢のフレームワーク　253
（4）不正防止管理態勢におけるIT（CAATTs）の活用　258

4 AI活用の可能性（AIによる意思決定，AI監査の可能性）……… 260

（1）情報収集　261
（2）情報分析　262
（3）判断・意思決定　263
（4）ITガバナンスの視点から　265

5 おわりに ……… 266

ステップアップ　269

索　引　272

【重要チェックポイント一覧】

第3章
SDLCに沿った管理態勢 ………… 52

第4・5章
情報セキュリティ管理態勢 ……… 132

第6章
事業継続管理（BCM）態勢 ……… 156

第7章
クラウド・コンピューティング
　管理態勢 ………………………… 178

第8章
ソーシャルメディア管理態勢 …… 195

第9章
ビッグデータ管理態勢 …………… 213

第10章
ITに係る全般統制 ………………… 234

コラム 一覧

第1章
1-① ：ITガバナンス ･･･････････････ 8
1-② ：IT監査人（内部監査），監査役
等監査と，取締役の善管注意
義務 ･････････････････････････ 11
1-③ ：全社的リスクマネジメント… 13

第2章
2-① ：リスクの定義 ･････････････ 21
2-② ：COSOの内部統制のフレーム
ワーク ･･･････････････････････ 30
2-③ ：残存リスク ･･･････････････ 43
2-④ ：リスクへの対応：受容，回避，
共有，低減 ･････････････････ 45

第3章
3-① ：プロジェクト成功の鍵 ･･････ 64
3-② ：EUCを構築するためのツール
･･･････････････････････････････ 75
3-③ ：アジャイルソフトウェア開発
宣言 ･････････････････････････ 79

3-④ ：アジャイル宣言の背後にある
原則 ･････････････････････････ 81

第4章
4-① ：ゼロトラスト ･････････････ 87
4-② ：ユーザ認証 ･･･････････････ 98
4-③ ：FIDO（ファイド）認証･････ 99
4-④ ：シングル・サインオン（SSO）
･･･････････････････････････････ 100
4-⑤ ：携帯端末のセキュリティ･･･ 103
4-⑥ ：IoTセキュリティ ･･･････････ 105

第6章
6-① ：広域災害とBCP/IT-BCP･･･ 151
6-② ：パンデミック対策とIT ･････ 153

第7章
7-① ：クラウドでの事故例 ･･･････ 178

第11章
11-① ：アルファ碁ゼロ ･･････････ 264
11-② ：AIソフトウェア開発契約に
おける論点 ･････････････････ 267

キーワード 一覧

第1章
1-① インテリジェンス
（Intelligence）･･･････････････ 13
1-② 「インフラストラクチャ」，
「システム・ソフトウェア」，
「アプリケーション・
ソフトウェア」････････････････ 14

第2章
2-① IT統制 ･･･････････････････ 31

第3章
3-① 情報システムの開発・調達
･･･････････････････････････････ 57
3-② IT投資の目的 ･････････････ 58
3-③ 情報システムの開発手法･･･ 64
3-④ プロダクト・バックログ･･･ 83

第7章
7-① 物理サーバと仮想サーバ･･ 170
7-② 受託業務に係る内部統制の
保証報告書 ･････････････････ 173

第9章
9-① 改正個人情報保護法 ･･･････ 206

第11章
11-① 役職員･･･････････････････ 253
11-② "The Smartest Guys in the
Room" 現象･････････････････ 255
11-③ 3ライン・モデル（The
Three Lines Model）
･･･････････････････････････････ 257
11-④ ディープ・ラーニング ････ 262

第**1**章

ITガバナンスと ITリスク・マネジメント

　ITの発展に伴って，ITを組織運営にいかに活用し，その活用に係るITリスクをどのように管理するかが，組織体の浮沈を左右する最重要な経営課題となっている。本章では，ITの活用とITリスクの管理の根本的な機能であるITガバナンスとITリスク・マネジメントについて説明する。

Ⅰ ITの発展と普及

　IT（Information Technology）は，情報システムという形で具現化し，日常生活や経済活動等において不可欠なものとなるまでに社会において浸透している。組織体の活動においても図表1-1のごとく，経営に係る意思決定のための情報入手のためにも，効率的な業務処理のためにも，そして迅速な通信手段としてもITはなくてはならないものとなっており，さらには，ITがeコマースやソーシャル・ネットワーク・サービス（SNS）等の新しいビジネス・モデルをも創出している状況である。

　一方，ITが社会に広く深く浸透するにつれて，たとえば図表1-2が示すように，情報システム障害により商品やサービスが提供できなくなる等の業務の中断や，ITに対する不適切な管理からの個人情報の漏えいといった，社会や経営への影響の大きい事象が発生しており，ITの適切な取扱いに対する社会的，経営的要求が高まっている。

◎図表1-1　ITの活用例◎

ITの活用分野	活用する情報システムの例
①経営判断・意思決定支援	経営情報システム，意思決定支援システム等
②成果増大（収入増強等）	CRMシステム，e-コマース関連システム等
③業務処理支援 （迅速化・堅確化等）	ERP，会計システム等
④効率化支援 （経費・コスト削減等）	情報保存システム，クラウド等
⑤リスク管理強化	リスク計量化システム等
⑥法令・基準等対応	ID，パスワード，マネーローンダリングシステム等
⑦コミュニケーション促進支援	eメール，グループウェア，インターネット等
⑧モニタリング強化	CAATTs，監視システム等

◎図表1-2　ITリスク顕在化の例◎

顕在化したITリスクの事象	未達となるIT統制目標
システムの機能不全（期待される機能の未発揮）等	有効性未達
システム開発の予算オーバー，期日経過等	効率性未達
提供される情報が不正確等	信頼性未達
情報漏えい等	機密性未達
情報改ざん等	インテグリティ未達
システム・ダウン等	可用性未達
安全基準未達等	コンプライアンス未達

　まさに，ITの発展と共にITに関連するリスクも増大しているのであり，その対策として後追いではあるが，そのリスクに係る管理や監査のための諸基準等も公表されてきている。図表1-3は，ITの発展とITに係るITの管理・監査基準の変遷の概略を示しており，図表1-4は，IT統制・監査に関する代表的な基準等を一覧で示している。

　以上のようにITは有益で価値を生み出す手段ではあるが，IT自身およびITに関連するリスクがある（図表1-5）。したがってITリスクを適切に管理しつつIT活用により効果的・効率的に価値の提供を享受していくことが組織体運営上の重要事項となっており，後述するITガバナンス，ITリスク・マネジメント，IT統制の主題となる。また，このITの管理態勢を検証・評価し，その結果を取締役会や経営陣等に報告し，必要に応じて助言や勧告等を行うことにより，ITガバナンス，ITリスク・マネジメント，IT統制の継続的改善に寄与していくのがIT監査の使命となる。

◎図表1-3　ITの発展とIT管理・監査基準の変遷◎

時期	ITの発展	IT利用等の特徴	主な活用	IT処理の特徴	IT管理・監査基準（経済産業省、ITGI公表分の一部）
1942	初のコンピュータ「ＡＢＣ」の完成				
1951	初の商用コンピュータ「UNIVAC I」の販売開始				
1952	IBM 701の販売開始				
1960前後		事務処理への適用	後方事務の効率化のため利用	バッチ処理（大型コンピュータ）	
1964	System/360の販売開始。（商用初のOS誕生）				
1970前後		遠隔地データの処理	コンピュータ室外からデータを入力し、即時処理を始める	オンライン、リアルタイム処理（大型・中型コンピュータ）	
1975	ＭＳ社設立される				
1975	Cray-1（スーパーコンピュータ）の発表				
1980前後		一線業務への活用	製造ラインの制御、設計等に活用を始める	アプリケーション・システム（オフィス・コンピュータ）	
1979	「VisiCalc」（初の表計算ソフト）の販売				
1981	「IBM-PC」の販売開始				
1985	「Windows1.0」の販売開始				1985　システム監査基準策定
1990前後		ITの全社的適用	組織体全体でのネットワーク、個人へのPC配布	オープンシステム（パソコン）	
1991	WWWがネット上で利用可能となる				
1995	Windows95の販売開始				1996　システム監査基準改訂 1996　COBIT初版公表 1998　COBIT第2版公表
2000前後		eコマースの時代	インターネットをベースとしたビジネス活動が隆盛に	インターネット	2000　COBIT第3版公表
2001	iPodの販売開始				2003　情報セキュリティ監査基準，情報セキュリティ管理基準策定
			業務処理のIT化の浸透		2004　システム監査基準改訂，システム管理基準策定
2007	iPhoneの販売開始				2005　COBIT第4版公表
2008	Androidのリリース				2005　ISO27001策定 2008　情報セキュリティ管理基準改正
2010前後		Internet of Things(IOT)，スマートフォン，SNSの時代	企業，個人ともにモバイル・コンピューティングの浸透 IT社会の発展 ITのアウトソース化浸透	IT機器の小型化，携帯化 モバイル・コンピューティング クラウド	2012　COBIT第5版公表 2013　ISO27001改訂 2016　情報セキュリティ管理基準改訂
2010	iPadの販売開始				2018　システム監査基準改訂 2018　システム管理基準改訂

◎図表1-4　IT統制・監査の基準等の例◎

基準等名称	基準等の概要	発行体
COSO全社的リスクマネジメント（COSO Enterprise Risk Management：COSO ERM）	全社的な統合的リスク・マネジメントのフレームワーク	トレッドウェイ委員会支援組織委員会（The Committee of Sponsoring Organizations of the Treadway Commission：COSO）
COSO内部統制の統合的枠組み（COSO Internal Control-Integrated Framework）	全社的な統合的内部統制のフレームワーク	トレッドウェイ委員会支援組織委員会（COSO）
専門職的実施の国際フレームワーク（International Professional Practices Framework：IPPF）	内部監査の専門職的実施のためのフレームワーク，基準等	内部監査人協会（The Institute of Internal Auditors：IIA）
システム管理基準	IT投資および情報システムの管理基準	経済産業省
システム監査基準	IT投資・情報システム管理lに係る監査の基準	経済産業省
情報セキュリティ管理基準	情報セキュリティ管理の基準	経済産業省
情報セキュリティ監査基準	情報セキュリティ監査に係る監査基準	経済産業省
COBIT（Control Objectives for Information and related Technology）	ITガバナンス，ITリスク・マネジメント及びIT統制に係るフレームワークとツール	情報システムコントロール協会（ISACA）ITガバナンス協会（The IT Governance Institute：ITGI）
IT Control Objectives for Sarbanes-Oxley（COBIT for SOX）	COBITの項目から，米国SOX法に関連するものを抽出・整理	情報システムコントロール協会（ISACA）ITガバナンス協会（ITGI）
プロジェクトマネジメント知識体系ガイド（Project Management Body of Knowledge：PMBOK）	プロジェクト・マネジメントのプロセス・ベースの知識体系	プロジェクトマネジメント協会（Project Management Institute：PMI）
ITインフラストラクチャ・ライブラリ（Information Technology Infrastructure Library：ITIL）	ITサービス・マネジメントにおけるベストプラクティス（ISO/IEC 20000のベース）	英国商務局（the Office of Government Commerce）
ISO/IEC 27000 シリーズ	情報セキュリティ・マネジメント・システムにおける規格群	国際標準化機構（ISO）国際電気標準会議（IEC）
財務報告に係る内部統制の評価及び監査の基準並びに財務報告に係る内部統制の評価及び監査に関する実施基準	金融商品取引法における財務報告に係る内部統制に関する基準	金融庁企業会計審議会

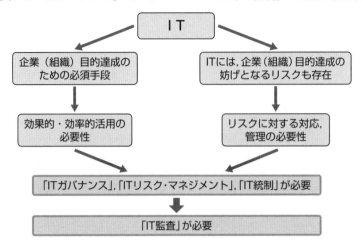

ITガバナンスと
ITリスク・マネジメント

1 ITガバナンス

(1) ITガバナンスの定義と役割

　ITガバナンス, ITリスク・マネジメント, IT統制は, ITを活用し管理する環境, フレームワーク（体制）やプロセスの整備・運用といえるが, これらの概念がそれぞれどのようなもので, どのように連携しているかについて順に説明していく。

　ITガバナンスについてはさまざまな定義が存在するが, 「組織体の目的達

成のための経営戦略の遂行をITが支援し，利害関係者へのサービス提供のために，IT投資を含むIT戦略を意思決定し，IT管理態勢の構築を指示し，監督する，主として取締役会等が担うプロセス」といえる。

ITガバナンスとは，具体的には，㋐取締役会等がIT戦略，IT投資の優先順序やITリスクの管理等のITに係る基本的事項の意思決定を行うこと，㋑これらの決定事項の実施を社長以下の経営陣に指示すること，そして㋒経営陣によるその実施状況を内部監査人等からの情報により把握し，必要に応じて改善のために自らの決定事項の変更や，経営陣に対して実施の是正等を指示する等の監督・監視を行うことにより，ITの活用とITリスク管理のPDCAを回していくことである。

要約すれば，ITの活用とITリスク管理の継続的改善のために取締役会等によって行われる基本事項の意思決定，指示，監督・監視がITガバナンスの主たる機能ということになる。なお，IT戦略，IT投資の優先順序については第3章Ⅲ1「開始プロセスとは」を，ITリスク管理の基本的考え方は本章Ⅱ2「ITリスク・マネジメント」および第2章「ITリスクとIT統制」を参照されたい。

(2) ITガバナンスの目的

有効なITガバナンスは図表1-6が示すように，次の4つの目的を達成しなければならない。すなわち，「戦略との整合」，「ITリスク・マネジメント」，「価値の提供」，「成果の測定」であり，「ITリスク・マネジメント」は「IT資源管理」，「プロセス管理」からなる。

ITが経営目的の達成支援のためにある以上，企画・開発され，運用される情報システムは組織体の「戦略との整合」を保持する必要があるし，情報システムの活用により，「価値の提供」がなされているのが当然である。

また，ITが組織体に対して価値を提供するためには，ITの活用とITに係るリスクの管理のための「ITリスク・マネジメント」が必要である。「ITリスク・マネジメント」は，組織体にとってのリスク許容範囲の適切な決定と

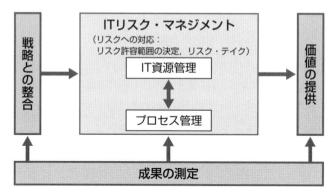

◎図表1-6　ITガバナンスの目的◎

戦略との整合

ITリスク・マネジメント
（リスクへの対応：
リスク許容範囲の決定，リスク・テイク）

IT資源管理

プロセス管理

価値の提供

成果の測定

出所：IT Governance Institute［2007a・b］を参考に作成。

適切なリスク・テイクのもとで，「IT資源管理」が適切になされ，そのIT資源を効果的・効率的に活用し，ITに係るリスクを管理するための「プロセス管理」が適切に実施されていくことである。

　さらに，情報システムより得られる便益増大のために，たとえばITがどの程度「価値の提供」をしているのか，あるいはどの程度「ITリスク・マネジメント」が有効であるかなど，その程度の測定（「成果の測定」）を行い，継続的に改善していくことが重要である。

Column　コラム1-①：「ITガバナンス」

　内部監査人協会（IIA）の「内部監査の専門職的実施の国際基準」は用語一覧で，ガバナンスについて次のように説明している。

　「取締役会が，組織体の目標達成に向けて，組織体の活動について，情報を提供し，指揮し，管理し，および監視するために，プロセスと組織構造を併用して実施すること。」

　「COBIT5：事業体のITのガバナンスとマネジメントのビジネス・フレームワーク」は，ガバナンスについて次のように述べている。

　「ガバナンスは，達成されるべく調整され合意された事業体の目的を決定するために，利害関係者のニーズ，状況，および選択肢を評価し，優先順位付けと意

思決定により方向性を定め，合意された方向性と目的に対する成果とコンプライアンスを監視することを保証する。」(ISACA [2012] *COBIT5: A Business Framework for the Governance and Management of Enterprise IT* 私訳)

　また，ITガバナンスとITマネジメントの関係を次のように図示している。なお，この図のガバナンスの3つの要素，評価（evaluate），指示（direct），監視（monitor）の英語の頭文字を取ってEDMモデルといわれることがある。

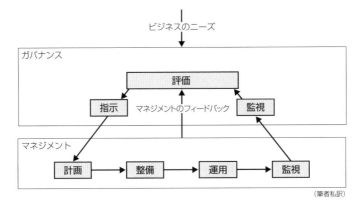

（筆者私訳）

　また，経済産業省「システム管理基準（2018年）」は
　「ITガバナンスとは経営陣がステークホルダのニーズに基づき，組織の価値を高めるために実践する行動であり，情報システムのあるべき姿を示す情報システム戦略の策定及び実現に必要となる組織能力である。」とITガバナンスを定義したうえで，上記のEDMモデルに沿った解説をしている。

　なお，システム管理基準では，上記のとおりITガバナンスの担い手を経営陣としたうえで，経営陣を本末の用語定義で「業務執行に責任を有する経営者を含むガバナンスに責任を有する者。具体的には，取締役（会），経営者，非営利法人の理事等のことを指し」としているが，ガバナンス（監督）とマネジメント（業務執行）を分けるなら，ガバナンスは主として取締役（会）の役割であり，マネジメントはCIO等の経営者の役割とみるのが適当と考えられる（IIA「内部監査の専門職的実施の国際基準」の「用語一覧」における「ガバナンス」の説明や，COBIT5フレームワークエグゼクティブサマリー「原則5：ガバナンスとマネジメントの分離」を参照のこと）。なお，取締役常務執行役員等の業務執行取締役は，取締役部分はガバナンス機能を果たしており，執行役員の部分はマネジメントを担っていると考えられる。

(3) ITガバナンスに係るIT監査

　ITガバナンスに係る内部監査として，監査人はどのような監査を実施することになるのであろうか。

　もちろん，取締役会や監査委員会，監査等委員会（以下，監査（等）委員会とする）の指示で，内部監査人が取締役会によるITに係る意思決定の妥当性評価，リスク・マネジメントおよびコントロールに対する監督の適切性評価等，いわゆるITガバナンスに対する監査を行うことがあるかもしれない。

　しかしながら，ガバナンスの仕組み上，それらは主として監査役や監査（等）委員会が監査を行う領域であって，内部監査人が通常行うITガバナンスに係るIT監査とはITガバナンスに資する監査である。すなわち，図表1-7が示すように，①取締役会等統治機関が適切に評価，意思決定するための情報が彼/彼女らに適時適切に伝わっているか，②統治機関の指示が業務執行を行うマネジメントに適切に伝わっているか，③マネジメントの業務執行状況を監視し，PDCAを回すための情報が適時・適切に統治機関に伝わっているかの監査である。内部監査人は，これらの監査結果を取締役会等に提供することにより，組織体のガバナンス・プロセスの向上に寄与することができる。

◎図表1-7　ITガバナンスに資するIT監査◎

IT監査目的	IT監査目標
ITに関する，取締役会等による合理的な意思決定に寄与	• 社外の関連する法令・基準，技術，事故等についての適時適切な情報提供，自社に係る提案 • 社内の関連する業務執行状況についての適時適切な情報提供，提案
取締役会等の指示事項の適時適切な伝達に寄与	• 取締役会等の指示事項の伝達状況（伝達速度・範囲，内容，周知程度，機密保持等）についての情報提供，提案
指示事項の遂行状況についての取締役会等による監督・監視に寄与	• 取締役会等の指示事項の遂行状況（達成状況，課題，問題点，その原因，対策等）についての情報提供，提案 • ガバナンスに関連する事故等の調査

IT監査人は，図表1-7が示すこれらの情報伝達のプロセスの監査を行い，適切な提言を行うことによりITガバナンス・プロセスの改善に寄与することができる。

また，後述するITリスク・マネジメントやIT統制の各プロセスに対する監査による発見事項の内，その発生原因がガバナンスに帰せられるものについてはITガバナンスに資する情報として取締役会等の統治機関に報告する必要がある。

> **Column コラム1-②：IT監査人（内部監査），監査役等監査と，取締役の善管注意義務**
>
> 　取締役会の意思決定における取締役の善管注意義務の履行に係り経営判断の原則が適用されるためには，3つの点が全体として満たされている必要があるとよくいわれる。
>
> 　①法令，定款等に違反していないこと
>
> 　②適切にして十分な情報に基づく判断であること
>
> 　③その判断が合理的であること
>
> 　このうち，①法令，定款等に違反していないことは当然として，取締役会が②適切にして十分な情報に基づき判断するためには，組織体のリスク・マネジメントや内部統制に係る情報を監査結果として取締役会に報告する内部監査人の活動は極めて重要なものとなる。IT監査人（内部監査）によるこのような情報提供は，「ガバナンスに資する内部監査」の一環といえる。
>
> 　一方，③その判断が合理的であるかの監査は，主として，「取締役の職務の執行の監査」をする監査役等の役割（会社法381条1項等）となる（監査役等は監査役と監査（等）委員会を指す）。

2 ITリスク・マネジメント

前節でITガバナンスの目的である，ITによる組織体への価値の提供のためには，「ITリスク・マネジメント」が必要であると述べた。この「価値の

提供」とは，具体的には，経営陣が効果的・効率的に経営目的を達成するために必要な情報（Intelligence，以下，インテリジェンスとする，**キーワード1-①参照**）をITが提供していることである。そこでITが経営陣に必要なインテリジェンスを効果的・効率的に提供できるためには，経営陣は必要なインテリジェンスを得るための具体的な統制目標，たとえば「有効な情報が得られる（有効性）」，「効率的に情報が得られる（効率性）」のような「IT統制目標」を設定し，その「IT統制目標」を達成できるように手段を講じていくこととなる。そしてこの「IT統制目標」達成の手段を指導し，実施するプロセスが「ITリスク・マネジメント」である。「ITリスク・マネジメント」プロセスは，「IT統制目標」の達成を阻害し，取締役会等が期待するITの活用による「価値の提供」を妨げるITリスクを，「IT資源管理」と「プロセス管理」の適切な組合せにより管理する仕組みであり，そのフレームワークは図表1-8に示すとおりである。

◎**図表1-8　ITリスク・マネジメントのフレームワーク**◎

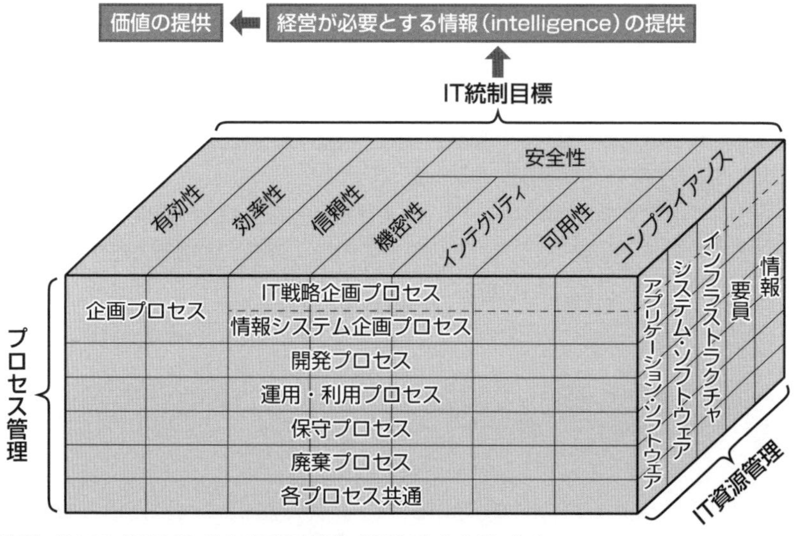

出所：ISACA［2012］および経済産業省［2018］を参考に作成。

Column コラム1-③：全社的リスクマネジメント

「COSO全社的リスクマネジメント 戦略とパフォーマンスとの統合」(2017) は，全社的リスク・マネジメントとして次の図を示している。

この図は，左端のミッション，ビジョン，およびコアバリューは主としてガバナンス機能の領域であり，その右方に向かって，戦略，事業目的が設定され，その遂行（パフォーマンス）がなされ，さらに継続的改善によりパフォーマンスの向上がなされることを示している。

戦略が効果的・効率的に制定・実施されて事業目的が達成され，さらには継続的に改善が進めていかれるためには，この事業目的の達成に負の影響を与えるリスクを識別・分析・評価し，適切な対応を行うことが必要であり，このリスクの識別・分析・評価，対応のプロセスがリスク・マネジメントといえる。

キーワード 1-①

インテリジェンス (Intelligence)

情報の利用者にとっては玉石混淆の情報全般を幅広く「情報 (Information)」というのに対して，情報の利用者にあって意味のある情報を「インテリジェンス (Intelligence)」という。情報処理とは，情報システムに入力された情報 (Information) がITの活用によりインテリジェンスに変えられていくプロセスということができる。

この「ITリスク・マネジメントのフレームワークを詳しく説明していくと，まず「IT統制目標」とは，具体的には「有効性」，「効率性」，「信頼性」，「機密性」，「インテグリティ（「完全性」ともいわれる）」，「可用性」，「コンプライアンス」の7つの達成目標であり，「機密性」，「インテグリティ」，「可用性」の3つは，それらを合わせて「安全性」ともいわれる。これらの「IT統制目標」の具体的

◎図表1-9　IT統制目標◎

有効性		目的達成に有益で，かつ提供を期待されるすべての適切な情報が，適時に，使用可能な状態で提供されること
効率性		情報の提供が資源の最適な利用（使用されるコスト対比提供される情報価値が最大化すること）により行われること
信頼性		提供される情報が正確で完全性を保持しており，業務活用するために，信頼に足り得るものであること（インテグリティが情報自体の正確性を指すのに対し，信頼性は情報の使用者からみて，情報が正確で信頼できると判断できることを指す）
安全性	機密性	業務プロセス上の情報を不正なアクセス，不正な開示から保護すること
	インテグリティ（完全性）	業務プロセス上の情報が，改竄なく正確性，重複なく網羅性，正当性，および一貫性が保たれていること。「完全性」ともいわれる
	可用性	業務プロセスで必要な情報が，必要な時，必要な場所で，必要な方法および形式で利用可能であること
コンプライアンス		ITを含めたビジネスプロセスが従うべき法令，制度，契約条項，社内規定，等を遵守していること

出所：ISACA［2012］を参考に作成。

内容は図表1-9に示すとおりである。また，これらの「IT統制目標」が達成されないときにリスクが顕在化した具体的事象は前掲の図表1-2のとおりである。

　次に，上記の「IT統制目標」を達成するために管理すべき情報システムに係る主な「IT資源」としては図表1-10に示すように「情報」，「要員」，「インフラストラクチャ」，「システム・ソフトウェア」，「アプリケーション・ソフトウェア」（**キーワード1-②**参照）があり，IT統制目標を達成するためにこれらのIT資源の最適化を図っていく必要がある。

キーワード　1-②

「インフラストラクチャ」，「システム・ソフトウェア」，「アプリケーション・ソフトウェア」

　IT資源の情報システムの構成部分を「インフラストラクチャ」，「システム・ソフトウェア」，「アプリケーション・ソフトウェア」の3つに分類したのは，第9章で詳説するクラウド・コンピューティングのIaaS，PaaS，SaaSに対応するためである。

◎図表1-10　主なIT資源◎

情報	業務において活用するため，情報システムに入力，処理，出力，あるいは保存する情報を指す。なお，業務に活用すべく，任意の形式で情報システムに入力，処理，出力，あるいは保存された情報をデータという。
要員	情報システムの戦略，企画，開発，調達，運用，利用，保守，廃棄，モニタリング，および評価等に必要な人材を指す。社内の人材に限らず，業務委託先の人材および必要に応じて契約する社外人材も含まれる。
インフラストラクチャ	アプリケーション・ソフトウェアによる処理を可能にする情報処理技術，機器および設備（ハードウェア，ネットワーク等，およびこれらを格納し，サポートする設備，施設，環境）を指す。
システム・ソフトウェア	コンピュータのハードウェアを管理・制御する等，コンピュータの稼動自体に必要となるソフトウェア（オペレーティング・システム（OS）等）や，OSと各業務処理を行うアプリケーション・ソフトウェアとの中間に入るソフトウェアであるミドル・ウェア（メッセージ通信基盤，データベース基盤等）を指す。
アプリケーション・ソフトウェア	情報を受領，入力，処理，出力，あるいは保存する，自動化された，ユーザ・システム（ワープロ・ソフトウェア，表計算・ソフトウェア，会計ソフトウェア等）を指す。

出所：IT Governance Institute ［2007a］を参考に作成。

　さらにITが効果的・効率的に価値を提供していくためには，これらの「IT資源」を適切に活用し管理していくための態勢を整備・運用していくことが重要であり，この仕組みが「プロセス管理」である。ITが組織体に価値を

◎図表1-11　情報システムのライフ・サイクル◎
（SDLC：Systems Development Life Cycle）

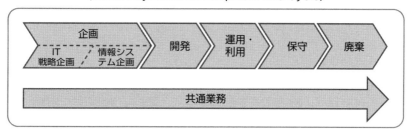

出所：経済産業省［2018］を参考に作成。

提供するために「IT資源」を網羅的に管理していく際，たとえば「IT資源」の中心となる情報システムのライフ・サイクル（Systems Development Life Cycle，以下SDLCとする）に沿って管理していくのが効果的・効率的な方法の１つである。そして，このSDLCの各プロセスで「IT資源」を適切にリスク管理し，活用するための諸活動，またはその諸活動が機能する一連の仕組みを「IT統制」（第２章参照）という。効果的・効率的な「IT統制」の整備・運用が「ITリスク・マネジメント」の鍵となる。

　以上，ITリスク・マネジメントのフレームワークについて説明してきたが，「戦略との整合」を前提とすると，ITリスク・マネジメントのフレームワークはITガバナンスの目的を達成するためのものであり，したがってITリスク・マネジメントのフレームワークとガバナンスの目的は，連続的に繋がっているものであることに留意しておく必要がある。

　また，ITリスク・マネジメントは一度構築すればそれで終わりではなく，ゴーイング・コンサーンとしての組織体の内外環境の変化，それに伴う保有するリスクの変動や新たな脅威や脆弱性の発生等を把握していき，継続的に改善を図っていくことが必要である。

参考文献

一般社団法人日本内部監査協会編［2015］『IT監査とIT統制（改訂版）―基礎からネットワーク・クラウド・ビッグデータまで―』同文舘出版。

経済産業省［2018］「システム管理基準　平成30年基準策定版」。

通商産業省（現経済産業省）［1999］「企業のITガバナンス向上に向けて―情報化レベル自己診断スコアカードの活用―」。

ISACA［2012］COBIT5: A Business Framework for the Governance and Management of Enterprise IT.

The Committee of Sponsoring Organizations of the Treadway Commission (COSO)［2017］*Enterprise Risk Management — Integrating with Strategy and Performance.*（日本内部監査協会，八田進二，橋本尚，堀江正之，神林比洋雄監訳／日本内部統制研究学会COSO-ERM研究会訳［2018］『COSO全社的リスクマネジメント―戦略とパフォーマンスとの統合―』同文舘出版。）

The Institute of Internal Auditors［2017］*International Professional Practices Framework*.（一般社団法人 日本内部監査協会訳［2017］『専門職的実施の国際フレームワーク』。）

The IT Governance Institute［2003］*Board Briefing on IT Governance, 2nd Edition.*（日本ITガバナンス協会訳［2007］「取締役のためのITガバナンスの手引（第2版）」。）

The IT Governance Institute［2007a］COBIT4.1.（日本ITガバナンス協会訳［2007］「COBIT4.1」。）

The IT Governance Institute［2007b］*IT Governance Implementation Guide: Using COBIT® and Val IT™ 2nd Edition.*（日本ITガバナンス協会訳「ITガバナンス導入ガイド 第2版—COBIT®とVAL IT™の利用—」［2010］日本ITガバナンス協会。）

第2章

ITリスクとIT統制

　前章では，ITが組織体に価値を提供するためのITガバナンスおよびITリスク・マネジメントについて説明した。本章では，効果的・効率的なITリスク・マネジメントの鍵となるITリスク評価とITリスクをコントロールするIT統制について説明する。

I ITリスク

1 リスクの概念

(1) 事象，発生可能性，影響

　ITリスクについて述べる前に，一般的なリスクについて説明を行う。リスクについてはさまざまな定義が存在するが，目的達成に影響を与える「事象」（Event），あるいはその事象の「発生可能性」（Likelihood，Probability等）や，その1事象が与える「影響」（Impact，Consequences等），またはこの「発生可能性」と「影響」を掛け合わせたものをリスクという場合が多い。

　これらのリスクの各概念を例で示すと，次のようになる。

①「事象」自体の例：

　システム障害，システムの誤作動，個人情報漏えい等

②事象の「発生可能性」の例：

　システム障害等の頻繁な発生や高い発生可能性，等

③事象の「影響」の例：

　システム障害等が組織体に与える深刻な影響，等

④ある事象の「影響とその発生可能性の組合せ」の例：

　システム障害等が組織体に与える深刻な影響と，その頻繁な発生
　（あるいは，高い発生可能性）の組み合わせ，等

　ただし，上記のいずれの立場も，リスク量の評価は「1事象より帰結する

影響」と「その発生可能性」の組み合わせで行う点ではほぼ一致している。

「リスク量」＝「１事象より帰結する影響」×「発生可能性」

(2) 上振れリスクと下振れリスク

また，リスクという概念は，組織体の目的達成に負の影響を与える要因（下振れリスク）を言う場合と，負の影響を与える要因と正の影響を与える要因の両方（下振れリスクと上振れリスク）を含めてリスクという場合がある。

ITでいう下振れリスクとは，システム・ダウン等，組織体の目的達成の阻害可能性であるのに対し，上振れリスクとは，ITの活用により目的がより効果的・効率的に達成される可能性をいう。今日のITガバナンスの重要な課題はリスク・マネジメントと同時にITの活用による価値の追求であるから，本書では上振れリスクについてはこのITの活用による価値の追求の観点から「事業機会」という概念で整理し，下振れリスクのみをリスクとして論述していく。なお，ITを適切に活用できず，「事業機会」を活かしていない状況は，非効率というリスクが発生している状況という見方もできる。

Column コラム2-①：リスクの定義

リスクの定義には次のようなものがある。

①IIA「専門職的実施の国際フレームワーク」

「目標の達成に影響を与える事象発生の可能性。リスクは影響の大きさと発生可能性に基づいて測定される。」(IIA [2017])

②COSO「内部統制の統合的フレームワーク」

「事象が発生し，目的の達成に不利な影響を及ぼす可能性。」（COSO [2013] *Internal Control — Integrated Framework.*（八田・箱田監訳 [2014] 181頁）

①と②の定義の相違点は，①がいわゆる上振れリスクと下振れリスクの両者を含めてリスクを定義しているのに対し，②は下振れリスクだけをリスクとして定義している点である。

③ISO31000リスク・マネジメント―指針

「目的に対する不確かさの影響。」

2 ITリスクの概念

　前節でリスクの概念について説明したが，本節ではITリスクに絞って，ITリスク・マネジメントの視点から論説していく。

　ITリスクは，前述した一般的なリスクの概念を踏まえると，組織体の目的達成を阻害するITに係る事象，その事象の発生可能性やその事象の目的達成に与える影響度を指したりする。

　それで組織体の目的達成を阻害するITに係る事象を具体的に抽出してみると，たとえば，誤プログラミング，システム・ダウン，顧客の苦情発生，サイバー・テロ，情報漏えい，顧客からの信用失墜といったものがあげられる。ところがこれらのITリスクを図表2-1のように整理してみると，質の違う３種類のITリスクが混在していることがわかる。実はこれらの例のうち，誤プログラミングとサイバー・テロはリスク発生の「要因」，システム・ダウンと情報漏えいはリスクの具体的「事象」，顧客の苦情発生，顧客からの信用失墜はリスク発現の「影響」あるいは「結果」と分類される。ITリスクへ適切な対応をしていく視点からは，この「要因」，「事象」，「影響」の３つの概念に基づいてITリスクの識別，分析，評価をしていくことが有益である。

　まず「要因」に関して，図表2-1の「脅威」とは顕在化すれば組織体の目的達成を阻害する「事象」を発生させる可能性のある「要因」であり，「脆弱性」とは「脅威」を顕在化させ，組織体の目的達成を阻害する事象の発生

に結びつける組織体の弱さの特性をいう。したがって「脅威」はITリスクの具体的要因となるものであり，一方，「脆弱性」は「脅威」に対するコントロールの不備から生じるものであり，「脅威」と「脆弱性」の組み合わせが，具体的に「事象」としてのリスクを顕在化させる「発生可能性」となる。すなわち，「脅威」が高く，「脆弱性」も高い場合，リスクの「発生可能性」も高まることとなる。さらにリスクの大きさ（量）は，この「事象」の「発生可能性」（Likelihood）と発現した1つの「事象」より帰結する「影響」（Impact），あるいは「結果」（Consequences）の組み合わせで測定されることになるが，詳細は後述する（図表2-1）。

◎図表2-1　リスクの識別と評価の相関図◎

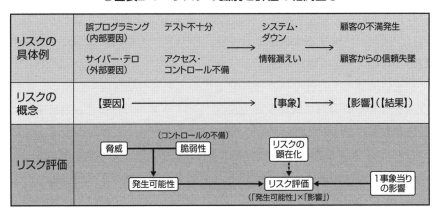

3 ITリスクの識別

　ITリスクの識別の目的がITリスクを適切に管理するためである以上，このプロセスでは，リスクの顕在化した「事象」に留まらず，さらにコントロールの対象となる「脅威」やコントロールの不備である「脆弱性」までも識別していくことが重要である。

　ここで重要な「脅威」や「脆弱性」を網羅的に識別していくとき，「脅威」や「脆弱性」を直接識別した方が効果的・効率的な場合と，顕在化した「事象」をリスト・アップし，次にその「事象」を引き起こす「脅威」や「脆弱性」を識別する方が効果的・効率的な場合がある。たとえば業務フローに従いITリスクを識別していく場合は，その業務プロセスに係る「脅威」や「脆弱性」を直接的に識別しやすいであろうし，モニタリング結果からITリスクを識別していく場合は，過去の事故やトラブル等の「事象」をまず把握し，それからそれらを発生させた「脅威」や「脆弱性」を識別することとなる。要は，複数の方法を適切に組み合わせ，ITリスクを網羅的かつ効率的に識別していくことが重要である。

　上記に関連して，ITリスクを識別していくときの切り口としては，①ITリスクの発生要因別に識別する方法と，②ITリスクの存在する場所を階層別に識別する方法等がある。

　①のITリスクを発生要因別に網羅的に識別していくとき，図表2-2のPESTNという概念が役に立つ。ITリスクの発生要因をまず外部要因と内部要因に分ける。さらに外部要因としては，政治的要因（Politics），経済的要因（Economics），社会的要因（Society），技術的要因（Technology），自然的要因（Nature）の各要因に，また内部要因としては，プロセス的要因（Process），人的要因（Employee），組織的要因（Structure），技術的要因（Technology），統制環境的要因（Nature）の各要因に分け，ITリスクを識別していく。この発生要因別にリスクを識別していくことは，結局のところ

「脅威」や「脆弱性」を識別することとなる。

　次に②のITリスクが存在する場所を階層別にみていくときは，図表2-3のとおり，戦略レベルのITリスクと業務活動レベルのITリスクに2分される。

　戦略レベルのITリスクとは，ITが組織体の目的達成を支援するものであるにもかかわらずIT戦略が経営戦略と整合されていないリスク等であり，これは経営レベル（階層）のITリスクともいえる。

　また業務活動レベルのITリスクは，業務プロセス上のITリスクと個別の情報システムに係るITリスクに二分され，さらにそれぞれITにまつわるリ

◎図表2-2　ITへのリスク要因◎

外部要因（外部要因のPESTN）		
要因のカテゴリー	具体的要因の例	発現する事象
政治的要因 （Politics）	法令等・制度変更	会計制度変更への不適切な対応等
経済的要因 （Economy）	景気変動	過剰IT投資等
社会的要因 （Society）	社会的要求の高まり	安全要求水準への対応未達等
技術的要因 （Technology）	IT技術の発達	サイバー・テロによる情報漏えい等
自然的要因 （Nature）	自然災害	災害によるシステム稼働不可等
内部要因（内部要因のPESTN）		
要因のカテゴリー	具体的要因の例	発現する事象
プロセス的要因 （Process）	業務処理方法の変更	IT設定の不適切な変更等
人的要因 （Employee）	要員の交代	不慣れなIT運用者による誤操作等
組織的要因 （Structure）	組織改正	各部署の役割・権限・責任等の混乱等
技術的要因 （Technology）	システム導入，更改	設計ミスによるシステムの不具合等
統制環境的要因 （Nature）	統制軽視の企業風土	経営者の関与不足によるITプロジェクトの失敗等

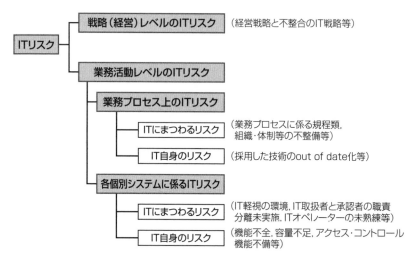

◎図表2-3　レベル（階層）別ITリスクの種類◎

戦略（経営）レベルのITリスク　（経営戦略と不整合のIT戦略等）

ITリスク

業務活動レベルのITリスク

　業務プロセス上のITリスク

　　ITにまつわるリスク　（業務プロセスに係る規程類，組織・体制等の不整備等）

　　IT自身のリスク　（採用した技術のout of date化等）

　各個別システムに係るITリスク

　　ITにまつわるリスク　（IT軽視の環境，IT取扱者と承認者の職責分離未実施，ITオペレーターの未熟練等）

　　IT自身のリスク　（機能不全，容量不足，アクセス・コントロール機能不備等）

注：（　　）内は，リスクを顕在化させる脅威または脆弱性の例示。

スクとIT自身のリスクに細分される。まず，ここでいう業務プロセスとは，企画，開発，運用，保守等の情報システムのライフ・サイクルに係る各プロセス，情報セキュリティに係るプロセス，業務委託先管理のプロセス，データ分析や会計処理等の業務処理プロセス等をいう。業務プロセス上でのITリスクを識別するためには，たとえば業務フローに沿ってITを活用する環境，IT活用目的，組織・体制，業務手順，要員等でどのようなリスクがあるかを識別していく。この業務プロセス・レベルのITリスクは前掲の図表2-3のとおり，ITにまつわるリスクとIT自身のリスクに分けることができる。

　さらに個別の情報システムに係るリスク（個別の取引処理レベルのリスクともいえる）も，図表2-3のとおり，個別の情報システムを操作する環境，プロセス（操作手順を含む），体制，要員等個別情報システムにまつわるリスクと，誤プログラミング，容量不足，アクセス・コントロールの実装不備といった情報システム自身に内存するITリスクとに分けることができる。

　ITリスクの識別においては，このように多次元の角度から網羅的にITリ

スクを識別し，重要なITリスクの識別を漏らさないようにすることが重要である。

4 ITリスクの評価

ITリスクを識別したなら，そのITリスクを分析し評価することとなる。ITリスクを分析し評価しなければならないのは，IT管理を適切に行うためであり，たとえば小さなITリスクに対して過剰なコントロールを行うのは非効率であるし，大きなリスクに対してコントロールが過小な場合，コントロールが有効とはいえないからである。

ITリスクの評価では，図表2-4のとおり，「ITリスク量」＝「ある１事象の影響」×「発生可能性」の式でITリスクを測定する。また，この数式は，「発生可能性」を「脅威」と「脆弱性」に分解して，「ITリスク量」＝「影響」×「脅威」×「脆弱性」とも表現できる。「影響」×「発生可能性」は，めったに発生しないが発生すると被害等の影響（または結果）が大きなリスク，たとえば火事発生等に伴う財務リスクに対してはリスクを「移転」するため保険を掛け，頻繁に発生するが１回ごとの影響が小さいリスクにはリスクの「低減」のためのコントロール活動で対応する，といったように，リスクへの対応方針を決定する場合等に有益な考え方である。一方，個々のコントロールを設計する場合には，「発生可能性」を「脅威」と「脆弱性」にまで分解して検討していくのが有益である。

また，ITリスク測定の基準としては，ITリスク量を金額等の絶対的基準で計量化する場合と，高・中・低の３段階評価や４段階評価等相対的な基準で測定する場合がある。IT設備に保険を掛ける場合のように，金額的評価が必要な場合を除き，金額換算することの技術的困難性と労力，金額的評価の活用程度等から，実務上は相対的評価を行うのが一般的である。

このようにITリスクの分析と評価は，次に述べるITリスクへの対応の方

◎図表2-4　ITリスクの測定方法◎

○ITリスクの測定方法

> ITリスク＝1事象より帰結する影響の大きさ×発生可能性
> または，ITリスク＝1事象より帰結する影響の大きさ×脅威×脆弱性

○ITリスクの測定例

情報資産	影響の大きさ	発生可能性				リスク値
		脅威	脅威値	脆弱性	脆弱値	
サーバ	3	ウイルス感染	3	ウイルス対策の不備	3	27
		不正アクセス	3	アクセス・コントロールの不備	3	27
		なりすまし	3	パスワードへの対策不備	3	27
		システム破壊・故障	2	保守態勢の不備 保管態勢の不備	3	18
		盗難	1	保管態勢の不備	2	6

注：上記の表では，結果の深刻度，脅威および脆弱性を3段階評価。数字が高いほど程度が高い。

針を決める中心的判断材料となる。

5 ITリスクへの対応

　ITリスク評価が完了すると，組織体はそれらのITリスクに対してどのように対応していくべきかの対応方針を決定する必要がある。ITリスクへの対応としては，COSO ERMが示す「リスクの対応」に基づき，次の4種類の方針が考えられる。

　①ITリスクの「受容」

　②ITリスクの「回避」

　③ITリスクの「共有」（「移転」を含む）

　④ITリスクの「低減」

　①ITリスクの「受容」とは，コントロールを施さないでITリスクをその

まま受け入れるということである。たとえば，費用対効果，取り扱う業務の性質や重要性，代替手段の確保等の観点から，社内業務に係るシステム・ダウンのリスクをそのまま受け入れるような場合である。

②ITリスクの「回避」とは逆にITリスクを一切とらないことをいう。たとえばクラウド・コンピューティングは付随するリスクが高いと判断して，実施しないといった場合である。

③ITリスクの「共有」とは，自分の組織体だけでITリスクを保有するのはリスクが高すぎるので，別の組織体とリスクを分かち合うことをいう。たとえば，新システム開発に伴うコスト負担が自社だけでは過大な場合に複数の組織体で共同して新システム開発プロジェクトに取り組むような場合である。ITリスクの「共有」の変形として「移転」があり，たとえば，IT設備が破壊された場合の再建に係る資金確保のための保険は財務リスクの移転であり，ITの非効率な運用を回避するためのIT運用の専門業者への業務委託は業務リスクの移転である。

④ITリスクの「低減」は「軽減」ともいわれ，他の組織体とは共同しないで，自らの組織体だけでさまざまなコントロールを整備・運用することによりITリスクを低減することをいい，たとえば，規程類の整備・運用や組織・体制の構築・運営等により，ITリスクをコントロールする場合である。

次節以降でIT統制について説明していくが，ITリスクへの対応方針のうち，統制活動が直接に関係するのはITリスクを「共有」または「低減」する場合である。なぜならITリスクの「受容」とはコントロールを施さないでリスクをそのまま受容することであり，「回避」とはそもそもリスクをとらないからである。一方，「共有」や「移転」する場合は共有先や業務委託先等をどのように選び，どのように管理していくかのコントロールが重要になり，「低減」する場合もどのようなコントロールを整備し運用していくかが重要となる。ただし，ITリスクを「受容」するといったん意思決定しても，その後の状況の変化からITリスクが高まり，一部「低減」策をとらなければならない事態も生じるであろうし，反対に「回避」を意思決定したとしても

その後の状況の変化から事業機会を求めて多少のリスクをとる場合が発生しないとも限らない。したがって，いったん，ITリスクの「受容」または「回避」を意思決定した場合も，直接的統制活動はとらないものの，「受容」あるいは「回避」の方針を変更すべき状況が発生していないかのモニタリング活動（**コラム2-②参照**）は継続して行っていくことが不可欠である。

また，いずれの方針をとろうと，保有するリスクが組織体の決定したリスク許容範囲内に入っていることと，保有するリスクに対して満足するリターン，たとえばITによる価値の提供が確保されていることが，ITリスク・マネジメント上重要である。

Column　コラム2-②：COSOの内部統制のフレームワーク

　COSOはその公表文書「内部統制の統合的フレームワーク」のなかで，組織体の目的を達成するためには，「統制環境」，「リスク評価」，「統制活動」，「情報と伝達」，「モニタリング活動」の構成要素に沿って，内部統制を構築していくことを提案している（COSO［2013］）。

Ⅱ　IT統制

1　IT統制の概念

　IT統制という用語は，通常次の2つの意味で用いられている。1つはITを活用した統制を指し，もう1つはITに対する統制を意味している。本書では特に断らないかぎり，後者の意味，すなわち，ITリスクを管理してい

くためになされる，さまざまなコントロールの意味でIT統制（**キーワード2-**①参照）という用語を用いる。

　なお，ITリスクを管理するためのさまざまなコントロールをIT統制とした場合，IT統制は，①IT統制活動を効果的・効率的に機能させるための組織体内の環境も含めた組織体全体でのプロセス，仕組みとしてのIT統制のフレームワーク（広義のIT統制：たとえばCOSOの内部統制の統合的枠組み全体）と②ITリスクを管理するための個々の手段や活動であるIT統制活動（狭義のIT統制：たとえばCOSOの同統合的枠組みの統制活動）の2つの意味合いがある。

キーワード 2-①

IT統制

　内部統制報告制度の「財務報告に係る内部統制の評価及び監査の基準並びに財務報告に係る内部統制の評価及び監査に関する実施基準」ではITの統制を「ITを取り入れた情報システムに関する統制であり，自動化された統制を中心とするが，しばしば，手作業による統制が含まれる」（企業会計審議会［2011］49頁）としている。

---

2 IT統制活動の種類

　IT統制目標を達成するために，前述のIT統制のフレームワーク（広義のIT統制）の下で，さまざまな種類のIT統制活動（狭義のIT統制）を統合的に用いることとなるが，そのIT統制活動はいくつかの視点で分類し，整理することができる。

(1) レベル別（階層別）IT統制活動

　まずIT統制活動は，IT統制活動のなされるレベル（階層）によってIT統制活動を分類することができる。IT統制活動のなされるレベルとは，大きくいうと，①全社的レベルと②業務プロセス・レベルと③個別情報システム・

◎図表2-5 組織体のレベル（階層）別IT統制例◎

レベル（階層）別IT統制の例	対応する階層別ITリスク
①【全社的なIT統制】 組織目標を達成するために，ITに係る全社的基本方針，基本計画，戦略を適切に決定し，実施するための経営レベルでのコントロールで，ITガバナンスを支援する仕組み • 経営者による，ITに関する適切な戦略，計画等の決定 • 経営者による，内部統制整備のための，IT環境の適切な理解と，ITに関する方針の明示 • 経営者による，内部統制の目的達成に対するリスクを低減するための，人的及びITを用いた統制の利用領域についての，適切な判断 • ITを用いて統制活動を整備する際の，ITを利用することにより生じる新たなリスクの考慮 • 経営者による，ITに係る全般統制及びITに係る業務処理統制についての方針及び手続の適切な制定	「戦略（経営）レベル」のITリスク
②【IT全般統制】 IT業務処理統制が有効に機能する環境を保証するためのコントロール活動で複数のIT業務処理統制に共通して関係する方針や手続き等 • 情報システムの開発，保守 　情報システムを適切に開発，調達又は変更するための，組織的，人的，技術的，物理的等のコントロールの整備・運用 • 情報システムの運用・管理 　情報システムの運用・管理のための，組織的，人的，技術的，物理的等のコントロールの整備・運用 • 情報システムの安全性の確保 　情報やデータの「機密性」，「完全性」，「可用性」を維持するための，組織的，人的，技術的，物理的等のコントロールの整備・運用 • 外部委託に関する契約の管理 　ITに係る業務を外部委託している場合の，業務委託先の適切な選定と管理	「業務活動（業務プロセス）レベル」のITリスク
③【IT業務処理統制】 個々の情報システムにおいて入力，処理，出力，保存等を適切に行うためのコントロール • 情報システムに入力する場合の，情報・データの完全性，正確性，正当性等確保のためのコントロールの整備・運用 • エラーデータの適切な修正・再処理のコントロールの整備・運用 • マスタ・データの完全性，正確性，正当性等確保のためのコントロールの整備・運用 • 個別の情報システムの利用に関する認証・操作範囲の限定等の適切なアクセス管理	「業務活動（各システム）レベル」のITリスク

出所：企業会計審議会［2011］を参考に作成。

レベルであり，①でなされるコントロールを全社的IT統制，②でなされるコントロールをIT全般統制，③でなされるコントロールをIT業務処理統制といい，これらは，前掲の図表2-3で示したレベル（階層）ごとのITリスクに対応する。また，各レベルのコントロールの例は図表2-5のとおりである。

(2) 手法別IT統制活動

次に，ITリスクに対するコントロールの手法からIT統制活動を分類することができる。すなわちIT統制活動を「組織的コントロール」，「人的コントロール」，「技術的コントロール」，「物理的コントロール」に分類する方法であり，これらのコントロールの組み合わせでITリスクを管理していくことになる。また，「組織的コントロール」，「人的コントロール」，および「技術的コントロール」をあわせて「論理的コントロール」ということもある。これらの4種類のコントロールの具体例は図表2-6のとおりであるが，簡単に説明すると以下のとおりである。

◎図表2-6　手法別IT統制の種類◎

対策	具体例
組織的 コントロール	方針，規程，手順書，等の整備・運用 開発部署，運用部署，利用部署，委員会，最高管理責任者，管理責任者，管理委員，等の整備，運営（役割，権限，責任等の付与と運用） 連絡網の整備・運用，安否確認，等
人的 コントロール	要員の確保，周知徹底，教育，訓練，同意書の徴収，メンタル・ケア，懲戒規定の適用，等 業務委託先管理，等
技術的 コントロール	ID，パスワード管理，生体認証，暗号化，ファイアウォール，不正探知・防止，振る舞い検知，ログ収集・分析・保存，等の整備・運用 容量監視，連番チェック，限界チェック，チェック・ディジット，等の整備・運用 冗長性（ミラーリング，バックアップ）の整備・運用，等
物理的 コントロール	耐震・耐火・耐水・騒音防止等構造，空調設備，電源・回線設備，入退館・室管理，入退記録の保存，監視設備，等 サーバの保護，モバイルPC等の固定，施錠場所への管理,等

①組織的コントロール

　組織的コントロールとは，方針，規程，手順書等の整備・運用によるコントロールと，組織・体制によるコントロールからなる。

　まず，方針，規程，手順書等による統制とは，ITリスク・マネジメントやIT統制に係る基本方針，規程，手順書やマニュアル等が適切に整備されていて，遵守され，機能していることによる統制である。そのためには，これらの文書が全体として，ITに係るリスクを網羅的かつ適切に取り扱い，ITリスク・マネジメントに係る各プロセス，各部門・委員会，各人等の役割，権限，責任等を明瞭に示している必要がある。また，情報漏えいやシステム障害等のインシデント発生時の対応についても文書化し，共有しておかねばならない。

　組織・体制によるコントロールとは，上述の方針，規程等に従って，ITリスク・マネジメントのための組織・体制が適切に設置され，設置目的どおりに機能することによる統制である。たとえば，組織横断的に情報セキュリティを所管する部署や情報セキュリティ委員会の設置とその機能発揮，および組織体全体の情報管理最高責任者や各部署での情報管理者の設置とその機能発揮，職責の分離等である。

②人的コントロール

　役職員および業務委託先の管理がこのコントロールの目的である。文書化される各役職員の役割，権限，責任や遵守事項等は，伝達や教育等を通じて周知徹底されていなければならない。さらにインシデント発生時の対応についても訓練されている必要がある。

　また，規程類を違反した役職員に対する懲戒規定が整備されており，厳格に運用されていることも抑止機能として重要である。

　業務委託先管理においては，業務委託先選定基準の整備・運用，業務委託先の定期的および必要に応じた評価，業務委託の範囲や内容の適切な決定とその範囲・内容に基づいての業務委託契約（各々の役割，権限，責任，損害

賠償，等）やサービス品質保証契約（Service Level Agreement: SLA）等による適切な契約，さらには適切なモニタリング活動等が重要なポイントである。業務委託先管理の詳細については第3章Ⅲ6（3）「業務委託先の管理」を参照していただきたい。

③技術的コントロール

　技術的コントロールとは，ITを活用したITリスクのコントロールであり，ITを活用しての統制という意味でこれをIT統制という場合もある。情報資産を守るための予防的コントロールとしてはIDやパスワードの管理，暗号化，ファイアウォールや不正侵入防止システムの実装等があり，発見的コントロールとしては不正侵入探知システムや振る舞い検知ソフトの実装，さらにログ（情報システムへのアクセスや操作の記録）の取得・分析・保存等がある。さらには是正的コントロールとしてはバックアップ・システムの整備等であり，ITを活用しての上記のような統制が技術的コントロールである（予防的コントロール，発見的コントロール，是正的コントロール等の機能別統制活動については後述する）。

　ただし，技術的コントロールはその費用対効果等の面から，そのあるべき姿を一度に完備することは困難であり，中長期的ロード・マップ等を策定して計画的に強化していくことが大切である。

　また，これらの統制機能としての情報システムは，ただ実装すればよいのではなく，適切に実装・整備されかつ運用される必要がある。

④物理的コントロール

　物理的コントロールは，施設，設備およびIT機器等に係るコントロールである。このコントロールは，施設や設備に対するコントロールと，人の入退に係るコントロール，さらにサーバやパソコン等のIT機器に係るコントロールの3種類からなる。

　施設や設備に対するコントロールには，地震，火事，水害等の天災に備え

て，建物を耐震・耐火・耐水構造にする，あるいは空調設備，非常用発電装置，無停電電源装置を装備するといったものがある。

人の入退に係るコントロールとしては，入館・入室の権限の明確化，入退時の適切なチェック態勢の整備・運用，監視装置の実装，入退の記録の取得・分析・保存，等がある。

また，IT機器に係るコントロールとしては，サーバやパソコン等の適切な保管等，IT機器の不当な持出，破壊，不適切な廃棄等に対する防止諸策等がある。

(3) 機能別IT統制活動

以上，レベル別，手法別にIT統制活動をみてきたが，これらの個々のIT統制活動は，その性格から，「予防的コントロール」（「防止的コントロール」），「発見的コントロール」，「是正的コントロール」，「指導的コントロール」に分類することができる。

「予防的コントロール」とは，組織体にとって望ましくない事象や状況の発生を未然に防ぐコントロールで，たとえば不正アクセスを防止するID・パスワードは「予防的コントロール」の例である。「発見的コントロール」とは発生した望ましくない事象や状況を遅滞なく発見するコントロールで，ログの取得・分析は「発見的コントロール」の例である。次に「是正的コントロール」とは望ましくない事象や状況をあるべき姿に修正するコントロールであり，たとえば毀損したデータを復元するバックアップ・システムは「是正的コントロール」の例である。また，「指導的コントロール」とは，より望ましい態勢へ導くコントロールであり，たとえば継続的な改善活動遂行のためのモニタリングの仕組みは「指導的コントロール」の例である。

(4) 手段別IT統制活動

次に，IT統制活動を行う手段から，「自動化されたコントロール」，「人的コントロール」，「自動化されたコントロールと人的コントロールを組み合わ

せたコントロール」に分類することができる。

「自動化されたコントロール」とは，ITを活用したコントロールで，たとえば，ID，パスワードによる不正アクセス防止や情報システムに組み込まれた限界値チェック等のコントロール等がある。なお，このコントロールをIT統制ということがあるのは前述のとおりである。

「人的コントロール」とは人による確認や突合せ等のコントロールで，検印活動や承認活動等がある。

「自動化されたコントロールと人的コントロールを組み合わせたコントロール」とは，ITによるコントロールと人によるコントロールを組み合わせたもので，たとえば，ITによる情報（ログ，業務情報等）の取得および提

◎図表2-7　IT統制活動の分類方法一覧◎

1．レベル（階層）別の分類
　①全社的統制
　②全般統制（プロセスレベルのコントロール）
　③業務処理統制（各システムレベルのコントロール）

2．手法別の分類
　①組織的コントロール
　②人的コントロール
　③技術的コントロール
　④物理的コントロール
　（①～③をまとめて論理的措置ともいう）

3．機能別の分類
　①予防的コントロール（防止的コントロール）
　②発見的コントロール
　③是正的コントロール
　④指導的コントロール

4．手段別の分類
　①自動化されたコントロール（ITによるコントロール）
　②人的コントロール（人手によるコントロール）
　③自動化されたコントロールと人的コントロールが組み合わされたコントロール

供と，人によるその情報の点検や分析の組み合わせなどがある。

　なお，本節でみてきたコントロールの各分類は1つのIT統制活動に対して見方を変えた場合にさまざまな分類方法があるということであり，たとえば，個別の情報システムにおけるID，パスワードによるアクセス・コントロールは，業務処理統制で，技術的，予防的で，自動化されたコントロールといえる。

　これまで述べたIT統制活動の分類方法を図表2-7に整理している。また，重要な目的に係るリスクを低減するために構築された主要なコントロールをキー・コントロールといい，目的達成のためにキー・コントロールを補うコントロールを補完的コントロールという。

3　IT統制目標の構造化

　以上，IT統制にはさまざまな種類があり，これらのIT統制が有機的に組み合わされること（多重防御）により，ITはIT統制目標を達成し，ひいては取締役会や経営陣等が期待する価値を組織体へ提供するわけであるが，IT統制目標もいくつかのレベルに分けることができる。具体例で示すと，たとえば，業務の安全性への貢献というIT統制目標を果たすためには，必要条件としてITの安全性という1つ下位のIT統制目標が達成されなければならず，ITの安全性が達成されるためにはその必要条件として機密性が達成されなければならず，機密性が達成されるためにはアクセス・コントロールが達成されなければならず，アクセス・コントロールが達成されるためにはID・パスワードのコントロールがなされなければならないという位置関係にあるということである。これを，KGI（Key Goal Indicator：重要目標達成指標）とKGIを達成するための目標であるKPI（Key Performance Indicator：重要業績評価指標）の概念を使って示すと図表2-8のとおりとなる。一番下のレベルのKGIは1つ上のレベルからみると，そのレベルのKGI

◎図表2-8　IT統制目標の構造化◎

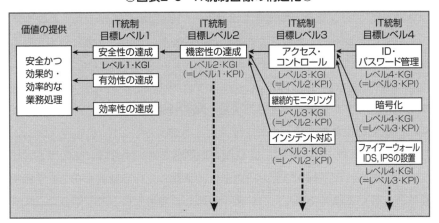

を達成するための複数あるKPIの１つとなっている。この関係が順次，一番上のIT統制目標レベル１のKGI（最終KGI）のレベルまで続くこととなる。IT統制目標をこのように整理することをIT統制目標の構造化という。一番下のレベルの各KGI（＝１つ上のレベルのKPI）を達成するためのコントロールを適切に整備・運用することにより，順次一段上のKGIが達成されていき，最終的には組織体が期待するITによる「価値の提供」を実現する。IT統制目標をこのように構造化することはIT監査において，個別IT監査実施の具体的手続書である監査プログラムの検証項目の効果的・効率的なリスト・アップにも有益である。

4 IT統制の成熟度モデル

　IT統制は，通常は１回で完璧なものが構築されることはなく，常に継続的改善を図っていかなければならない。また，法令や基準等の改正，社会的要求水準の変化，技術的進歩，業務内容やプロセスの変更，業務の担い手の

変更，監視活動の結果，組織体内外の事故等を踏まえて，現行のITリスク・マネジメントの有効性，効率性を評価し，IT統制の必要な改善，是正を行っていくことが重要である。この継続的改善を図っていくときに参考となる概念がIT統制の成熟度モデルである。ここで示す「IT統制成熟度モデル」は，カーネギーメロン大学のソフトウェア工学研究所（SEI）のWatts S. Humphreyのソフトウェアプロセス成熟度の枠組みを参考に，図表2-9のようにIT統制の成熟度モデルを考えてみたものである。

「IT統制成熟度モデル」は，IT統制の成熟度を6つの段階に分類する。まず，第0段階「成り行き任せの段階」は，業務上，何の統制もなされず状況を放置している段階である。次に第1段階「その場しのぎの段階」は，決まった統制というものはなく，状況ごとに指導者等の指示に従い何らかの対応を行っている段階であり，次の第2段階「再現性ありの段階」は，先の「その場しのぎの段階」で得た成功体験から，こうすれば機能するという統制を組織体の暗黙知として共有し運用している段階である。統制が組織体内で共

◎図表2-9　IT統制成熟度モデル◎

第0段階
「成り行き任せの段階」
統制活動以前、対応なしの状態

第1段階
「その場しのぎの段階」
リーダーの指示の下、都度、何らかの対応をする状態

第2段階
「再現性ありの段階」
その場しのぎの対応から、統制のノウハウが蓄積され、繰返し、活用されている状態

第3段階
「文書化の段階」
統制のノウハウが文書化され、共有されている状態。第3者による点検が可能な状態

第4段階
「測定可能の段階」
文書化された手順や基準等への適合程度が測定可能な状態

第5段階
「最適化の段階」
測定された評価に基づき継続的改善が図られている状態

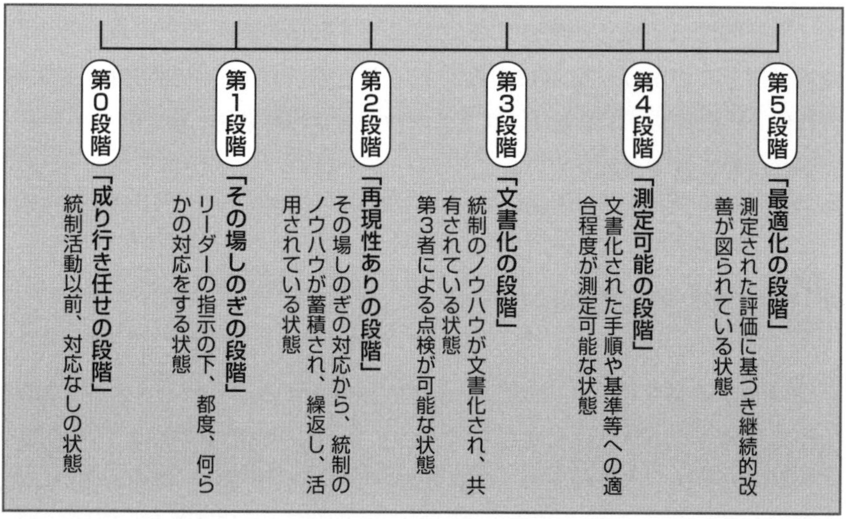

有されており，統制が継続的になされることが可能であることから，「再現性ありの段階」という。第3段階「文書化の段階」は，前段階の暗黙知を文書化し，明示している段階である。この段階では，文書化された基準に従い，第三者にも統制の有無等の点検が可能になる。第4段階「測定可能の段階」の状態は，文書化された手順や基準等への適合程度等が測定可能な段階である。前段階で統制ありを確認しても事故や望ましくない事象が発生することがある。なぜなら，統制はあるが統制が弱い状態であるからであり，その改善のためには統制がどの程度強固かを，前述のKPI等を活用して測定する必要がある。この測定により，統制の強度を見える化し，統制の継続的改善を可能にし，ひいては第5段階「最適化の段階」に導くことができるのである。

5 固有リスク，統制リスク，残存リスク

　ここまでITリスクとIT統制等について論じてきたが，ここでリスクについて，1点追加説明を行う。というのは，今まで主として業務に存在するリスク（「固有リスク」という）について論じてきたが，「固有リスク」に対する統制自身の中にもその「脆弱性」がゆえにリスク（「統制リスク」という）は存在するからである。IT統制についても前節で説明してきたが，ここでは統制自身に係るリスクをも含めて，リスク全体の概念を説明する。

　まず，統制に係るリスクも含めた場合，リスクを「固有リスク」，「統制リスク」，「残存リスク」（「残余リスク」ともいう）に分類することができる。

　「固有リスク」とは，何か業務を行うとき，その業務に伴って発生するリスクであり，統制がない状態で存在するリスクともいわれる。「統制リスク」とは，コントロールが十分に機能しないリスクであり，望ましくない事象や状態の発生（リスクの顕在化）を予防するコントロールや，リスクが顕在化した状態を遅滞なく適切に発見するコントロールが機能不全であるリスクをいう。また，「統制リスク」とは対の関係（補集合の関係）にあり，コント

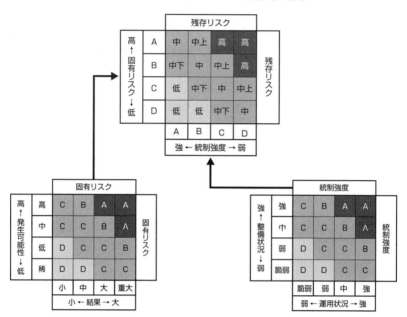

◎図表2-10　残存リスクの評価方法例◎

ロールの強さを意味する用語としては「統制強度」がある。最後に「残存リスク」とは「固有リスク」に統制を施した後も残っているリスクである。「残存リスク」は「固有リスク」と「統制リスク」の組み合わせで決定される。「固有リスク」が高く「統制リスク」も高ければ「残存リスク」は高くなる。組織体は，この「残存リスク」が組織体の意思決定した「リスク許容範囲」内に収まるようにリスク管理をしていかなければならない。また，IT監査を実施する場合も，リスクの高いところから監査をしていくのが原則であり，図表2-10はIT監査計画立案のための残存リスク評価の一例である。

> **Column** **コラム2-③：残存リスク**
>
> 残存リスクを数式を使って説明すると次のようになる。
> - 「残存リスク」は「固有リスク」と「統制リスク」の組み合わせで決定される
> ことから次の式で表現できる。
> 「残存リスク」＝「固有リスク」×「統制リスク」
> - 一方，「固有リスク」は統制されるリスクと統制実施後も統制されないリスク
> に分かれるから，次の式で表現できる。
> 「固有リスク」＝「固有リスク」×「統制強度」
> 　　　　　　　＋「固有リスク」×「統制リスク」
> 両辺を「固有リスク」で割ると
> 　1＝「統制強度」＋「統制リスク」
> よって「統制リスク」＝1－「統制強度」となる。
> （「統制強度」と「統制リスク」は補数の関係または補集合の関係にあることを
> 示している。）
> 　この式を「残存リスク」＝「固有リスク」×「統制リスク」の式に代入すると，
> 「残存リスク」＝「固有リスク」×（1－「統制強度」）
> 　　　　　　　＝「固有リスク」－「固有リスク」×「統制強度」となる。
> 　この式から，残存リスクは，固有リスクに対して統制実施後も残存しているリ
> スクということになる。

6 まとめ：ITガバナンス,ITリスク・マネジメント,IT統制の関係

　以上，第1章と本章でITガバナンス，ITリスク・マネジメント，IT統制に
ついて述べてきたが，その関係をIT統制からスタートしてITリスク・マネ
ジメント，ITガバナンスの方向にみていくと図表2-11となる。

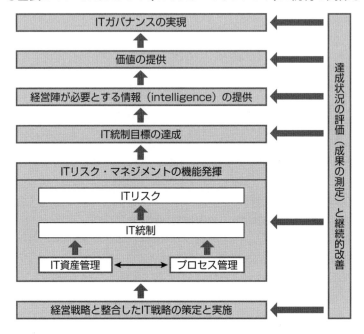

◎図表2-11　ITガバナンス，ITリスク・マネジメント，IT統制の関係◎

一方，ITガバナンスからスタートしてITリスク・マネジメント，IT統制をみていくと次のように説明できる。

企業の目的や目標を達成するための経営計画や基本的戦略を支援するための基本的IT戦略を立案し，経営陣にその基本的IT戦略の実施を指示し，経営陣の実施状況を監視・監督していくのはITガバナンスであり，その主な担い手は取締役会。

取締役会からの指示を受けて，基本的IT戦略を遂行するために複数の具体的IT戦略を立案し，それらの具体的IT戦略に係るリスク評価を行い，組織体にとって許容できるリスクの範囲に収まるように具体的IT戦略を選択し，実施していくのがリスク・マネジメントであり，主な担い手は経営陣（**コラム2-④**参照のこと）。

選択した具体的IT戦略が，組織体にとって許容できるリスクの範囲に収まるように具体的にコントロール活動を行っていくのがIT統制であり，IT統制は組織体の各階層で適切に行われる必要があるので，担い手は組織体のすべての構成員となる。

したがって，ITガバナンス，ITリスク・マネジメント，IT統制は，それぞれ個別の活動ではあるが，組織体において連続した相互に影響のある活動であるので，内部監査人が監査を行う場合は，これらの相互影響についても関心を払う必要がある。

Column **コラム2-④：リスクへの対応：受容，回避，共有，低減**

経営陣が立案するIT戦略には，その戦略実施に伴うリスクが固有リスクとして存在する。

このリスクをどう取り扱うかをリスクへの対応という。

リスクへの主な対応としては，次の4通りの対応がある。すなわち，「受容」，「回避」，「共有」，「低減」である。

「受容」とは，そのITリスクに対して統制活動をせず，そのままリスク・テイクすることである。すなわち，IT戦略は目標と目標達成のために行われるIT資源管理とプロセス管理からなるが，IT資源管理，プロセス管理に存在する固有リスクが組織体の許容範囲に収まり，効率的な管理の観点からあえて統制活動を行わないことをリスクの「受容」という。

一方，このリスクは組織体に取ってリスクが大きすぎて，どんな統制活動をとっても組織体にとって許容できる範囲に収まらないと判断し，リスクを取らないことを「回避」という。

たとえば，クラウド・サービスは当該組織体にとってはリスクが高過ぎるのでクラウド・サービスを享受しないと判断したなら，これが「回避」の例となる。

次に「共有」，「低減」とは，統制活動を行うことにより，固有リスクを組織体にとって許容できる範囲に収まるようにする対応であり，そのために「共有」は，当該組織体が別の組織体等の第三者と何らかの形態で組むことにより実現を計るのに対し，「低減」（「軽減」ともいう）は，第三者と組まず当該組織体だけで固有リスクを組織体にとって許容できる範囲に収まるようにする対応である。

「共有」の例としては，たとえば資金負担が大きすぎるシステム開発を第三者

と共同開発することにより資金負担額を組織体にとって許容範囲にまで引き下げることがあげられる。また「共有」の変形にリスクの「移転」があり，リスクの高いITに係る業務プロセスをITサービスの専門業者に業務委託することは業務リスクの移転の例であり，災害によりIT施設が被害を受けた場合の修復費用（資金負担）を予め保険で対応しておくことは財務リスクの移転の例となる。

一方，「低減」とは当該組織体だけで，たとえば，組織的統制，人的統制，技術的統制，物理的統制を行うことにより当該組織体だけで固有リスクを組織体にとって許容できる範囲に収まるようにする対応である

経営陣は，取締役会等が決定した基本的IT戦略を遂行するための具体的IT戦略に係る固有リスクが組織体の許容範囲か否か，何らかの統制活動を行うこと（リスクの移転または低減）によって固有リスクが減少し，その減少したリスク（残存リスク）が組織体の許容範囲内に収まるか等を勘案し，具体的なIT戦略を決定することになる。

参考文献

一般財団法人日本規格協会編［2019］ISO31000：2009「リスクマネジメント─指針」。

一般社団法人日本内部監査協会編［2015］『IT監査とIT統制（改訂版）─基礎からネットワーク・クラウド・ビッグデータまで─』同文舘出版。

企業会計審議会［2011］「財務報告に係る内部統制の評価及び監査の基準並びに財務報告に係る内部統制の評価及び監査に関する実施基準」（平成23年3月30日）。

堀江正之［2006］『IT保証の概念フレームワーク─ITリスクからのアプローチ─』森山書店。

Humphrey, W.S.［1989］*Managing the Software Process*, Wesley Publishing Co. Inc.（藤野喜一監訳／日本電気ソフトウェアプロセス研究会訳［1991］『ソフトウェアプロセス成熟度の改善』日科技連）

Reding, K.F., P.J. Sobel, U.L. Anderson, M.J. Head, S. Ramamoorti, and M. Salamasick［2007］Internal Auditing: Assurance and Consulting Services, The IIA Research Foundation.（社団法人日本内部監査協会訳［2009］『内部監査─アシュアランス・サービスとコンサルティング・サービス─』）

Richards, D.A., A.S. Oliphant, and C.H. Grand［2005］*Global Technology Audit Guide（GTAG）1 Information Technology Controls*, The Institute of Internal

Auditors, Inc.

The Committee of Sponsoring Organizations of the Treadway Commission (COSO) [2013] *Internal Control — Integrated Framework*.（八田進二・箱田順哉監訳 [2014] 『内部統制の統合的フレームワーク』日本公認会計士協会出版局）

The Committee of Sponsoring Organizations of the Treadway Commission (COSO) [2004] *Enterprise Risk Management — Integrated Framework*.（八田進二監訳／中央青山監査法人訳 [2006] 『全社的リスクマネジメント―フレームワーク篇―』東洋経済新報社）

The Committee of Sponsoring Organizations of the Treadway Commission (COSO) [2017] *Enterprise Risk Management — Integrating with Strategy and Performance*.（日本内部監査協会，八田進二，橋本尚，堀江正之，神林比洋雄監訳／日本内部統制研究学会COSO-ERM研究会訳 [2018] 『COSO全社的リスクマネジメント―戦略とパフォーマンスとの統合―』同文舘出版）

The Institute of Internal Auditors (IIA) [2017] *International Professional Practices Framework*.（一般社団法人日本内部監査協会訳 [2017] 『専門職的実施の国際フレームワーク―2017年版―』）

第**3**章

情報システムのライフ・サイクルに沿った管理態勢の構築と監査

　本章では情報システムのライフ・サイクルに沿った管理態勢におけるリスクの所在を示し，その管理態勢の構築について述べる。そのうえで，IT監査での検証事項および確認すべき証跡等を示しながら，構築された管理態勢（PDCA）の有効性検証の具体的な進め方を説明する。

情報システムのライフ・サイクルに沿った管理態勢

1 情報システムのライフ・サイクル

　情報システムのライフ・サイクルとは，主としてコンピュータシステムの開発手法・モデルを指し，SDLC（Systems Development Life Cycle）と呼ばれる。以下，情報システムのライフ・サイクルをSDLCと表記する。このSDLCとは図表3-1が示すように，「企画」から「開発」，「運用／利用」，「廃棄」に至るプロセスのことである。

◎図表3-1　情報システムのライフ・サイクル◎
(SDLC：Systems Development Life Cycle)

出所：経済産業省［2018b］を参考に作成。

2 SDLCに沿った管理態勢

　SDLCに沿った管理態勢とは，上述の「企画」から「廃棄」に至る各プロセスにおける管理態勢をいう。すなわち，プロセスごとおよび全プロセスを

通じて，PDCAサイクルが回る仕組みが構築されている管理態勢をいう。

SDLCに沿ったIT監査

　情報システムのライフ・サイクルごとに管理すべき対象が異なり，リスクの所在も異なっていることから，情報システムが効果的・効率的に価値を提供していくためには，SDLCを意識して情報システム等のIT資産が管理されていることが重要である。このため，SDLCに沿ってITリスク・マネジメントのためのIT統制プロセスを検証していくのが，効果的・効率的なIT監査方法の１つとなる。SDLCにおけるIT統制プロセスの「あるべき姿」とは，この各プロセスに存在するさまざまなリスク要因に対してコントロールが効果的・効率的に機能している状態である。ここでいうリスク要因とは，情報システムの「有効性」，「効率性」，「信頼性」，「安全性」，「コンプライアンス」等のIT統制目標に対し，その達成を妨げる要因をいう。IT監査人は，この「あるべき姿」に対する「現状」を把握・分析し，「あるべき姿」とのギャップを評価することとなる。

SDLCのプロセスごとの監査の要点

SDLCの各プロセスにおいて主に検証すべき事項をチェックポイントとして下記に一覧化した。

【重要チェックポイント】 SDLCに沿った管理態勢

SDLCの プロセス		検証事項
企画	IT戦略企画	・IT戦略，IT計画が経営戦略と整合しているか。 ・情報システム投資の優先順位決定基準が文書化されており，定められた決定基準に従ってIT計画が策定されているか。 ・情報システム投資の「費用対効果」の判断基準が文書化されており，定められた判断基準に従って投資の可否が決定されているか。 ・意思決定者に適時・適切に情報が提供されているか。
	情報システム企画	・案件を適切に推進・管理する体制が構築されているか。 ・要件の妥当性が検討され，開発対象業務のリスク分析等がなされているか ・ユーザ部署と開発部署間で要件定義の内容が共有化され，文書化されているか。 ・情報システムの品質，コスト，スケジュール等が文書化され，ユーザ部署，開発部署の責任者が承認しているか。 ・情報システム導入によるIT投資の有効性評価等が実施されており，導入後当初想定した効果を達成していることを確認することが明確化されているか。
開発	全般	・開発要員による運用環境へのアクセスやシステム運用業務の兼務が禁止されているか。 ・情報システム開発の方針・基準等が文書化され，適切に承認されているか。また，これらが遵守されているか。 ・開発の規模，情報システム特性，リスク等を考慮して開発手順が決定されており，開発責任者が承認しているか。 ・各プロセス内の重要な段階の終了時点ごとにユーザ，開発，運用/保守の各部署の責任者が適切にレビューし，承認しているか。
	設計	・ユーザ，開発，運用および保守の責任者がシステム設計書，運用設計書等を承認しているか。 ・セキュリティやコンプライアンス等を勘案してシステム設計，運用設計がなされているか。 ・開発の責任者が各種設計書を承認しているか。

SDLCの プロセス		検証事項
開発	プログラ ミング	• プログラム設計書に基づいてプログラミングがなされているか。 • プログラミングコードおよびプログラムのテスト結果が評価され，記録，保管されているか。
	テスト	• システムテスト計画には，単体テスト終了後の結合テスト，システムテスト（総合テスト）が含まれているか。また，ユーザ，開発，運用／保守等の責任者がシステムテスト計画を承認しているか。 • ユーザおよび開発の責任者が，運用テスト計画を承認しているか。 • ユーザ部署による要件定義どおりの機能が実装されていることがテストで確認されているか。 • 要件定義した機能確認に加えて，他システムへの無影響確認も含めて，必要かつ十分なデータが用いられてテストが適切に実施され，要件定義どおりに問題なく稼動することが確認されているか。 • システムの操作性に問題ないことが確認されているか。 • 情報セキュリティが確保されていることが確認されているか。 • 既存の情報システムへ影響がないことが確認されているか。 • テスト結果が，ユーザ，開発，運用／保守等の責任者により評価されたうえで承認され，テスト結果が，記録，保管されているか。
運用・利用	移行	• 移行の体制，各自の役割，権限と責任，スケジュール等が移行計画に含まれており，ユーザ，開発，運用／保守の各責任者が移行計画を承認しているか。 • 移行計画に基づき，要員，予算，設備等の資源が確保されているか。 • 移行計画に基づき移行手順が作成されており，移行手順に従って移行作業が実施されているか。 • 移行計画に基づき，システムを使用する者（ユーザやシステム運用者）に対する訓練や教育が実施されているか。 • 本番に近い環境を用いてリハーサル等により移行作業が確認されているか。 • 移行前後の不測の事態に備えて，コンティンジェンシー・プランが策定されているか。 • 移行後の稼動確認手順が整備されているか。
	システム 運用管理	• 開発要員によるシステム運用業務の兼務が禁止されているか。 • 運用設計に基づいて運用管理規則および運用手順が作成され，運用部署の責任者がこれらを承認しているか。またこれらに基づきシステム運用が実施されているか。 • 運用責任者が承認した年間運用計画に基づき，月次，日時等の運用計画が策定されているか。 • 業務処理の優先度を考慮してジョブ・スケジュールが設定され，そのジョブ・スケジュールに基づいてオペレーションがなされているか。 • 運用管理規則に基づいて，オペレータの交替，オペレーションが実施され，その記録が適切に保管されているか。

SDLCの プロセス		検証事項
運用・利用		• 例外処理のオペレーションについては，運用管理規則に基づいて，必要な承認を受けて実施されており，その記録が適切に保管されているか。 • 情報システムの稼働状況をモニタリングするプロセスが確立されているか。 • 冗長性が担保され，バックアップ体制が適切に構築されているか。 • 事故・障害発生時の業務処理，復旧手順・作業，体制が文書化されており，関係者間で共有されているか。また，定期的に訓練が実施され，習熟が図られているか。 • 事故および障害が発生した際には，直接的な原因（プログラムのバグ等）だけでなく，真因（なぜ，プログラムバグが混入したのか等）が追究され，真因の再発を防止するための対策が講じられているか。
	利用管理	• 操作ミスが生じにくい操作方法・手順となっているか。 • 操作手順が文書化され，システムを使用する者（ユーザやシステム運用者）に対して周知徹底されているか。 • 情報システムの利用を習熟するための研修や訓練が実施されているか。
	入力管理	• 入力管理規則が定められ，遵守されているか。 • データの誤入力，漏えい，不正利用，改ざん等を防止するための対策が講じられ，遵守されているか。
	データ処理	• データ処理の適切性を確保するため，ファイル間の整合性を確保する仕組みや，アプリケーション・システム間のインターフェース（連携）の仕組みが適切に整備され，遵守されているか。 • エラーデータの修正および再処理の仕組みが適切に整備され，遵守されているか。
	出力管理	• 出力管理規則が定められ，遵守されているか。 • 誤謬，漏えい，不正利用，改ざん等を防止するための出力データ管理にかかる対策が講じられ，同対策が実施されているか。
	データ維持・管理	• データ管理規則が定められ，遵守されているか。 • データの保管，複写および廃棄に際し，誤謬，漏えい，不正利用，改ざん等を防止するためのデータ管理に係る対策が講じられ，同対策が実施されているか。
	情報システム管理	• ソフトウェア，ハードウェア，ネットワーク等の情報システムにかかる資産・資源を管理するためのルールが定められ，遵守されているか。 • ソフトウェアの使用許諾契約に基づき，ソフトウェアが適切に使用されているか。 • ソフトウェアが不当にインストールされていないか。 • 容量（キャパシティー）が，適時適切に監視され，必要な対策が実施されているか。

SDLCの プロセス		検証事項
	施設・関 連設備管 理	• 想定されるリスクに対応できる環境に施設および関連設備が設置され，必要な対策が講じられているか。 • 不正防止および機密保護等の観点から，施設への入退館・入退室管理ルールが定められ，遵守されているか。
保守	全般	• 保守要員による運用環境へのアクセスおよび運用業務の兼務が禁止されているか。 • 保守の規模，期間，情報システムの特性等を考慮して保守手順が決定されており，保守部署の責任者により承認がなされているか。 • ユーザ，運用／保守の各部署の責任者が保守計画を承認しており，計画に従って適切に保守が実施されているか。 • 情報システムの変更依頼等に対して，対応すべき保守内容および影響範囲の調査・分析がなされているか。 • 保守計画に基づいて各種設計書が変更されており，ユーザおよび保守の各部署の責任者による承認がなされているか。 • 変更後のシステム設計書，プログラム設計書等が，適切に保存されているか。 • 保守のテスト計画に基づいて，変更したプログラムのテストが実施されており，テスト結果が，ユーザ，運用／保守の各部署の責任者により承認されたうえで，記録，保存されているか。
	移行	• 移行の条件を考慮して，移行計画書に基づき移行手順が作成されており，移行手順に従って移行作業が実施されているか。 • 変更前のプログラム，データ等のバックアップが取得されているか。 • 運用／保守の各部署の責任者により，既存の情報システムに影響がないことが確認されているか。
廃棄		• リスクを考慮して廃止計画が策定されており，ユーザ，運用／保守の各部署の責任者の承認がなされたうえで，情報システムが廃止されているか。 • 情報の誤廃棄，漏えいを防止するための対策を踏まえて，廃止時期およびハードウェアやソフトウェア等の廃棄方法が決定されているか。 • 決定された廃棄方法に従って，適切に廃棄処理がなされているか。

　IT監査人は，各プロセスにおけるリスクを認識したうえで，監査テーマに応じて検証事項を選定し，資料査閲と関係者に対するヒアリングを組み合わせることで事実確認を行い，IT監査を実施していく。リスクベースでの監査を実施するにあたっては，ルールへの準拠性に加え，監査対象となる組織体に内在しているリスクに対し，PDCAサイクルが機能し，自律的に改善が図られる態勢となっているかを確認し，新たなルールの整備や既存ルール

の改定といったPDCAサイクルを機能させるために必要な改善を導き出すことが重要である。

1 企画プロセスについて

　IT推進の目的が組織体の目的を効果的・効率的に達成することを支援することである以上，企画プロセスには，経営戦略に整合したIT戦略や情報システム開発計画（以下，IT計画とする）の策定，IT計画に基づいた情報システム投資の決定，および情報システム導入後のIT投資の有効性評価等

◎図表3-2　IT戦略企画プロセス，情報システム企画プロセスにおいて整備し運用すべき仕組み◎

IT戦略企画プロセス
・経営陣が重要なIT戦略やIT企画に参画し，意思決定する仕組み（取締役会，経営会議，またはIT戦略委員会等） ・経営陣に，適時・適正に情報を提供するための仕組み
・情報システム開発案件採択プロセスを「見える化」「文書化」する仕組み ・情報システム開発案件採択基準を整備し，情報システム稼動後の機能発揮状況を検証する仕組み
・ITプロジェクトの重要性，規模，リスク等に基づいた管理体制を判定する仕組み ・運用を含む全社的なIT開発管理の仕組み
情報システム企画プロセス
・案件体制構築の仕組み ・情報システムの品質，開発予算，開発スケジュール等の適切な計画策定の仕組み
・経営戦略に沿った組織体の「あるべき姿」（"TO-BE"）に合致した情報システムとなるよう，情報システムの「あるべき姿」や「あるべき役割」を明確化するための仕組み ・組織体の全体最適の観点からの要件定義を決定するための仕組み ・機能要件に加え，非機能要件（品質，容量，反応・処理速度，操作性，拡張性，柔軟性，安全性等）を含めた要件定義をするための仕組み ・機能要件，非機能要件を決定し，文書化したうえで共有化するための仕組み

が含まれる。したがって，企画プロセスはITガバナンスと直結しており，このプロセスにおいては，取締役会や経営陣による全社的なIT統制が重要な役割を果たす。全社的なIT統制は，主として「IT戦略企画プロセス」と「情報システム企画プロセス」から構成されることから，本書でもこれらについて説明していく。なお，これらプロセスを適切に遂行するために整備し運用すべき仕組みを図表3-2に参考までに列挙した。

(1) IT戦略企画プロセスについて

①IT戦略企画プロセスとは

　組織体がゴーイング・コンサーンである以上，情報システムの開発・調達（キーワード3-①参照）が複数並行して実施されており，かつさまざまな情報システム開発・調達の要求が発生している。しかしながら，経営資源の制約等から必ずしも要求のすべてには応えることができない。開発対象とする情報システムを選択し，開発の優先順位を決定する必要があることから，その判断基準や意思決定プロセス等が組織体として重要となる。IT投資の目的は多岐（キーワード3-②参照）にわたっている結果，IT投資効果もさまざまであり，数値化できるものとできないものがあることに加え，数値化できるものの中でもその達成確度にも差がある。このような状況下，どのように開発の優先順位をつけるかは，まさに経営上の価値観を反映する重要な意思決定のプロセスそのものといえる。

キーワード　3-①

情報システムの開発・調達

　情報システムを導入する方法としては，情報システムを開発（オンプレミス）する方法，市販の情報システム（以下，パッケージソフトウェアという）を購入・調達しそのまま使用する方法，パッケージ・ソフトウェアを自社の用途に合うように機能の追加や変更のために追加開発（アドオン）を行う方法がある。

　近年においては，クラウドサービスを利用することで，インターネットを介してインフラやソフトウェアの提供を受け，情報システムの一部もしくは全部をクラウドにより調達・構築をする方法も選択肢となっている。

IT投資の目的

　意思決定支援，成果増大（収益増強等），業務処理支援（迅速化・業務量），効率化支援（コスト削減・人員削減等増加への対応等），リスク管理・モニタリング強化，コミュニケーション促進支援，法令・基準等対応，既存情報システムの維持管理，経営判断（新規分野への進出対応，既存業務の撤退対応等）などが挙げられる。

---

②IT戦略企画プロセスに対する検証

　「IT戦略，IT計画が経営戦略と整合しているか」，「意思決定者に適時・適切に情報が提供されているか」等が主な検証事項である。

　検証にあたってIT監査人は，戦略策定にあたっての権限規程，優先順位付けの基準や投資効果判断の取扱いを定めた規程類を確認し，これら規程類により基本的なルールを把握しておく。

　そのうえで，短期・中長期の経営計画の立案書，IT戦略方針書等により情報システム戦略を確認する。また，取締役会議事録，経営会議議事録や，IT戦略委員会等のIT戦略にかかる委員会等の議事録を査閲したり，これら会議に陪席するなどモニタリングによって日常的に情報収集することが望ましい。

(2) 情報システム企画プロセスについて

①情報システム企画プロセスとは

　個別の情報システムを開発あるいは購入・調達により導入するときの案件管理態勢を構築するプロセス（以下，案件管理態勢構築プロセスとする）と，導入する情報システムの要件を定義するプロセス（以下，要件定義プロセスとする）から構成される。なお，一定規模以上の案件をプロジェクトともいうが，本章では案件と表記する。

a. 案件管理態勢構築プロセス

　情報システムを成功裏に導入するために，組織体は案件管理態勢を構築す

る必要がある。案件管理態勢をどのようなものにするかは，案件の重要度，規模，難易度，リスク等によって決定される。適切な案件管理態勢を構築するためには，組織体としての標準的な管理態勢を案件管理規程等で定めておくべきである。標準的な案件管理態勢の例を図表3-3に示したので，この図に沿って説明する。

まず，案件の開始にあたって，その完遂に責任を負う者として案件責任者が設置される。案件の重要度，規模，難易度，リスク等に応じて，担当役員，部長あるいは部長に準ずる者等が案件責任者に就任する。

案件責任者の下に，情報システムの開発を担う部署，導入後情報システムを運用する部署，業務プロセスを所管する部署および導入後システムを利用する部署（以下，ユーザ部署とする），その他の関連部署に加えて，案件の進捗・品質・コスト等を管理する部署が参画するという組織横断的な体制が構築されるのが標準的である。

体制を構成する部署すべてを適切に関与させ，案件の進捗を管理・監督するという案件責任者の役割は，案件の完遂に向けて非常に重要といえる。

この案件管理態勢の下で，品質，予算，スケジュールを管理していくこととなり，この管理を適切に機能させることが重要となる。

SDLCにおける企画から開発，運用／保守に至るプロセスごとの管理，開発，運用・ユーザの各部署の役割と連携の全体像を，図表3-4に示したので，参考としていただきたい。

b. 要件定義プロセス

情報システムを自ら開発する場合，あるいはパッケージソフトウェアを購入して追加開発（アドオン）する場合のいずれであっても，その情報システムをどのようなものにするか，どのような機能を保有させるかの決定が重要である。実務的には，案件責任者が，運用部署，ユーザ部署とともに，さまざまな要求について開発部署や保守部署であるシステム部門と協議して，開発する情報システムの機能を決定する。この機能決定（以下，要件定義とする）に際し，次の４点が勘案すべき重要なポイントとなる。

◎図表3-3　案件管理態勢（例示）◎

案件管理の目的	次の3つの視点（QCD）の達成 ・「品質（Quality）」の達成（ここで, 品質とは, 情報システムの有効性, 効率性, 信頼性, 安全性をいう） ・「予算（Cost）」内での完成 ・「納期（Delivery）」の遵守				
案件推進・管理のための体制 （以下, 案件体制とする）	案件責任者 （案件の重要度, 規模, 難易度, リスク等に応じて担当役員等が就任）				
	管理部署 （PMO※1, リスク管理部担当チーム等）	開発部署 （システム開発部, システム部門開発チーム等）	運用／保守部署 （システム運用部, システム部門運用／保守チーム等）	ユーザ部署 （業務所管部※2 担当チームおよびシステムのユーザ）	関連部署 （コンプライアンス部, 事務部等）

案件体制構成部署等の役割	
案件責任者	・情報システム（もしくは案件）計画の承認 ・各工程の着手／完了の承認 ・案件体制構成部署等を案件に適切に関与させること ・案件の進捗・品質・コスト管理
管理部署 （PMO）	・情報システム（もしくは案件）計画の妥当性検証・承認の事務局 ・案件管理体制の有効性, 効率性, コンプライアンスの維持を確認, 監督し, 案件の進捗を管理 ・開発する情報システムの有効性, 効率性, 安全性, コンプライアンスの維持を確認, 監督 ・ユーザ部署の受入体制の妥当性確認 ・新情報システムの移行プロセスの確認, 監督
開発部署	案件開発の当事者としてシステム開発を遂行
運用／保守部署	システムの運用／保守の立場からの協議および監視
ユーザ部署	業務プロセスに責任を持つ部署およびシステムを利用する部署の立場からの協議および監視。
関連部署	特定分野を所管する部署の立場からの協議および監視

※1　Project Management Office
※2　業務プロセスに責任を持つ部署（システムオーナー部ともいう）

　1つ目は，開発する情報システムを，現状の業務プロセス等（"AS-IS"）に合わせるのではなく，組織体が経営計画に基づき向かうべき「あるべき姿」（"TO-BE"）に合わせて，あるいは「あるべき姿」を想定して要件定義すべきということである。さもないと，組織体が「あるべき姿」に達したときに，当該情報システムが，時代遅れのものになってしまう。たとえば，開発計画

◎図表3-4 案件体制構成部署の役割と連携（例示）◎

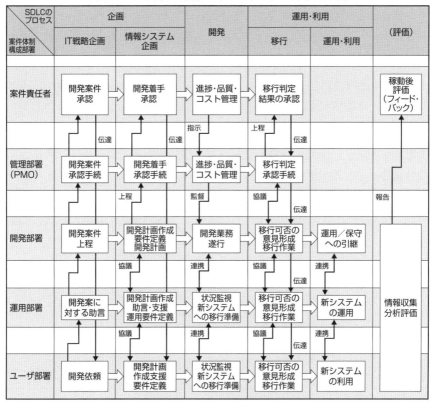

当時の業容（"AS-IS"）に合わせて開発された情報システムは，業容拡大時（"TO-BE"）には，容量不足のシステムとなってしまう。

　2つ目は，パッケージソフトウェアを購入し組織体の実情に合うように機能をアドオンする場合には，「あるべき姿」を想定してどの機能をアドオンするか決定すべきということである。機能をまったくアドオンせず，組織体の業務プロセスをパッケージソフトウェアに合うように変更すれば，導入時のコストは大幅に削減できる。しかしながら，無理に業務プロセスを情報システムに合わせようとすると，業務プロセスの大幅変更，非効率な業務処

理，各業務プロセスの要員の過剰負担等が発生する場合がある。一方，アドオン機能が多くなれば，導入コストがかかるだけでなく，パッケージソフトウェアのバージョンアップ時にアドオン機能が使用できなくなり，アドオン機能に対するバージョンアップ対応が別途必要になるなど，パッケージソフトウェアを利用するメリットを享受できないリスクもある。このほか，ユーザ部署ごとの要求に無条件に従い，ユーザ部署ごとに異なる機能をアドオンすると，組織体全体としてのコストが膨大になったり，ユーザ部署ごとに要件が異なることにより，情報システムの管理負担も大きくなる。つまり，組織体全体として投資対効果が最善となるように要件を取捨選択して定義し，「部分最適」より「全体最適」をめざすべきである。その際に拠り所となるのが，「あるべき姿」である。「あるべき姿」を各関係者で共有し，どの機能をアドオンし，どの機能を見送るかを，要件定義していくべきである。

　3つ目は，業務プロセスの目的を達成するための要件（以下，業務要件とする）だけでなく，そのシステムの容量やレスポンス・タイム，あるいはセキュリティ要件等といったいわゆる非機能要件を定義する必要があるということである。容量オーバーが発生すると，機能障害等を引き起こし，最悪の場合はシステム停止に至る。また，レスポンス・タイムが低下するとシステムを使用する者（ユーザやシステム運用者）の不満を増大させる。セキュリティ要件が不十分な場合には，情報漏えいを引き起こすかもしれない。これら非機能要件の多くは，ユーザ部署から提示されるとは限らないので，情報システムのリスクに精通した開発部署が検討事項として提示すべきであり，要件定義の妥当性チェックリストの確認項目に非機能要件を入れておくべきである。さらには業務の将来の変更可能性を踏まえて，情報システムの拡張性や柔軟性も勘案しておくべきである。一方，構築対象となる情報システムの利用方法，利用量，レスポンス・タイム，画面等については，ユーザ部署が要件を示すべきである。

　4つ目は，ユーザ部署と開発部署の密接な連携である。ユーザ部署は「○○という機能が必要と伝えたつもり」，開発部署は「△△という機能と聞い

たつもり」という認識齟齬から，開発の終盤になって，両者の間で実現すべき機能等に相違があることが判明する場合がある。これらの相違を開発の終盤になってから解消するには，開発の手戻りが発生し，時間もコストもかかることになる。情報システムの開発を成功させるためには，ユーザ部署と開発部署の十分な相互理解と連携が不可欠である。案件責任者は，ユーザ部署と開発部署の間で，認識齟齬がないかを十分に確認する必要がある。

②情報システム企画プロセス（案件管理態勢構築プロセスおよび要件定義プロセス）に対する検証

「案件を適切に推進・管理する体制が構築されているか」，「要件の妥当性が検討され，開発対象業務のリスク分析等がなされているか」，「ユーザ部署と開発部署間で要件定義の内容が共有化され，文書化されているか」，等が主な検証事項となる。

検証にあたってIT監査人は，案件推進にあたっての承認手続，進捗・品質・コスト管理手続，文書化手続等を定めた規程類を確認（案件の規模・重要度・リスク等に応じて管理基準，品質基準，管理方法を変更することができる定めとなっている場合には，対象となる案件についての定めも確認）し，これら規程類により情報システム企画プロセスにおける基本的なルールを把握しておく。

そのうえで，体制図，要員一覧表，役割分担表，案件体制組成時の稟議書等により体制を確認する。システム分析書，フィージビリティ検討書等によりリスク分析の状況を，会議体に関する資料（種類，会議目的，参加者，開催頻度等），会議議事録，未決事項一覧や課題一覧，要件定義書に対するレビュー記録等により要件定義の共有状況を確認する。このほか，案件の進捗会議資料や品質レビュー会の資料・議事録で会議出席者の発言により関係者間での要件定義内容の共有状況を確認する。なお，進捗会議やステアリングコミッティ等のステークホルダーが参加する会議に陪席するなどにより，タイムリーに情報収集することが望ましい。

プロジェクトが成功といえるためには，次の3つの要素が達成されている必要があるといわれる。これらは，英語の頭文字をとってQCDと呼ばれる。

① 「品質（Quality）」

② 「費用（Cost）」

③ 「納期（Delivery）」

QCDは，以下のような関係にあり相互に影響することから，バランスが重要となる。

・高品質を達成しようとすれば，費用が増加し，納期も遅くなる。

・納期を短縮すれば費用は下がるが品質が低下する。

2 開発プロセスについて

(1) 開発プロセスとは

開始プロセスにおいて情報システム開発の企画が決定すると，次は開発プロセスとなる。

開発プロセスは，主として，情報システムを作り上げていくプロセスと，作り上げた情報システムが要件定義どおりに機能するかをテストする2つのプロセスから構成される。

開発手法にはいくつかの手法があるが，本書では代表的開発手法であるウォータフォール型開発手法に沿って説明していく。ウォータフォール型開発の手順は図表3-5のとおりであり，図表の左サイドが狭義の開発プロセスで，右側がテストプロセスである。

キーワード 3-③

情報システムの開発手法

コンピュータシステムの複雑化，開発用ツールの機能向上・多様化により，本章で対象としたウォータフォール型開発手法以外にも，実際に稼動する試作品を早期に作成しユーザに

◎図表3-5　ウォータフォール型開発手法におけるプロセスフロー図◎

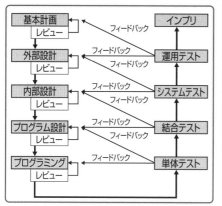

開発プロセス	狭義の開発プロセス	設計	基本計画	要件定義の確定とプロジェクト実行計画の確定
			外部設計	情報システムの機能のサブシステムへの分解とユーザ側の立場での画面,帳票,コード,論理データ等の設計
			内部設計	開発側の立場でサブシステムをプログラムに分解し機能分割,標準化,物理データ設計,入出力詳細設計
			プログラミング設計	プログラム内の構造設計(プログラムのモジュール単位への分割)とモジュール内の処理内容を設計
		プログラミング		モジュールの詳細な処理手順の設計
	テストプロセス	単体テスト		モジュールごとのテスト(構造テストと機能テスト)
		結合テスト		モジュールを結合させたテスト
		システムテスト		サブシステムを組み合わせ,システム全体の総合的なテスト。総合テストともいう。
		運用テスト		ユーザ側が中心となり,実際の運用条件,環境下で実施するテスト。受け入れテストともいう。
移行プロセス				新情報システムの実装
廃棄プロセス				旧情報システムの廃止

提示して開発を進めるプロトタイピング型開発，設計から試作品作成までの工程を繰り返していくスパイラル型等の開発手法があり，それぞれにメリット，デメリットがある。これらの開発手法においては，いずれも予め定義した要件を確実に実現することを目指した開発手法である。

　一方，ビジネス環境の変化のスピードの高まりを踏まえ，その変化に迅速かつ柔軟に対応するために，ユーザ部署とシステム部門が従来以上に一体となって，コミュニケーション回数を増やし，柔軟かつ迅速に対応する開発手法としてアジャイル型開発手法が注目されている。アジャイル型開発においては，要件のすべてを最初に決めなくても開発に着手できる。つまり，コストと期限を重視して優先度の高い機能の早期実現を目指した開発手法である。

- -

①狭義の開発プロセスとは

　狭義の開発プロセスには，基本計画，外部設計等いくつかのサブプロセスがある。少なくとも，このサブプロセスの終了にあたっては，ユーザ，開発，運用／保守の各部署の責任者が適切にレビューし，その終了につき承認していることが必要である。開発プロセスの最終時点のみでレビューをし，不具合を発見した場合，手戻りが大きくなり非効率であるし，不具合の原因の識別が後になればなるほど，是正が困難となるからである。

②テストプロセスとは

　開発する情報システムに不備がないか，要件どおりの機能を発揮するかを確認するプロセスであり，単体テストから運用テストまでのサブプロセスがある。

　予算や期限の制約から，テストのいくつかを省略したために，後で不備が発見されて手戻りが大きくなるとか，品質確認が不十分なまま情報システムを稼働させた結果，障害を発生させてしまい，業務に多大な影響を与えるケースがある。また，テストについては実施すればよいというものではなく，その品質や網羅性も重要である。テストは開発している情報システムの品質を担保する最終手段であるからである。

(2) 開発プロセス(狭義の開発プロセスおよびテストプロセス)に対する検証

　「情報システム開発の方針・基準等が文書化され，適切に承認されているか。またこれらが遵守されているか」，「各プロセス内の重要な段階の終了時点ごとにユーザ，開発，運用／保守の各部署の責任者が適切にレビューし，承認しているか」，「必要かつ十分なデータが用いられてテストが適切に実施され，要件定義どおりに問題なく稼働することが確認されているか」等が主な検証事項となる。不十分なデータやシナリオによるテストでは，情報システムの品質確保を保証することはできないからである。

　検証にあたってIT監査人は，システムの品質確保のための開発プロセスに係る承認手続きや開発標準，開発工程ごとの成果物を定めた文書，品質評価基準，テスト種類・方法・環境等を定めた文書等を確認し，これら文書類により開発プロセスにおける基本的なルールを把握しておく。

　そのうえで，当該案件の開発計画書や管理ルールの稟議書等により開発方針等の承認状況を確認する。また，工程完了に係る判定根拠資料（工程完了チェックリスト，品質報告書，テスト結果報告書，各種レビュー記録，レビュー結果報告書等）により各種工程の完了判定の適切性を確認する。このほか，バグやインシデントの真因分析結果報告書，横展開実施報告書，バグ収

束曲線やエックスチャート等の品質分析資料等によりテストの十分性を確認する。なお，重要な，あるいはリスクの大きい案件の場合には，IT監査人もこの工程完了会議や判定前の事前レビュー等に陪席し，品質確保のための取組み状況を継続的にモニタリングしていくことが望ましい。開発プロセスにおいては多種多様な成果物（システム設計書，フローチャート，各種仕様書等）が作成されることから，監査目的に応じて，確認する成果物を選定することも重要となる。

３ 運用・利用プロセスについて

運用・利用プロセスは，構築したシステムを実装し運用に移行させる移行プロセスと運用部署による情報システムの運用およびユーザ部署による情報システム利用のプロセスからなる。

(1) 移行プロセスとは

構築した情報システムを実装し，運用に移行して稼動させるプロセスが移行プロセスである。新システムをスムーズに移行させ，安定的に稼動させるには，開発プロセスにおいて効果的・効率的な運用を企画し，運用設計に基づいて，システムを使用する者（ユーザやシステム運用者）に対する教育や周知徹底，操作方法習熟のための訓練，入力情報やデータの整理（データ・クレンジング）等の準備を実施することが必要となる。また，これらの準備を終えていることに加え，関係者が移行可否の判断基準，移行可否の決裁権限者，不測の事態に備えたコンティンジェンシー・プラン等を十分理解し共通認識をもって移行を開始することが重要である。

(2) 移行プロセスに対する検証

「移行の体制，各自の役割，権限と責任，スケジュール等が移行計画に含

まれているか」、「本番に近い環境を用いてリハーサル等により移行作業が確認されているか」、「移行前後の不測の事態に備えて、コンティンジェンシー・プランが策定されているか」、「移行後の稼動確認手順が整備されているか」等が主な検証事項となる。

検証にあたってIT監査人は、移行に関する基本的事項を定めた移行計画書等により移行プロセスの全体像を把握しておく。

そのうえで、移行作業手順書、移行体制図、緊急時対応計画書、移行結果報告書等により移行の適切性を確認する。なお、重要な、あるいはリスクの大きい案件の場合には、IT監査人も移行リハーサル等や移行前後のシステム障害発生時の訓練等に陪席し、移行に向けた準備状況を継続的にモニタリングしていくことが望ましい。

(3) 運用・利用プロセスとは

導入された情報システムが継続的に安定稼働していくためには、情報システムの運用・利用プロセスが適切に管理されることが重要である。

①運用・利用プロセスとは

運用・利用プロセスには、図表3-6のとおり、主として運用部署の職責である情報システムの運用管理に加えて、ユーザ部署による情報システム利用やデータの取扱いに係る管理、IT資産の管理等が含まれる。

情報システム運用のスケジュール管理が適切でないために適時にデータ処理や情報提供ができなかったり、情報システムの故障や操作ミスによってデータが毀損したりして、業務継続ができないリスクがある。これらのリスクの発現防止、早期発見、早期回復のための規程類や組織・体制の整備・運用や要員の訓練等が重要である。

また、情報システムの利用にあたっては、情報システムやオペレーション・カード、データ等の管理、情報システム操作等が適切に行われることが重要である。特に、ユーザは、システムに関する知識を有していないことが多く、

◎図表3-6　運用・利用プロセス管理上の主な要点◎

開発と運用の分離	不正防止の観点からの「職務分離」の体制の整備・運用 ・運用者による開発・保守の実施を禁止とする体制の整備・運用
運用管理	運用管理の枠組み（規程類，組織・体制等） ・運用設計に沿った運用管理規則，運用手順の整備 ・運用管理規則に沿った運用計画に基づく情報システムのオペレーション ・運用管理規則に沿った例外処理オペレーション ・バックアップ体制の整備・運用 ・事故・障害発生時の対応体制の整備・運用
利用管理	インテリジェンス情報入手のための情報システム利用に係る枠組みの整備・運用 ・入出力処理，加工処理，維持管理のための統制の整備・運用（規程類，体制，IT，設備等による統制） ・システムを使用する者（ユーザやシステム運用者）に対する教育，訓練または啓発
資産管理	IT資産管理の枠組みの整備・運用 ・施設（建物等）・設備（自家発電装置等）の整備，維持，改善 ・入退館，入退室の管理 ・IT資産管理台帳等による在庫管理 ・ハードウェア，ソフトウェア，ネットワーク等の情報システムの物理的保護，管理 ・ライセンス契約の遵守とアプリケーションの不当なインストールの防止 ・継続的なキャパシティ（容量）の監視と管理

またWeb取引等の場合ではユーザが組織体外のヒトや顧客であることもあるので，明瞭でわかりやすいコントロールが必要である。

さらに，入出力処理・加工処理・維持管理にあたっては，正確な入出力や伝送を行うためのコントロールが重要であり，チェックディジット，限界値チェック，連番チェック等のITを活用したコントロールも効果的である。

このほか，情報システムに係る資産（ハードウェア，ソフトウェア，ネットワーク等）の管理や施設・関連設備の管理も重要である。

②運用・利用プロセスに対する検証

システム運用管理の観点からは，「運用設計に基づいて運用管理規則および運用手順が作成され，運用部署の責任者がこれらを承認しているか。また

これらに基づきシステム運用が実施されているか」,「事故・障害発生時の業務処理,復旧手順等が文書化されており,関係者間で共有されているか。また,定期的に訓練が実施され習熟が図られているか」等が主な検証事項である。

検証にあたってIT監査人は,システム運用に係る承認手続や報告事項等を定めたシステム運用管理に係る規程類を確認し,これら規程類により運用プロセスにおける基本的ルールを把握しておく。

そのうえで,システム運用要員一覧表,オペレータの勤務報告,日報,シフト体制表,オペレーション指示書,オペレーションログ等により運用管理の適切性を確認する。また,緊急時連絡体制図や連絡先一覧,障害発生／障害対応報告書,障害や災害の訓練計画書,訓練結果報告書等により障害対応等を確認する。

運用管理以外の観点からは,「情報システムに係る資産の管理手続きが定められ,同手続きに沿って適切に管理されているか」,「不正防止および機密保護等の観点から,施設への入退館・入退室管理ルールが定められ,必要な対策が講じられているか」等が主な検証事項である。

検証にあたってIT監査人は,情報システムの利用管理,データ管理,情報管理,資産・資源管理,機器・媒体管理,アクセス管理等の各種管理に係る手続きを定めた規程類を確認し,これら規程類により運用プロセスにおける各種管理のための基本的なルールを把握しておく。

そのうえで,監査対象となる情報システムの操作マニュアル,ユーザガイド,処理結果記録等により操作方法,データ処理管理の状況等を確認する。また,監査対象となる情報システムが設置された施設・部屋への入退室管理システムの導入状況やそれらのログデータにより入退館等の管理状況を確認する。

さらに,不正等防止の観点からは,後述のエンド・ユーザ・コンピューティング（EUC）を除き,「開発／保守業務と運用業務を兼務していない」ことが重要な検証事項となる。開発／保守者が運用業務を兼務した場合,自らが利益享受できるように情報システムを不正に変更して,その情報システム

を操作して，不正に利益を享受することが可能であるからである。開発／保守と運用の「職責の分離」は情報システムの活用における大原則であり，重要なコントロールである。職責の分離状況については，事務分掌規程，権限規程等，システムへのユーザID登録状況，ログイン／ログオフデータ等により確認する。

4 保守プロセスについて

(1) 保守プロセスとは

　情報システムの故障や障害の発生を防止するために情報システムを定期的に点検し，部品交換等の手入れや措置を行う日常的保守プロセスと，情報システムの老朽化，業務要件等の変更や処理能力の向上，法令等の改正や社会要求水準の高まり，リスク管理の高度化等へ対応するために情報システムを変更する計画保守プロセスの2つのプロセスから構成される（図表3-7）。
　計画保守プロセスにおける管理のポイントは，その性格上，開発プロセスのそれと似ている。なお，保守プロセスを開発要員が兼務することは許容さ

◎図表3-7　保守プロセスの種類◎

日常的保守	予防保守	情報システムの障害や故障を防ぐために行われる保守 •情報システムに対し定期的に点検や部品交換を行う。 •ベンダーからの連絡等により障害発生前にバグの修正作業を行う。
	事後保守	情報システムの障害や故障の発生後に，障害や故障からの回復のために行われる保守 •システム障害等発生後にバグの修正作業を行う。 •障害や故障の発生原因を把握することで予防保守に活かし未然防止を図る。
計画保守	計画保守	法令等の改正やOSのバージョンアップ等の外的要因や，業務内容の変化やシステム機能追加等の内的要因から，前もって計画を立てて実施する情報システムの変更。 開発プロセスと類似のプロセスにより変更作業を実施する。

れるが，開発プロセスと同様に，適切な「職責の分離」の観点から保守要員が運用プロセスを兼務することは禁止されるべきである。

(2) 保守プロセスに対する検証

「保守要員による運用環境へのアクセスおよび運用業務の兼務が禁止されているか」，「保守の規模，期間，情報システムの特性等を考慮して保守手順が決定されているか」，「保守計画に基づいて各種設計書が変更されているか」，「変更後のシステム設計書等が適切に保存されているか」等が主な検証事項である。

検証にあたってIT監査人は，保守に係る取扱い手続が定められた規程類を確認し，これら規程類により保守プロセスにおける基本的なルールを把握しておく。

そのうえで，システム部門の年度計画書や稟議書により手順や計画の承認状況を確認する。成果物の存在確認に加えて，成果物等に記載された変更履歴等により設計書等成果物の維持管理状況を確認する。また，成果物が保存されている場所（金庫やサーバ等）により管理状況を確認する。このほか，事務分掌規程や保守部署から運用部署への引継文書類，ユーザIDの権限設定内容によりシステム運用の実施状況を確認する。

5 廃棄プロセスについて

(1) 廃棄プロセスとは

環境変化や業務要件の変更などへの対応が困難となったり，老朽化やベンダーのサポート停止等による保守コストが高額になったりすることにより，組織体は情報システムの廃止を決断することとなる。情報システムの廃止にあたっては，ハードウェアや電子記録媒体等の廃棄処理が発生する。廃棄に

際して，必要なデータの誤廃棄や廃棄したハードウェア等情報システムから
の情報漏えいが発生しないように留意が必要である。

(2) 廃棄プロセスに対する検証

「リスクを考慮して廃止計画が策定されており，ユーザ，運用／保守の各
部署の責任者の承認がなされたうえで，情報システムが廃止されているか」，
「情報の誤廃棄，漏えいを防止するための対策を踏まえて，廃止時期および
ハードウェアやソフトウェア等の廃棄方法が決定されているか」等が主な検
証事項である。

検証にあたってIT監査人は，システムの廃止，機器等の廃棄にかかる権
限や取扱手続きを定めた規程類を確認し，これら規程類により廃止プロセス
における基本的ルールを把握しておく。

そのうえで，個別システムの廃止承認時の稟議書，廃止時の影響調査結果
報告書，廃止報告書等により廃止状況を確認する。また，廃棄処理結果報告
書，産業廃棄物処理業者作成の処理結果証明書，廃棄前の現物保管場所等に
より機器類の廃棄状況を確認する。

6 すべてのプロセスに共通する事項

(1) 文書管理とは

SDLCに沿って情報システムを管理していくための規程や手続書の文書類
は一定の体系や規則に沿って整備されているべきである。方針，規程や手続
書の各々に規定すべきレベル・範囲・対象および各種文書の関係（上位・下
位・並列等）を明確化し，それを組織体全体の共通認識とし，その認識にし
たがって，方針，規程，手続書等を整備していくことが重要である。レベル
が違う事項が混在して記載されていたり，ある分野で規程に記載されている

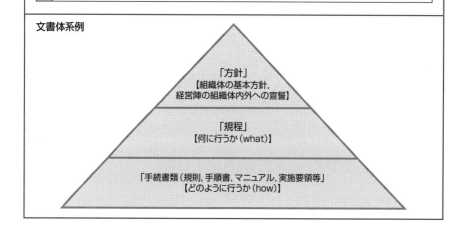

◎図表3-8　文書管理上の主な要点と文書体系例◎

文書管理上の要点

● 全社的文書管理部署の明確化
　・組織全体の文書管理の枠組みを整備・運用する部署（役割，権限と責任等）の明確化

● 全社的文書体系を規定する文書体系規程の整備・運用
　・全社的文書体系の明確化とその周知徹底
　・全社的文書体系に沿った各文書の名称の統一化
　・規定事項のレベルにあった制定・改廃権限の明確化

● 文書体系に沿った個別文書作成規則の整備・運用
　・記載項目，記載レベル，表現方法の統一
　・文書作成・管理のために利用するIT，管理媒体の統一化
　・文書の管理レベル，利用規則，利用者・配布対象の明確化
　・文書（稟議書，報告書，記録文書等）の保存期間，保存方法，廃棄方法の明確化
　・文書の制定，改廃に係る権限，各文書の管理部署の役割，権限，責任の明確化
　・文書の見直し，改廃の時期，方法の明確化
　（ある文書の変更に伴い，影響を受ける文書の確認方法を含む）

文書体系例

「方針」
【組織体の基本方針，
経営陣の組織体内外への宣誓】

「規程」
【何に行うか（what）】

「手続書類（規則, 手順書, マニュアル, 実施要領等」
【どのように行うか（how）】

事項が別の分野では手続書に記載されていたりすると，使用する者にとってわかりづらく，利用しにくいこととなる。

　一般的に，方針とは，統制環境に属し組織体としてどう取り組むかの根本的な宣誓であり，その方針の下で，何を行うか（What）が規程であり，どのように行うか（How）が手続書である。たとえば，「パスワードを適切に管理する」は規程への記載事項であり，その適切な管理のために「推測され

にくいパスワードにする」とか「反復利用を禁止する」等が手続書への記載項目となる。文書管理の主な要点と文書体系例は図表3-8のとおりである。

(2) エンド・ユーザ・コンピューティング(End-User Computing)とは

　情報システムの開発や運用のプロセスの全部または一部を，ユーザ部署の権限と責任の下で行う形態が，エンド・ユーザ・コンピューティング（以下，EUCとする）である。EUCは業務を実際に行っているユーザ部署が主体となって開発・運用等を行うので，業務目的達成のための情報システムとしては，効率的で使い易いものとなる一方，業務目的達成の意欲が先行し，情報セキュリティ等安全性への配慮が不十分になったり，維持管理のための文書化が疎かになる懸念がある。また，ユーザ部署が開発し，運用する場合，開発者と運用者が同一人物になることもある。表計算ソフトウェア等のツールを利用して（コラム3-②参照）作成していたスプレッド・シートが，実質的にEUCになってしまうこともあり，どの時点からEUCとして管理すべきかとの課題が生じる。さらに，ユーザ部署がそれぞれバラバラにEUCを行っていると，どこでどのようなEUCが行われているかという全社的把握や，組織体として統一性のある一元管理にかかる課題が発生する。このため，業務監査もしくはIT監査においては，図表3-9に記載したような観点による管理がなされているか確認することが重要となる。

Column ## コラム3-②：EUCを構築するためのツール

　従来までは，システム部門が構築した基幹系システムからダウンロードしたデータや，ユーザ部署が入手したデータ等を表計算ソフトウェアや簡易的なデータベース制御ツールを用いて加工することでEUCが実現されることが大半であった。このため，EUCで構築されたシステムは，システムの専門性を有しなくても構築できる簡易なシステムであって，ユーザ部署の業務の一部に適用されるのみで，その影響範囲も限定的であったといえる。

　近年，RPA（Robotic Process Automation）というソフトウェアを活用し

てヒトが実施している定型業務を自働化するツール（＝以下，ロボットという）による業務処理のシステム化が可能となってきた。ロボットも表計算ソフトウェア同様ユーザ部署が容易に使用できることから，ロボットを用いたEUCが増加している。ロボットを用いることにより基幹系システムへの打鍵処理やメール発信等も可能となることから，影響範囲が拡大しており，従来のEUC以上に，EUCが抱えるリスクを踏まえた管理が重要といえる。

◎図表3-9　EUC管理上の主な観点◎

1．EUCの全社的管理の枠組みの整備・運用
• 組織全体としてのEUCの統括管理責任者の明示とその役割，権限，責任の明確化 • EUCの定義と管理すべきEUCの基準の明確化と組織全体への周知徹底 • EUCの定期的洗い出しの仕組の整備・運用 • EUCの開発，運用／保守，廃止に係る手続書の整備・運用（手続きの明確化に加え，権限と責任の明確化，EUCシステムの開発から廃棄に至る各文書の作成・管理等を含む）

2．個別EUC開発プロセスの管理の枠組みの整備・運用
• EUC開発着手に係る承認（情報システムについて組織体横断的に管理するシステム部門およびEUC統括管理責任者の同意も必要） • EUC開発手続に沿ったレビュー • EUCによる成果物のテスト • EUCによる成果物の実装の承認 • 必要な文書類の保存

3．個別EUCの運用，利用プロセスの管理の枠組みの整備・運用
• アクセス権限の適切な運用 • EUCの運用・利用手続きに沿った運用 • 入力の正確性，完全性を確保するための人的措置の継続的改善（人的確認の強化等） • EUC処理・出力結果の正確性，完全性確認 • プログラムとデータのバックアップ管理

4．個別EUC保守，廃棄プロセスの管理の枠組みの整備・運用
• 入力の正確性，完全性等を確保するための技術的措置の継続的改善（システム・チェック機能の追加等） • プログラムの正確性，完全性等の定期的レビュー • システム部門が管理するシステムに移行する必要がないかの定期的および必要に応じた検討 • EUC廃棄に係る承認と廃棄手続に沿った廃棄（データの誤廃棄，情報漏えいの防止等）

(3) 業務委託先の管理

　業務委託とは，開発，運用や保守の各プロセスの全部または一部を，外部機関に委託する行為である。ITの専門性の高まり，IT投資の削減，IT費用の平準化，ITリスクの移転等を狙いとして業務委託（アウトソースともいう）が増加しており，業務委託先の管理が重要となっている。業務委託先の選定，業務委託に係る契約（サービス品質保証契約（Service Level Agreement（SLA）ともいう），業務の再委託，損害賠償等を含む），業務委託先に対す

◎図表3-10　業務委託先管理上の主な観点◎

１．業務委託の全社的管理の枠組みの整備・運用

- 業務委託に係る全社的管理の枠組み構築（統括管理部署の明示と，統括管理部署と各業務委託発注部署の役割，権限，責任等の明確化，業務委託先管理に係る規程類の整備，運用等）
- IT戦略に基づく業務委託計画の策定と計画への承認受領

２．業務委託先の選定

- 業務委託先選定基準の整備
- 業務委託先（候補先を含む）の定期的および必要に応じた評価
- 業務委託先の選定または継続決定

３．業務委託契約の締結と契約の遂行

- 業務委託の範囲，委託元と委託先等の役割分担，権限，責任の明確化
- コミュニケーション方法等の明確化
- 業務委託先の責に帰すべき損害発生時の損害賠償の明確化
- 再委託に係る手順や承認等の明確化
- 業務委託先および委託業務遂行状況の監視方法等の明確化（業務委託先からの業務報告の受領や必要に応じた業務委託先への監査実施等の手続きを含む）
- 業務委託契約の改廃手続きの明確化

４．品質保証契約（Service Level Agreement）の締結と契約の遂行

- 委託業務遂行に係る品質を保持するために達成すべき事項および達成水準に係る委託元と委託先の同意
- 達成すべき事項の達成状況の確認方法の同意と確認の継続的実施
- 達成水準未達成の場合のペナルティの同意と是正プロセスの明確化

５．障害，事故等問題発生時の準備

- 連絡に係る手続きの明確化と連絡先情報の継続的更新
- 問題発生時の対応方法の明確化と教育，訓練等による周知徹底
- 問題発生の根本的原因把握と是正策の立案・実施プロセスの明確化

るモニタリング等の観点（図表3-10）を踏まえて，適切に業務委託先を管理していくことが必要であり，業務監査もしくはIT監査において，業務委託先管理の適切性を確認することが重要となる。

　また，クラウドサービスを利用して情報システムの構築を行う場合には，契約で定めた水準のサービスが提供されないといったリスクに対応すべく，クラウド事業者のオフィスやデータセンターへの立入監査やモニタリングの実施が重要となる。クラウド事業者は，多数の委託者に対してサービス提供しているケースが考えられ，個々の委託先からの立入監査等の受け入れが困難となることも想定されることから，業務の重要度に応じて，第三者による認証レポートで代替するなどの方法も検討したうえで，クラウド事業者との合意事項を契約書に規定することが必要である。

アジャイル型開発とIT監査

1 情報システムの開発手法

　コンピュータシステムの複雑化，開発用ツールの機能向上・多様化により，本章前半で対象としたウォータフォール型開発手法以外にも，試作品を早期に作成しユーザに提示して開発を進めるプロトタイピング型開発，設計から試作品作成までの工程を繰り返していくスパイラル型等の開発手法があり，それぞれにメリット，デメリットがある。これらの開発手法においては，いずれも予め定義した要件を確実に実現することを目指した開発手法である。

　一方，ビジネス環境の変化のスピードの高まりを踏まえ，その変化に迅速かつ柔軟に対応するために，ユーザ部署とシステム部門が従来以上に一体と

なって，コミュニケーション回数を増やし，柔軟かつ迅速に対応する開発手法としてアジャイル型開発手法が注目されている。アジャイル型開発においては，要件のすべてを最初に決めなくても開発に着手できる。つまり，コストと期限を重視して優先度の高い機能の早期実現を目指した開発手法である。

Column　コラム3-③：アジャイルソフトウェア開発宣言

「アジャイルソフトウェア開発宣言」とは，17名のソフトウェア開発者が議論し，2001年に公開されたもので，ソフトウェア開発を行ううえで彼らが重視しているマインドセットが記載されている。

なお，同宣言には，「左記（プロセスやツール，包括的なドキュメント，契約交渉，計画に従うこと）のことがらに価値があることを認めながらも」と記載されているように，ドキュメントや計画についても価値を認めている。

アジャイルソフトウェア開発宣言

私たちは、ソフトウェア開発の実践
あるいは実践を手助けをする活動を通じて、
よりよい開発方法を見つけだそうとしている。
この活動を通して、私たちは以下の価値に至った。

プロセスやツールよりも**個人と対話**を、
包括的な**ドキュメント**よりも**動くソフトウェア**を、
契約交渉よりも**顧客との協調**を、
計画に従うことよりも**変化への対応**を、

価値とする。すなわち、左記のことがらに価値があることを
認めながらも、私たちは右記のことがらにより価値をおく。

Kent Beck	James Grenning	Robert C. Martin
Mike Beedle	Jim Highsmith	Steve Mellor
Arie van Bennekum	Andrew Hunt	Ken Schwaber
Alistair Cockburn	Ron Jeffries	Jeff Sutherland
Ward Cunningham	Jon Kern	Dave Thomas
Martin Fowler	Brian Marick	

© 2001, 上記の著者たち
この宣言は、この注意書きも含めた形で全文を含めることを条件に自由にコピーしてよい。
http://agilemanifesto.org/iso/ja/manifesto.html

2 アジャイル型開発の特性

　アジャイル型開発は，変化に迅速かつ柔軟に対応するための開発手法であることから，コミュニケーションの頻度と質を高めることを重視している。このため，開発対象とする機能を2週間程度の短期間で開発できるボリュームに分割し，計画，実行および評価（以下，イテレーションとする）を反復して，各イテレーションで要件の範囲・優先順位の見直しを行い，リリースを実施する。一般的に，開発ドキュメントは外部とのやりとりに必要となるものなどに限定して作成することから，最低限の範囲の文書しか作成されない。

　要件のすべてを最初に決めてしまうのではなく，イテレーションを通じて新たな課題を発見し，その課題解決がユーザにとって優先すべき要件であれば，その要件を優先させて開発しリリースを行う。つまり，「ニーズの変化が激しく予測困難」なビジネス分野において，「新たな価値を生み出す」ことを目的とすることから，必ずしも当初想定したどおりのシステムが構築されなくてもよいということになる。

　従来型の開発手法においては，開発範囲（Scope）達成を必須とし，そのために時間（Time）と資源（Resource）をコントロールするのに対し，アジャイル型開発においては，ScopeをコントロールすることでTimeとResourceを計画通りとする。時間の経過とともに当初想定していた機能の

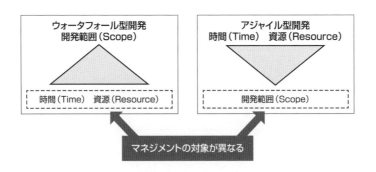

優先度が下がることも想定され，極端な場合には，当初想定とは異なるシステムができ上がることもあるが，利用されない無駄な機能開発を行わないことでコストを抑えることができるという考え方である。

Column **コラム3-④：アジャイル宣言の背後にある原則**

「アジャイル宣言の背後にある原則」には，「アジャイルソフトウェア開発宣言」で表明されているマインドセットを実現するために従うことが望ましい原則が書かれている。

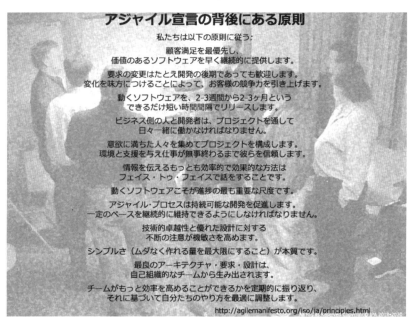

3 アジャイル型開発に対するIT監査

　迅速性というアジャイル型開発の特性を踏まえ，IT監査を実施するにあたっては，ツールによる監査証拠の自動収集や継続的モニタリング等により迅速性を阻害しないように監査することを考慮しなければならない。これは，可監査性を保証する仕組みが整備・運用されていることが必要であることを意味する。

　また，コントロールする対象が従来型開発とはまったく異なることから，アジャイル型開発手法の適用対象とする案件の選定基準，アジャイル型開発に適した開発標準の整備，プロダクト・バックログ（キーワード3-③参照）等の必須成果物の定義等がなされているかを検証する必要がある。なお，「アジャイル型開発だからドキュメントは作成不要」というのは間違いであり，属人化を排除し保守性を確保するためにドキュメントは必要であり，ドキュメント作成にかかるルールが整備・運用されていることは不可欠である。

　このほか，ユーザとシステム開発者のコミュニケーションが従来以上に重要で，かつ頻繁に行われることから，密にコミュニケーションできる体制となっているかを確認するとともに，自社内にアジャイル型開発の実績がなくノウハウの蓄積が不足する場合には，アジャイル型開発の利点を引き出すために，外部から有識者を調達しているかなど，案件の推進体制を確認することも必要である。

キーワード 3-④

プロダクト・バックログ

　アジャイル型開発の全体管理をするためのドキュメントで，機能の優先順位を示したアジャイル開発における作業計画ともいえる。

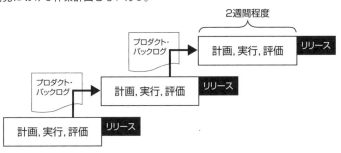

まとめ

　SDLCに沿った監査にあたっては，SDLCに沿ったITリスク・マネジメントの「あるべき姿」に対して「現状」とのギャップを分析，評価し，結論を下していく。また，SDLCに沿ったITリスク・マネジメントの「あるべき姿」を考えるときには，SDLCの各プロセスに存在する重要なリスクを識別し，分析，評価し，それらのリスクに対する適切なコントロールを明確化していくことが重要である。

　なお，プロジェクト・マネジメントのあり方については，アメリカのProject Management Institute, Inc.が公表しているA Guide to the Project Management Body of Knowledge（"PMBOK"と呼ばれている）が参考になる。

参考文献

IPA独立行政法人情報処理振興機構［2020］「アジャイルソフトウェア開発宣言の読みとき方」（2月）。

公益財団法人 金融情報システムセンター［2019］「金融機関等のシステム監査基準」（3月）。

経済産業省［2018a］「システム監査基準」（4月20日）。

経済産業省［2018b］「システム管理基準」Ⅳアジャイル開発（4月20日）。

吉武一［2015］「第4章　情報システムのライフ・サイクルに沿った監査」一般社団法人日本内部監査協会編『IT監査とIT統制（改訂版）—基礎からネットワーク・クラウド・ビッグデータまで—』同文舘出版。

第4章

情報セキュリティ管理態勢 の構築と監査(上)

　本章と次章では，ITガバナンスの主要テーマである情報セキュリティガバナンスとその監査について述べる。まず本章では，COSOの内部統制のフレームワークに従い，情報セキュリティの管理態勢の構築方法について説明していく。

I 情報セキュリティガバナンスの必要性

　大型コンピュータによる電算処理の時代は，システムを安定的に運用することが一番の関心事であり，脅威は自然災害や故障，物理的な不正アクセスで，それらに対応するための安全管理態勢がとられていた。

　IoTの時代と呼ばれる現在，スマートフォン，タブレットを含むコンピュータは，インターネットを中心としたネットワークで結ばれ，不特定多数の悪意の攻撃者からも，情報システムを守らなければならない環境となっている。

　また，最近のリモートワークの進展は，従来の物理的な社内と社外を区別した境界防御の考え方から，ゼロトラストを基本とした論理的な環境防御の考え方へと変化を迫っている。

　組織の業務における情報システムの位置付けは重要度を増しており，セキュリティ侵害を受けた場合，組織の業績を揺るがすだけでなく，社会生活に甚大な被害をもたらすおそれもある。

　このように複雑化する情報セキュリティ環境に対応するため，内部および外部の環境の変化を正しく理解し，各社で異なるリスクの高い分野から優先的かつ確実に対応できる情報セキュリティガバナンスの必要性が高まっている。

　情報セキュリティガバナンスを推進する立場の経営者は，以下の3原則を認識し，セキュリティ対策実施上の責任者となる担当幹部（CISOなど）に，サイバーセキュリティ経営（CSM）の重要10項目を指示する（経済産業省［2017］）。

　原則1：情報セキュリティリスクを認識し，リーダーシップを発揮して対策を進めること

　原則2：自社だけでなく，ビジネスパートナーや委託先を含めたサプライ

チェーンに対するセキュリティ対策を実施すること

原則3：平常時および緊急時のいずれにおいても，情報セキュリティリスクや対策に関わる情報開示など，関係者との適切なコミュニケーションを図ること

セキュリティ経営の重要10項目

指示1：情報セキュリティリスクの認識，組織全体での対応方針の策定

指示2：情報セキュリティリスク管理態勢の構築

指示3：情報セキュリティ対策のための資源（予算，人材など）確保

指示4：情報セキュリティリスクの把握とリスク対応に関する計画の策定

指示5：情報セキュリティリスクに対応するための仕組みの構築

指示6：情報セキュリティ対策におけるPDCAサイクルの実施

指示7：インシデント発生時の緊急対応体制の整備

指示8：インシデントによる被害に備えた復旧体制の整備

指示9：ビジネスパートナーや委託先を含めたサプライチェーン全体の対策および状況把握

指示10：情報共有活動への参加を通じた攻撃情報の入手とその有効活用および提供

Column　コラム4-①：ゼロトラスト

インターネットの普及の中で，従来はネットワークを社内と社外の物理的な2つの領域に分けて，その境界で社内ネットワークのセキュリティを守るという「境界防御」の考え方が主流であった。

クラウド・サービスの利用普及，リモートワークの進展に伴い，「境界防御」の考え方だけでは，セキュリティ上不十分であるとの認識が広がった。特に，一度社内ネットワークに侵入されてしまうと，そこからの横断的な感染・攻撃に対して脆弱である。

「ゼロトラスト」は，「Never Trust, Always Verify」といわれるように，暗黙の信頼に基づくセキュリティ低下から脱却し，社内ネットワークにおいても，アクセスが許可される前に厳格に認証を実施して，セキュリティを確保しようと

する考え方である。

　「境界防御」の考え方が全面的に否定されたわけではないが，「ゼロトラスト」を中心とした，セキュリティの考え方の見直しが求められている。

　なお，「ゼロトラスト」は，単一のセキュリティ対策を意味するものではないため，指針として理解し，システム環境に応じた適切なセキュリティ対策の選択が必要である。

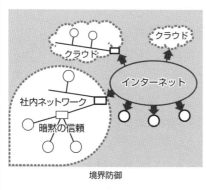

境界防御

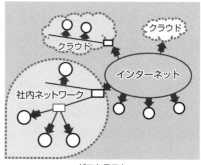

ゼロトラスト

情報セキュリティとは

　情報セキュリティは，国際規格等において，情報資産の機密性（Confidentiality），インテグリティ（Integrity），可用性（Availability）のCIAを維持することと定義され，情報システムで取り扱われる電子情報だけでなく，紙媒体，音声，電話などのすべての媒体を対象としている（図表4-1参照）。

　なお，本来情報セキュリティは，リスクから情報を守るという観点以外に，情報を活用するというプラスのリスク対応の観点も含んでいることを注記しておきたい。

◎図表4-1　情報セキュリティの3要素 "CIA"◎

C	機密性 (Confidentiality)	許可された者が，許可された方法でのみ，必要な情報やデータにアクセスできること
I	インテグリティ (Integrity)	情報および処理方法が正確で，完全である（欠損がない）こと。「完全性」ともいう
A	可用性 (Availability)	許可されたものが，必要なときに情報および関連資産にアクセスできること

III 情報セキュリティ管理態勢

　複雑化する情報セキュリティ環境に積極的に対応するため，脅威となるリスク事象を捉えて，国や地域とも連携しつつ，プロアクティブな対策の策定

◎図表4-2　情報セキュリティ管理態勢のフレームワーク◎

1. 統制環境
2. リスク評価
3. 統制活動
4. 情報と伝達
5. モニタリング活動

と実施，見直し，改善を行っていく必要がある。効果的・効率的に情報セキュリティの管理態勢を構築していくためには，図表4-2のとおり，COSOの統合的内部統制フレームワークに沿って整備することが推奨される。

　また，セキュリティ対策の機能を，NISTのサイバーセキュリティ・フレームワークを参考に，事前対策である「識別」，「防御」，事後対策である「検知」，「対応」，「復旧」の５つに整理する（図表4-3）。

◎図表4-3　サイバーセキュリティ・フレームワーク（NIST）◎

1 統制環境（NIST：識別）

　統制環境は，組織を構成する人々の情報セキュリティ意識に影響を与えるものであり，経営者が率先して情報セキュリティにコミットして，情報の取り扱いに関する基本的な考え方を基本方針（ポリシー）として示し，組織全体に浸透させることが重要である（CSM：指示１）。組織の構成員は，常に情報の取り扱いに配慮し，単に法令違反を起こさないというだけでなく，情報を守り，活用することの意義を正しく理解すべきである。

　基本方針と合わせて，情報セキュリティリスクに対する管理態勢を整備する。その際，その他の経営リスクの管理態勢と整合をとって整備する必要がある（CSM：指示２）。

また，管理態勢と合わせて，情報セキュリティ対策実施のための資源（予算，人材など）を確保する（CSM：指示3）。

2 リスク評価（NIST：識別）

重要度の高いリスクに重点的な統制を行うため，一般的に次の手順にて，情報資産に対するリスク評価を実施する。

(1) 情報資産の洗い出しと資産価値の評価

組織の業務に関わる情報資産を洗い出し，資産の種類（図表4-4），資産価値，機密性・インテグリティ・可用性の観点から判断したセキュリティリスク発生時の影響度などを記載した「情報資産台帳」としてまとめると良い。

リスク発生時の業務への影響度については，絶対的な数値化は難しいところ，段階的に評価する方法がある（図表4-5）。

◎図表4-4　情報資産の種類◎

情報資産の種類	具体的な資産の例
電子情報	コンピュータのデータやプログラムなど
	サーバ，クライアントパソコンなどのハードウェア
	ネットワーク（ルータ，LAN/WAN回線）
	CD，USBメモリ，外付HDDなどの外部記憶媒体
	スマートフォンなどの携帯端末（ソフト，ハード）
文書情報	計画書，プレゼン資料，契約書などの紙書類
人的情報	役員，社員，契約社員，アルバイトなどの社内人材
	協力会社，外注先などの社外人材
	顧客，監督官庁などの社外関係者
物理的情報	オフィス，工場などの社内建物
	データセンタ，倉庫などの社内外建物
	自宅，サテライトオフィスなどの社外環境

◎図表4-5　セキュリティリスク発生時の影響度◎

高	重大な損害が見込まれ，事業継続に支障がでるレベル
中	相応の損害が見込まれ，一定期間に渡り業務中断が発生するレベル
低	軽微な損害は見込まれるものの，一時的な障害発生に留まるレベル

(2) リスク評価について

　洗い出した情報資産とその価値（重要度）について，脅威と脆弱性の観点からセキュリティリスクを分析し，技術的および管理上の対策をセキュリティ施策としてまとめていくプロセスである（CSM：指示4）。

　　　リスク評価＝情報資産価値×脅威×脆弱性

　脅威は，情報資産に損害を発生させるおそれのある潜在的な原因を指し，人為的（偶発的，意図的）なものと，環境的（偶発的）なものに分かれる（図表4-6）。

　脆弱性は，情報資産を脅威から守ることができない弱点を指し，弱点を補うため，ウイルス対策ソフトを導入するなどの技術的対策やセキュリティ管理者をおくなどの管理上の対策を講じることになる。

　脆弱性の例としては，不十分なパスワード管理や，データのバックアップ管理の不徹底，暗号化されないネットワーク通信などがあげられる。

　また，自宅，サテライトオフィスなどの社外環境については，これまでとは異なる種類の脅威，脆弱性にも着目する必要がある。

◎図表4-6　情報セキュリティにおける脅威の種類◎

脅威の種類	具体的な脅威の例
人為的（偶発的）	メール誤送信，ファイル削除などのケアレスミス パソコンやデータ，書類の紛失 パソコンの落下による破壊や破損 意図しないウイルス感染（感染に気づかない）
人為的（意図的）	パソコンやデータ，書類の盗難 公衆回線・インターネット上の盗聴 ID・パスワード不正取得によるデータ窃取，改ざん
環境的（偶発的）	地震，津波，火災，雷などの自然災害

◎図表4-7　資産・脅威・脆弱性の関係◎

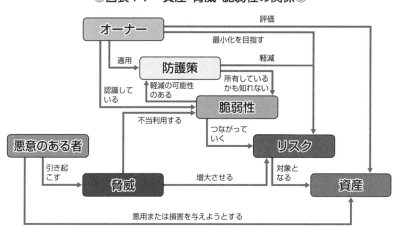

3 統制活動（NIST：防御，検知）

　情報セキュリティの統制活動として，「組織的コントロール」，「人的コントロール」，「技術的コントロール」，「物理的コントロール」の4種類があげられる（CSM：指示5，6）。

(1) 組織的コントロール

　組織的コントロールとは，方針や基準，手順等の規則体系による統制と，組織・体制による統制からなる。

①規則体系による統制

　前述の基本方針（ポリシー）に基づき，情報セキュリティ管理における一連の規則を，基本方針（ポリシー），対策基準（スタンダード），実施手順（プロシージャ）の順に体系的に整備する。

　対策基準（スタンダード）は，基本方針（ポリシー）を受けて，具体的に

◎図表4-8　情報セキュリティ規則体系◎

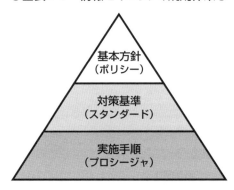

実施する対策項目について記述する。組織的に情報セキュリティ対策を行うためのガイドラインとなるものである。

　実施手順（プロシージャ）は，対策基準（スタンダード）で定めた項目を実施する際の詳細な手順について記述する。マニュアル的な位置付けとなるものである。

②組織・体制による統制

　方針・規則体系に基づいて，情報セキュリティ管理を推進するために，全

◎図表4-9　情報セキュリティ組織体制◎

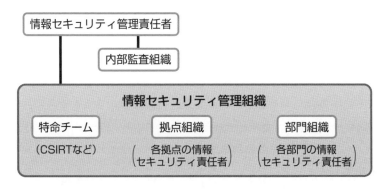

体的な組織体制を構築する。情報セキュリティ管理態勢の最高責任者および情報セキュリティ管理の推進実務を担う組織を設置し，情報セキュリティに関連する対策の責任者を任命する（図表4-9）。

　また，サイバー攻撃などによる社会的な影響を考慮し，CSIRT（Computer Security Incident Response Team）など特命チームを通じた，国および地域社会との情報交換，対応連携なども可能な組織体制を構築する。各責任者および組織の概要は以下のとおりである。

a. 情報セキュリティ管理責任者

　全社的な情報セキュリティ対策の策定，実施，改善における統括責任を負う。企業であれば経営者もしくはCISO（情報セキュリティ担当役員）などの組織トップを任命することがふさわしい。

b. 内部監査組織

　基本方針（ポリシー）もしくは社内規則（ルール）どおりに情報セキュリティが維持，管理されているかを監査する組織。

c. 情報セキュリティ管理組織

　情報セキュリティ対策の実行組織として，情報セキュリティポリシーの策定，リスク評価，管理策の実施とセキュリティ事故発生時の対応などを行う。

d. 特命チーム（CSIRTなど）

　情報漏えい事故による信用失墜など事業基盤を脅かすような大規模セキュリティ事故や，サイバー攻撃等の企業機密・国家機密に影響を及ぼすセキュリティリスクに対処するため，より高度な専門知識，経験をもつ人材を特命チームとして形成し，JPCERT/CCや日本シーサート協議会などセキュリティ事故対策の専門団体と連携しつつ，緊急事態への対策を速やかに実行する。

e. 拠点責任者

　本社オフィスや工場など，自らの拠点の役割に応じて情報セキュリティ管理の責任を負う。ネットワーク管理者等，管理対象ごとに管理者を任命することや，教育実施責任者や点検実施責任者のように，管理業務ごとに責任者を任命することもある。

また，リモートワークの進展に伴い，拠点の分散，小規模化にも留意する必要がある。

f. 部門責任者

IT部門，総務，人事，広報（ブランド担当）など，情報セキュリティの管理対象が一部門にかぎらない場合，各部門より情報セキュリティ管理の責任者を設置する。

さらに，業務実施のための組織体制としては，不正防止の観点から，相反する職務・責任範囲を分離し，相互牽制を機能させることが必要である。

(2) 人的コントロール

人的コントロールとは，人的要因によるリスクを軽減するための統制として，従業員等および業務委託先の管理を行うものである。

①従業員等の管理

基本方針に従ってセキュリティに関する従業員等の役割および責任を明確に文書化し，雇用契約時は，情報セキュリティに関する責任や義務について，同意・署名を得る。担当する業務に係るリスクに対応した力量を決定し，必要な教育・訓練を定期的に実施する。セキュリティ規則への違反行為に対する懲戒手続の整備や，雇用終了時の資産返却，ユーザ・アカウントの削除を実施するなどの管理を行う。

②業務委託先の管理

業務の有効性と効率性を向上させるため，外部組織のリソースを活用することが増えている。委託先となる外部組織では，セキュリティ面での環境が異なることから，委託先選定基準に基づいて，リスクを評価しなければならない。

委託元から委託先に求めるセキュリティ要件を正確に伝え，秘密保持契約

を含む業務委託契約の締結，セキュリティ事故発生時の責任範囲や対応方法などを明確にする。また，ビジネスパートナーや委託先（再委託先を含む）などを含めたサプライチェーン全体のセキュリティ管理状況を定期的に評価するなどの管理を行う（CSM：指示9）。

さらに，委託先人員の異動，委託契約終了時の取扱いについても，従業員同様に留意する。

(3) 技術的コントロール

技術的コントロールとは，情報システムの機能を活用した情報セキュリティの統制である。具体的には，情報資産を守るための統制として，次の統制例があげられる。

①アクセス制御

予防的統制の代表例として，アクセス制御があげられる。不正アクセスによる情報漏えいや改ざんを，ユーザIDとパスワードなどを使って，未然に防止するための管理策である。

まず，アクセス制御の対象とする情報の範囲と利用を許可する利用者の範囲を特定する。情報の重要度に応じて，アクセス制御の強度が変わる。リモートワークの進展に伴い，社外からのアクセスおよび社外リソースであるクラウドへのアクセスを前提としたアクセス制御の強化が必要である。

付与するアクセス権は，最小限の利用者に対して，最小限の範囲とするのが鉄則である。特に特権的IDの付与に関しては，なりすましを受けた時の被害の大きさを考慮し，付与期間を1日単位とするなど，厳正な審査の上，慎重に付与しなければならない。特権的役割を細分化し，それぞれにIDを割り当てることにより，不正アクセスによる被害の局所化とログ監視の効率化を図ることが可能となる。

システムに対する脅威の大きさから，適切なアクセス制御方式を選択する必要がある。社内の閉じたネットワークに接続されたシステムとインターネ

ットに接続して利用するシステムでは，脅威の大きさが全く異なる。今後は，ゼロトラストの考え方から，一般的なID/パスワード認証に加え，指紋認証や静脈認証といった生体認証技術やワンタイム・パスワードなどを含めた二要素認証を選択することが増えると考えられる。

また，利用するクラウド・サービスなどが増えると，それに伴いアクセス制御の複雑化が問題となるため，アイデンティティ＆アクセス管理（IAM）によるシングル・サインオン（SSO）機能の活用も有効である。

ネットワークのアクセス制御としては，外部ネットワークからの不正アクセスを防ぐためのファイアウォールやDMZの設置，データ暗号化，TLS/SSL認証などがあげられる。

社内ネットワークにおいても，管理要件の異なる単位でネットワークセグメントを分割することにより，アクセス制御のみならず，ウイルスなどの感染拡大防止にも対応できる。

Column ## コラム4-②：ユーザ認証

ネットワーク・システムでは，対面での本人確認ができないため，なりすましを防ぐユーザ認証が重要な要素となる。大きく分けて3種類ある，本人固有の情報に基づき，確かに本人であるかを判定する。

①本人の記憶に基づくもの（暗証番号など）

②本人の所有物に基づくもの（ICカードなど）

③本人の生体情報に基づくもの（指紋，虹彩など）

一般的には，①のID/パスワードによる認証が多いが，金融取引においては，いくつかの種類を組み合わせた，多要素認証のような，より厳格な本人確認の手法が求められる。

①のパスワードは，他人に知られないようにしなければならない。パスワードが短いと解読されやすく，長すぎると忘れるおそれがあり，メモしてしまうと，そこから漏えいする危険もある。

パスワードが暗号化されずに送信された場合では，盗聴により簡単になりすま

しが可能である。また，パスワードが単純に暗号化されているだけでは，パスワード部分が特定され，再送されると，なりすましは可能である。そこで，毎回パスワードを変える，ワンタイム・パスワードの仕組みが考えられた。たとえば，システム側と時刻などで同期されたパスワード生成器（トークン）を使う仕組みである。また，携帯電話などの別系統に認証情報を送信する，複数経路認証の手法もある。

②の所有物は，盗難・紛失のおそれがあるため，パスワードと組み合わせて使用されるのが一般的である。また，磁気カードは，解読はできなくても，比較的容易に複製できるため，複製の困難なICカードに移行しつつある。なお，所有物を確認する端末が，システム運用側の管理下の端末PCではなく，利用者に管理が委ねられている端末PCの場合，よりいっそう厳密な本人確認が必要である。金融機関のATMがキャッシュカードと4桁の暗証番号で認証できるのは，ATMが金融機関の管理下の端末であるからである。

③の生体情報の場合，紛失や忘れる問題はないが，他人を本人と誤認する場合（FAR：他人受入率）と，逆に本人が本人でないと判定される場合（FRR：本人拒否率）がある。なお，パスワードなどと異なり，生体情報は取替えができないため，その情報は厳重に保管する必要がある。

単純なユーザ認証の仕組みではなく，なりすましによる不正アクセスを防ぐためのリスクベース認証という手法もある。通常とは異なるIPアドレスからのアクセスなど，リスクが高いと評価される接続の場合に，ID/パスワードに加えて，秘密の質問などを課す。この手法の場合，トークンなどの追加のデバイスは不要なのが特徴である。

Column コラム4-③：FIDO（ファイド）認証

ID/パスワードに代わる次世代認証方式として，FIDO認証が開発された。パスワードがインターネット上を伝送されることに伴うリスクを回避し，安全で迅速な認証を実現している。登録済みのスマートフォンなどの認証器で本人確認を行い，この確認結果をもとにFIDOサーバとの間で認証を行う。パスワード，指紋などの本人認証情報は認証器内に保存され，サーバ側には保存されないのが，高い安全性の理由である。

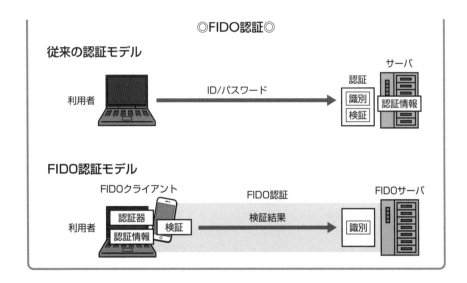

◎FIDO認証◎

従来の認証モデル

利用者 ── ID/パスワード ──▶ 認証 [識別][検証] サーバ [認証情報]

FIDO認証モデル

FIDOクライアント [認証器][認証情報][検証] ── FIDO認証 検証結果 ──▶ FIDOサーバ [識別]

利用者

Column　コラム4-④：シングル・サインオン（SSO）

　複数のクラウドサービスなどを利用する場合，利用者はそれぞれにID/パスワードを設定し，管理しなければならない。その管理は複雑化し，パスワードの使い回しや，パスワード忘れの頻発などが懸念される。

　SSOは，利用者が多要素認証などでセキュリティの強化されたSSOの認証を一度受けるだけで，登録された複数サービスを安全に利用できる仕組みである。

　ID/パスワードを統合管理することにより，登録されたサービスの利用状況などを，管理者がモニタリングすることも可能となる。

---

②ウイルス対策

　もう1つの代表的な予防的統制として，コンピュータ・ウイルスなど悪意のあるコードに対する管理策があげられる。コンピュータ・ウイルスは，従来型のウイルスから，ワーム，トロイの木馬，スパイウェア，ボットなどさまざまな形態に進化しつつあり，特にボットは，一度感染すると外部の者がロボットのようにボットを操り，内部データの漏えいやDDoS攻撃が可能になるなど，悪質なウイルスとして認識されている。また，最近では，重要情

報が保存されたハードディスクなどを勝手に暗号化して使えなくした上で身代金を要求する，ランサムウェアも大きな脅威となっている。

　このようなウイルスを予防するためには，パソコンやサーバへのアンチウイルスソフトの導入とウイルスを検知するためのデータベースの更新に加え，OSなどの定期的なセキュリティ・アップデートを行うなど，常に脆弱性のない状態にしておくことと，不審なメールを開かない，不審なサイトにアクセスしない注意が必要である。

　加えて，感染や攻撃を受けてしまった場合に，不審な挙動を速やかに検出する仕組みとして，EDR（Endpoint Detection and Response）機能の導入も有効である。

③アクセス・操作監視

　発見的統制の代表例として，アクセス・操作（ログ）監視があげられる。情報の重要度に応じて，情報システムやネットワークへのアクセス・操作ログを取得する。特に，アクセスエラーや時間外の利用，特権的IDによる操作ログに注意が必要である。

　アクセス監視のもう1つの代表例としては，侵入検知システム（IDS：Intrusion Detection System）があげられる。ネットワークやサーバ上のパケット（通信データ）を監視し，不正アクセスを検知するシステムである。不正アクセスと思われる通信を自動的に遮断する予防的機能を加えた侵入防止システム（IPS：Intrusion Prevention System）も，普及しつつある。なお，これらの装置では，誤検知が発生することもあるので注意する。

　また，外部からのアクセスだけでなく，内部関係者による不正行為（データ改ざんや盗難）も増えており，情報システムへの操作ログ取得と監視は，今後さらに強化すべき対策である。

④データやシステムのバックアップ

　是正的統制の代表例としてデータやシステムのバックアップがあげられる。

データの破損や紛失，システム障害時に，速やかに復旧ができること（情報セキュリティの可用性）や，バックアップしたデータが保管期間中に改ざんされないよう保護すること（情報セキュリティのインテグリティ）が必要である。

なお，バックアップからの復旧手順については，訓練の上，実効性を確保しておくことが重要である。

(4) 物理的コントロール

物理的コントロールには，施設や設備に対する統制と，入退室に対する統制，サーバやパソコンなどIT機器に対する統制の3つがあげられる。

①施設や設備に対する統制

データセンタやサーバ室など主要な情報システムが設置されている施設や設備において，地震，火事，水害などの災害や，高温多湿，停電などによる，情報システムやデータへの被害を最小限に抑えるための対応策が必要となる。

具体的には，施設の立地・構造（耐震，免震，耐火など）を考慮し，消火設備，空調設備，非常用発電装置，無停電電源装置（UPS）などを設置する。

②入退館・入退室に対する統制

施設や設備への不正侵入等による破壊，盗難などを防止するため，人の入退館・入退室を統制する。

具体的には，入退館・入退室時の本人確認（入退カードの利用など）や記録の取得，常時監視などの対策を講じる。

③サーバやパソコンなどIT機器に対する統制

サーバやパソコン，スマートフォン，データ記憶媒体等のIT機器に対する盗難，破壊，不正操作等による業務への支障や情報の漏えい・改ざんを防止するための統制である。

具体的には，盗難防止用にワイヤーチェーンを付ける，万一盗まれた場合

でも不正使用されないようにパスワードロックをかける，パソコン廃棄時は記憶装置内のデータを完全消去する，などの対策を講じる。また，スマートフォンなどの携帯端末では，盗難発生時に，リモートワイプ（遠隔操作によるデータ消去）を行うなどの対策もある。

　リモートワークの進展に伴い，今まで考慮してこなかった環境における脅威についても検討することが必要である。

Column　コラム4-⑤：携帯端末のセキュリティ

　スマートフォンやタブレットなどの多機能携帯端末が普及し，業務への本格導入も進んでいる。携帯端末の業務利用において脅威となるのが，（1）盗難・紛失などによる業務データの漏えいと，（2）悪意のアプリケーションの意図せぬ導入による機密データへの不正アクセスである。

　このような携帯端末に関わる脅威を軽減するツールとして登場し始めたのがMDM（Mobile Device Management）ツールであり，その主な管理機能は次のとおりである。

(1) 端末管理

・携帯端末からの情報漏えいを防ぐには，まず端末自体のパスワードロックを設定する。MDMによってロックを強制適用すれば，ユーザの設定忘れを防ぐことができる。

・リモートロック，ワイプ機能は，盗難・紛失発生時に，携帯端末をMDMから遠隔で操作し，当該端末の操作をロックしたり，工場出荷状態に戻す（ワイプ）機能である。

・暗号化機能は，取り出されると無防備になる外部記憶媒体を不正アクセスから守ることができる。

・デバイス制御により，カメラ，外部記憶媒体，赤外線通信などの機能を使用不可とすることができる。

・遠隔監視機能により，携帯端末の位置情報を取得することで，盗難場所の特定や移動追跡が可能となる。

・遠隔ポリシー設定・実行機能により，パスワード・ポリシーの強制や設定情報の適用などが行える。

・資産管理機能により，端末個体情報の管理，ソフトウェアの種類・バージョン

の管理，所有者属性の管理などが行える。

(2) アプリケーション管理

　携帯端末にインストールできるソフトウェアプログラムのことをアプリと呼ぶ。アプリは，カメラ（映像）アプリやゲーム，電子書籍など単独で使うものもあれば，ネットワーク経由で連携して使うアプリもある。

　便利なアプリであるが，ウイルスが混入したり，本来のアプリの機能に不要な個人情報・機密データを参照したりといった，ユーザが意図しない状況で，機密データへ不正アクセスされるおそれがある。

　このようなアプリによる不正アクセスを防ぐため，許可したアプリのみ利用可能にする（ホワイトリスト方式）などのアプリケーション利用制限機能がある。

(3) MDMサーバ⇔端末間の認証および信頼経路の確立

　MDMサーバと携帯端末間の通信として，安全な経路が確立していなければならない。必要なソフトウェアや証明書を導入し，VPN，TLS/SSLなどを使った信頼経路を確立する。

(4) フィルタリング機能

　ファイアウォールを始めとしたセキュリティ機器で守られた社内ネットワークとは異なり，携帯端末は直接インターネットと接続されるため，大きな脅威にさらされている。

　フィルタリング機能により，不正サイトへのアクセス誘導を防止したり，迷惑メールを判定・除去することができる。

(5) ウイルス対策ソフトウェアの管理

　インターネットに常時接続し，常にウイルスや不正アプリに汚染されるリスクを有する携帯端末では，ウイルス対策ソフトの動作結果の監視やパターンファイルの更新，スキャンの実行を遠隔で行う場合がある。

(6) バックアップ機能

　移動中に使用することも多い携帯端末では，紛失や故障，破損といったリスクも高い。重要な情報およびアプリケーションの迅速な復旧のため，バックアップを取得する機能がある。

(7) BYOD（Bring Your Own Device）ポリシーの適用と検疫

　個人契約の端末を会社利用に使う（BYOD）場合，所有者本人の同意を前提として，セキュリティ対策がとられているかをチェックし，認証時に検疫する仕組みがある。

携帯端末の普及に伴い，企業での利用においては，MDMの活用を積極的に検討すべきである。

なお，MDMによる操作・監視のためには，携帯端末が起動（電源ON）している必要があることに注意する。

Column コラム4-⑥：IoTセキュリティ

ネットワークとは無縁だった家電，自動車などが，インターネットに接続して動作することが一般化した。新たなサービスが生み出され，利便性が向上する反面，IoT機器のウイルス感染や乗っ取りといった問題も顕在化した。

◎IoTの脅威例◎

1	Webインターフェイス	6	クラウドインターフェイス
2	認証と認可	7	モバイルインターフェイス
3	ネットワークサービス	8	セキュリティ設定
4	通信の暗号化の欠如	9	ファームウェア
5	プライバシー	10	物理的セキュリティ

出所：日本ネットワークセキュリティ協会［2015］を参考に作成。

IoT機器が急増していることから，その影響範囲も拡大しており，自動車分野，医療分野などでは，生命の危機にさらされる場面も考えられ，機器に保存された個人の生活データなどの重要情報が漏えいするおそれもある。

IoT機器の安全管理責任は，機器メーカーのみならず，機器の設置者であるシステム提供者，サービス提供者，機器の利用者である企業利用者，一般利用者まで及ぶ。一般利用者であっても，機器を廃棄する時には，データ消去を行わなければならない。

◎IoTセキュリティ対策指針一覧◎

大項目	指針	要点
方針	指針1 IoTの性質を考慮した基本方針を定める	要点1. 経営者がIoTセキュリティにコミットする
		要点2. 内部不正やミスに備える
		要点3. 守るべきものを特定する

分析	指針2 IoTのリスクを認識する	要点4. つながることによるリスクを想定する
		要点5. つながりで波及するリスクを想定する
		要点6. 物理的なリスクを認識する
		要点7. 過去の事例に学ぶ
設計	指針3 守るべきものを守る設計を考える	要点8. 個々でも全体でも守れる設計をする
		要点9. つながる相手に迷惑をかけない設計をする
		要点10. 安全安心を実現する設計の整合性をとる
		要点11. 不特定の相手とつなげられても安全安心を確保できる設計をする
		要点12. 安全安心を実現する設計の検証・評価を行う
構築・接続	指針4 ネットワーク上での対策を考える	要点13. 機器等がどのような状態かを把握し，記録する機能を設ける
		要点14. 機能及び用途に応じて適切にネットワーク接続する
		要点15. 初期設定に留意する
		要点16. 認証機能を導入する
運用・保守	指針5 安全安心な状態を維持し，情報発信・共有を行う	要点17. 出荷・リリース後も安全安心な状態を維持する
		要点18. 出荷・リリース後もIoTリスクを把握し，関係者に守ってもらいたいことを伝える
		要点19. つながることによるリスクを一般利用者に知ってもらう
		要点20. IoTシステム・サービスにおける関係者の役割を認識する
		要点21. 脆弱な機器を把握し，適切に注意喚起を行う

出所：総務省・経済産業省［2016］を参考に作成。

4 情報と伝達

　情報セキュリティ管理を適正に行うためには，組織のトップダウン，ボトムアップおよび横連携からの，柔軟かつ迅速な情報伝達が欠かせない。

　トップダウンの情報伝達としては，基本方針（ポリシー）や対策基準（スタンダード），実施手順（プロシージャ）の周知徹底，定期的なリスク評価

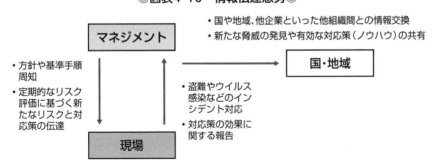

◎図表4-10　情報伝達態勢◎

に基づく新たなリスクと対応策の伝達があげられる。

　ボトムアップによる情報伝達としては，IT機器の盗難やウイルス感染などのセキュリティ事故（インシデント），対応策の効果に関する報告など現場からの情報を迅速に吸い上げることが必要である。

　また，横連携とは，組織の上下の情報伝達だけでなく，国や地域，他企業といった他組織間との情報交換であり，新たな脅威の発見や有効な対応策（ノウハウ）の共有が可能となる（CSM：指示10）。

5　モニタリング活動

　統制環境から情報の伝達まで，情報セキュリティに関わる一連の内部統制を構築した後は，定期的なモニタリング活動を通じて，その有効性を検証し，情報セキュリティ管理を継続的に改善することが不可欠である。

　モニタリング活動の代表例としては，人的なモニタリング活動として，自己評価による継続的な改善活動，内部監査および外部監査による全体的，客観的な監査があげられる。

　一連のモニタリング活動を通じて，再発防止策など対応策の見直し，基準，手順などの改定と，情報セキュリティ管理における改善・向上を図る。

　情報漏えいやシステム障害などのインシデントが発生した場合，その対応の巧拙が組織の信用やブランドイメージに与える影響がきわめて大きい。事故対応時の報告体制，事実確認や対応策（暫定策）の実施，原因究明と再発防止策に至る一連のインシデント対応について述べる。

(1) インシデント発生に備えた準備

　インシデントへの迅速かつ的確な対応を行うため，対応手順などを含めた準備を行う。具体的には，(1)情報セキュリティに関するインシデントを検知・記録し，しかるべき担当部署へエスカレーション（連絡・報告）するための窓口（サービスデスク，CSIRTなど）を設置する。(2)インシデントを緊急度や影響度などから分類し，その重要性に応じた監視方法やエスカレーション手順を策定する。エスカレーションルートは，インフラからアプリなどの機能別の横断的なルートや，担当者から責任者など階層別のルートなどを組合せて策定する（CSM：指示7）。

◎図表4-11　信頼性向上策◎

フェールソフト	システム障害時に，一部機能を稼動してサービス提供を継続させること。ハードディスクのRAID構成やネットワークの二重化，バックアップ電源による臨時稼動など。
フェールセーフ	システム障害時に，すべての機能を停止して，システムの安全を確保すること。サーバ温度上昇時の自動シャットダウン機能など。
フォールトトレランス	一部の機能を失っても，全体としての機能を保ち，正常に稼動させること。
フールプルーフ	誤操作しても危険が生じない，または誤操作できない構造や仕組みとすること。

注：フェールオーバー：自動的に冗長な待機系へ切り換える機能，予期せぬ切換
　⇔スイッチオーバー：メンテナンスなどのため，計画的に行われる切換

(2) インシデントの検知と記録

　インシデント発生を速やかに検知し，エスカレーション先も含めて参照可能な記録の仕組み（システム）を構築する。

(3) 初動対応・影響範囲の特定・応急措置

　インシデント発生時，その重要度に応じて分類し，適切なエスカレーション先に伝達する。必要に応じて応急措置などの暫定対応策（ワークアラウンド）を実施する。システム上の暫定対応策としては，フェールソフトやフェールセーフなどの障害対応策がある（図表4-11）。

(4) 対応策の実施と評価

　過去の事例を参考に，インシデント解決のための対応策を実施する。窓口（サービスデスク，CSIRTなど）は，インシデントの発生から解決まで，責任をもって監視・管理を行い，関係者へ対応状況を適宜連絡する。また，インシデント解決後の評価を実施し，未解決のインシデントについては，問題管理責任部署へ対応を引き継ぐ（CSM：指示8）。

(5) 根本原因の究明と再発防止策の実施

　未解決のインシデントについて，問題の根本原因を分析し，再発防止策の策定，実施を行う。実施結果を評価し，インシデント管理責任部署へとフィードバックする。

7 情報セキュリティ管理の成熟度モデル

　継続的な改善を計測する仕組みとして，成熟度モデルによるレベル測定がある。代表的なフレームワークとしては，COBITの成熟度モデルなどがあ

るが，情報セキュリティ管理における成熟度モデルの例として，GTAG5（IT監査の国際的ガイダンス5）「プライバシー・リスクのマネジメントと監査」の「実行適格度：プライバシー成熟度モデル」を参考に作成した情報セキュリティ管理の成熟度モデルを紹介する（図表4-12）。

◎図表4-12　情報セキュリティ管理の成熟度レベル◎

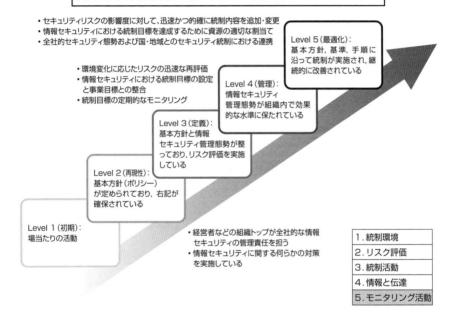

※第4章および第5章の重要チェックポイントおよび参考文献は，第5章末にあわせて記載する。

第**5**章

情報セキュリティ管理態勢
の構築と監査（下）

　前章に続き，本章では，情報セキュリティガバナンスの
中でも特に関心の高まっているサイバーセキュリティに関
する技術的側面を解説し，そのうえで，情報セキュリティ
管理態勢にかかる監査のポイントについて，まとめていき
たい。

I サイバーセキュリティ管理の必要性

インターネットの普及に伴い，大型コンピュータの時代には考えられなかった新たな脅威が出現した。それが，サイバー攻撃である。

元々インターネットは，善良な利用者を前提に設計されたネットワークである。利用者は，ネットワークのもつ利便性を，自由かつ平等に享受することができた。

インターネットの普及当初，接続コストが高く，利用者が少ない間は，問題が顕在化しなかったが，接続コストが安価になり，利用範囲が広がったところで，利便性を悪用した不正アクセスなどが目立つようになった。

サイバー攻撃の対象，目的は変化している。初期には，不特定多数を対象にウイルスを感染させるなどの愉快犯的なものが多かったが，最近では，特定の組織・個人を対象にした金銭・機密情報目的の攻撃が主流である。

インターネット環境も変化している。組織のシステム保有形態が自社所有中心であった時代，インターネットは情報の流通経路としての役割が大きく，社内ネットワークとインターネットとの接続点において，さまざまなコントロールを設定するのが一般的であった。

クラウドが普及した現在，インターネットは情報システムそのものといってもよく，利用者はクラウドに接続して，サービスを享受する。スマートフォン，タブレットにいたっては，インターネットに直接接続して利用するのが一般的である。

利用環境は変化したが，インターネット上の不特定多数の悪意の攻撃者は相変わらず存在し，むしろその攻撃手法は高度化して，攻撃対象も広がっているのが実情である。

インターネットと，それを悪用したサイバー攻撃の手法について，基本的

な知識を整理したい。

なお，本章では，「境界防御」の考え方に基づき記述しているが，「ゼロトラスト」の考え方を取り入れて，社内ネットワークにおいても応用的に適用することが必要である。

ネットワークの仕組みとサイバー攻撃

複数のコンピュータが，グローバルにネットワークで接続されたものがインターネットである。世界的な情報通信基盤として，電子メール，ホームページを始めとしたさまざまなサービスが提供されている。

ネットワークで接続された通信相手先のコンピュータを識別するため，コンピュータの住所に相当するIPアドレス（例：123.145.167.189 ＝IPv4）を使用する。インターネット上のコンピュータには，一意となるグローバルIPアドレスが割り当てられている。

1 インターネットとの接続点での攻撃

グローバルIPアドレスを使うことによって，攻撃者はインターネット側から攻撃対象のコンピュータ，ネットワーク機器に攻撃を仕掛ける。

DoS攻撃（サービス不能攻撃）DDoS攻撃（分散サービス不能攻撃）（本節4，(1)）では，攻撃者が処理能力を超える大量のデータを送りつけることにより，システムを機能不全に陥れ，業務を妨害する。

SQLインジェクション，コマンドインジェクション（本節4，(2)），バッファ・オーバーフローなどの攻撃では，攻撃者がシステムのセキュリティ上の

不備を悪用し，システムが想定していなかった命令を送り込み，実行させることにより，データベースの全件表示や削除，パスワードの不正取得などの不正な操作を行う。

また，インターネットに接続したコンピュータ，ネットワーク機器に対して，攻撃者が総当たり，または不正に入手したID/パスワードを用いて，認証の仕組みを突破し，不正な操作を行おうとする。クラウド・サービスやIoT機器もこの攻撃の対象であり，組織が管理すべき対象は従来より増えている。

ウェブ（WWW：World Wide Web）サーバも，その管理対象のひとつである。組織の社外向けホームページが不正に改ざん，踏み台として悪用されると，組織がウイルスなどを拡散させる加害者となるおそれもある（クロス

◎図表5-1　インターネットとの接続点での攻撃◎

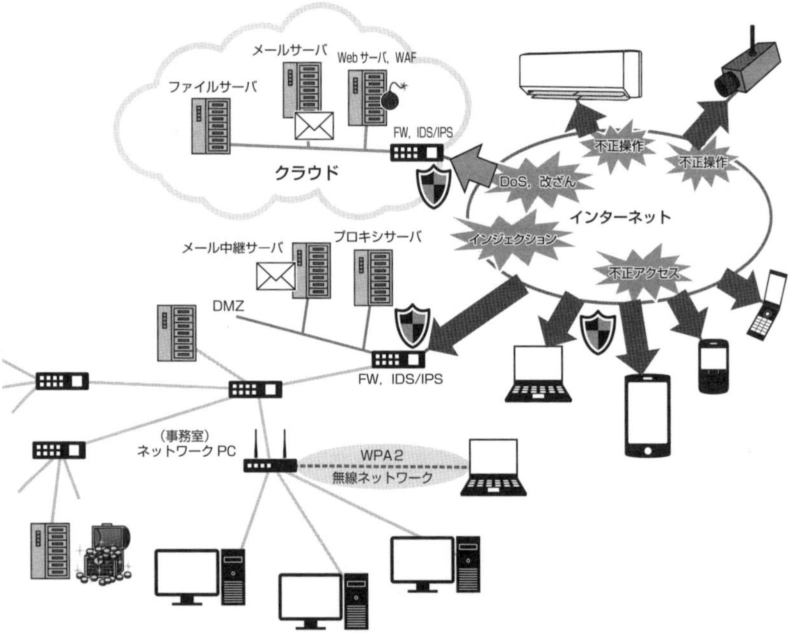

サイト・スクリプティング：XSS（本節4,（3）），クロスサイト・リクエスト・フォージェリ：CSRF）。

このような攻撃に対して，組織はインターネットとの接続点において，ファイアウォール（FW）（本節4,（9））や侵入検知/防止システム（IDS/IPS）（本節4,（11）（12）），Webアプリケーション・ファイアウォール（WAF）（本節4,（13））などを用いて，使用しないサービスの通信（ポート）を遮断し，異常な通信を検知・遮断することにより，社内ネットワーク，社内コンピュータを防御する（入口対策）。

スマートフォン，タブレットなど，インターネットに直接接続して使用する携帯端末では，これらの対策をそれぞれの機器で行わなければならない。そのため，OS，アプリケーションなどに脆弱性が発見されたときには，速やかにセキュリティ・アップデートを適用する必要がある。

インターネットからの新たな攻撃に対抗するため，攻撃パターンのデータベースや，通信を遮断すべき悪意のIPアドレスのリストなどを最新化すること，不正なアクセスの試みなどのログを収集・分析して，継続的に監視することが必要である。

また，Webサーバの改ざん検知のため，FIM（File Integrity Monitoring）による変更監視を行う場合もある。

さらに，インターネットとの接続点におけるネットワーク設定，Webアプリケーションに脆弱性がないかどうかについて，管理責任を有する組織の側が気づいていないことも多いため，定期的かつ適宜に客観的な脆弱性診断を受け，継続的にセキュリティレベルを維持することも重要である。

2 社内ネットワークへの攻撃

インターネットとの接続点における対策が進むと，正面からの攻撃は成功しにくい。一方，入口で不要な通信を止めているとはいえ，業務に必要なホ

ームページ閲覧，電子メールといった通信は，FWを通過させている。攻撃者はこれらの通過可能な通信に紛れ込ませて，ウイルスなどを送り込もうとする。

　ウイルスは，社内ネットワークで活動を始めると，急速に感染を拡大していく。社内では情報を共有させるのがネットワークの重要な機能だが，この機能を悪用し，感染を広げていく。

　ウイルスによるコンピュータの稼働妨害として深刻なものが，ランサムウェア（身代金ウイルス）である。ランサムウェアにより，勝手に暗号化された情報は，たとえ身代金を支払ったとしても，もとに戻る保証はなく，業務に多大な影響を生ずる。

　また，ウイルスの中には，スパイウェアとして，社内ネットワーク上の重要情報を探し出し，不正に社外へ送信しようとするものもある。攻撃者がインターネットからの攻撃により，力づくで重要情報に到達するのは難しいが，重要情報へのアクセスが許可されている社内の利用者の権限を悪用すれば，簡単に重要情報を持ち出すことが可能となる（標的型攻撃）。特に，従来よりも時間をかけて周到な準備のうえ，情報を搾取する執拗な攻撃をAPT（Advanced Parsistent Threats）（本節4，(7)）と呼ぶ。

　さらに，ボットは，外部から遠隔操作するためのウイルスである。トロイの木馬の中には，感染するとバックドア（裏口）を設け，次々とより強力なウイルスを読み込んだり，遠隔操作を行うことで被害を与えるものがある。また，ボットは感染したコンピュータを踏み台にして，外部に攻撃を仕掛けるものもあり，組織が意図せず加害者となってしまうおそれもある。スパイウェア，ボットの場合，愉快犯的に活動をアピールするのではなく，秘かに潜伏するため，感染に気づきにくいのが特徴である。

　中には，MITB（Man In The Browser）（本節4，(6)）のように，インターネットの閲覧ソフトであるブラウザを改ざんして，ブラウザを介した入出力を盗み取り，改ざんする攻撃もある。

　社内ネットワークで無線LANを使用している場合，社外からの通信の盗聴，

◎図表5-2　社内ネットワークでの攻撃◎

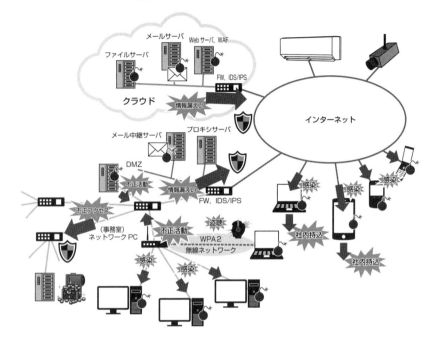

無線LANの不正利用の脅威がある。

　また，ネットワーク経由に加えて，攻撃者は，社外での利用時に脆弱となる小型可搬媒体や社外持出ノートパソコンなどにウイルスを忍び込ませて，社内ネットワークへの侵入を試みる。

　このような攻撃に対して，組織はパソコン，サーバにウイルス対策ソフトを導入し，不正なプログラムの侵入・活動を検知し，駆除を行う。日々新たなウイルスが作り出されているため，ウイルスを検知するためのデータベースを常に最新化する必要があるのと，脆弱性に関して公表される前に入り込んだウイルス（ゼロデイ攻撃）などに対処するため，定期的にハードディスクの完全スキャンを実施する。

　また，ウイルス感染を根本的に回避するため，OSやアプリケーションなどの脆弱性を放置しないことが大切である。セキュリティ・アップデートは，

利用者・管理者各自が速やかに適用し，組織としてその適用状況を監視する。緊急性の高いセキュリティパッチには，特に注意する。

無線LANの利用においては，適切な暗号化などの対策をとる。

攻撃者の最終目的のひとつは，重要情報を不正に社外へ持ち出すことである。組織はこれを防ぐため，個人情報などの重要情報をインターネットから隔離し，アクセスを監視する。重要情報を，そのまま社外へ持ち出しても読めないように暗号化しておくことも効果がある。

また，単純な感染拡大の動きだけでなく，ランサムウェアとしての不正な暗号化の動きや重要情報の探索活動など，ネットワーク上の振舞いを監視することも有効である。目印をつけた重要情報の動きを監視し，外部へ持ち出される水際でこれを阻止する手法（DLP：Data Loss Prevention）がある。また，プロキシ（Proxy）（本節4，(10)）サーバを中継させて通信を一元管理し，コンテンツ・フィルタリングにより，悪意のWebサイトとの通信を遮断することも効果がある（出口対策）。

このように，社内ネットワーク側では，複数の対策を組み合わせ，攻撃者が重要情報を持ち出すまでの時間を稼いで，さまざまな脅威に対抗する（多層防御）。

ネットワーク以外の経路でのウイルスなどの持ち込みに対しては，媒体の使用管理，ウイルス対策の徹底に加えて，検疫セグメントの設置などが有効である。

また，社内ネットワークについては，技術的な対策だけでなく，利用者のセキュリティ意識も重要なポイントになる。

3 インターネット上の通信に対する攻撃

電話のような回線交換方式とは異なり，パケット交換方式を採用するインターネットでは，通信経路が共有されている。インターネット上の通信は，

攻撃者によって盗聴，改ざんされることを前提に送受信しなければならない。

　ただ，不特定多数の通信が飛び交う中，攻撃者にとっても特定の通信だけを選び出すのは，相当困難である。そこで攻撃者は，利用者の通信を攻撃者の手元へ巧みに誘導し，攻撃を仕掛けようとする。

　攻撃者は，インターネット上にさまざまなわなを仕掛けている。金融機関などの正規のWebサイトを精巧に装った不正サイトを用意し，利用者を誘導するフィッシング（Phishing）（本節4，(4)）では，利用者が不正に気づかない間に，そこで入力された暗証番号やクレジットカード番号などが盗み取られる。

　正規の金融機関などを装った不正メールを使って利用者を誘導するのが一般的だが，コンピュータ上の相手先案内板にあたるDNSを不正に書き換えるなどして誘導する手口もある（ファーミング：Pharming）。

◎図表5-3　インターネット上の通信に対する攻撃◎

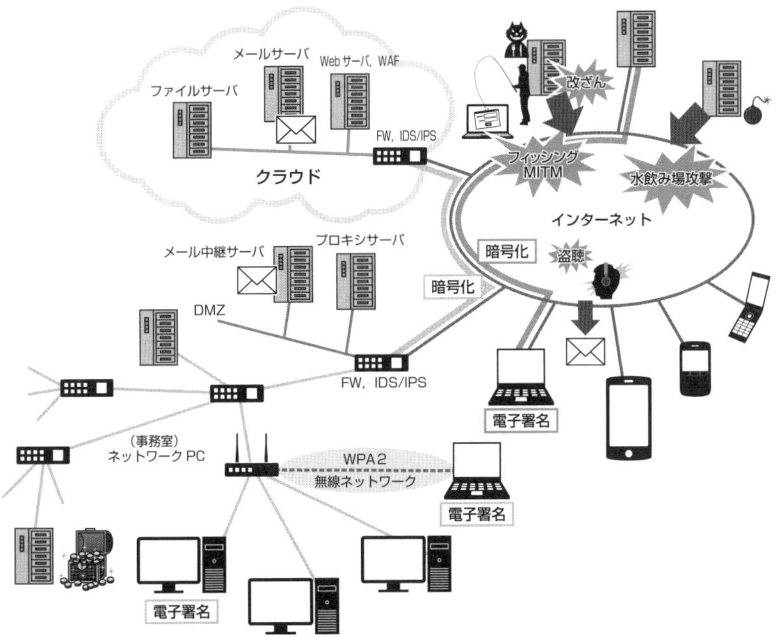

誘導された不正サイトを中継に，正規のWebサイトに接続させ，通信の盗み取り，改ざんを行う中間者攻撃（MITM：Man In The Middle）（本節4,⑸）もある。

　不審なWebサイトに注意するだけでなく，普通のWebサイトにわなが仕掛けられている場合もある（水飲み場攻撃）。利用者が普段アクセスするWebサイトに，特定の攻撃対象のみを狙ったわなを仕掛けてくる。

　また，純粋に技術的な攻撃ではないが，詐欺メールとソーシャル・エンジニアリングを使ったビジネスメール詐欺（BEC）（本節4,⑻）の手口にも注意が必要である。

　このような攻撃に対して，インターネットを介してサービスを提供する組織は，通信を暗号化（TLS/SSL）（本節4,⑭）し，デジタル証明書（本節4,⑮）により身元を証明する。逆に，サービスを利用する組織は，暗号化通信を利用するのとあわせて，このデジタル証明書をもとに，正規のWebサイトであることを確認する。

　リモートアクセス（社内からクラウドへのアクセス経路を含む）を使用する組織では，IPsec，PPTPなどを用いたVPN接続により，通信を暗号化する。リモートアクセスでは，ID/パスワードなどの認証情報の管理（パスワードの複雑性，定期的な変更など）の重要性が高い。

　電子メールは，標準では暗号化されずに配信されるため，機密情報を添付する場合には，パスワード付与，暗号化を実施する。

　電子データ交換（EDI）を行う場合は，暗号化だけでなく，改ざん防止のための電子署名（トランザクション認証）（本節4,⑯）も考慮する。

　このような技術的な対策とあわせて，インターネット上の通信に対しては，社内ネットワーク以上に利用者のセキュリティ意識が重要になる。

　インターネットにアクセスすることのリスクを考慮し，Webサイトの閲覧端末と重要情報を取扱う端末・システム管理端末とは分離するなどの対策が重要となる。

4 主な攻撃手法と防御方法

　上述したサイバー攻撃の主な手法とそれに対する防御方法について，以下に解説を加える。

(1) 分散サービス不能攻撃(DDoS攻撃：Distributed Denial-of-Service)

　多数のコンピュータから一斉に，標的のコンピュータに対して，処理能力を超える大量の問合せなどを送りつける攻撃である。（図表5-4）。

　標的となったコンピュータ側では，IPSにより攻撃に使われた通信を検知し，遮断する。

◎図表5-4　DDoS攻撃の例 (DNSリフレクション攻撃) ◎

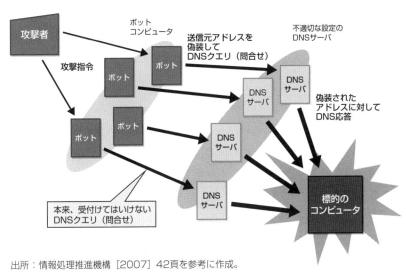

出所：情報処理推進機構 [2007] 42頁を参考に作成。

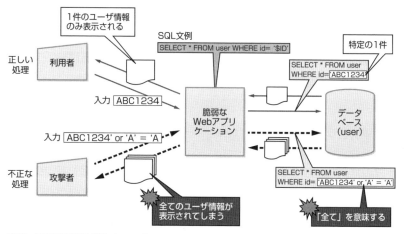

◎図表5-5　SQLインジェクション◎

出所：情報処理推進機構［2006］57頁を参考に作成。

(2) SQLインジェクション，コマンドインジェクション

　アプリケーションのセキュリティ上の不備を悪用し，アプリケーションが想定しないコマンドを実行させることにより，データベースの全件表示や削除などの不正な操作を行う攻撃である（図表5-5）。

　組織のサーバを守るための本質的な対策は，開発段階から脆弱性を作り込まないようにアプリケーションを開発することである。具体的には，脆弱性を作り込みにくい安全な方法を選択し，アプリケーション側で不正な文字列を入力されないよう入力値をチェックする（サニタイジング処理）。

　サービス開始前に，Webアプリケーション診断を受けて脆弱性を取り除いておくこと，また，WAFを導入し，攻撃を受けた場合に検知し，防御することも有効である。

(3) クロスサイト・スクリプティング（XSS：Cross Site Scripting）

　掲示板など，動的にWebページを生成するアプリケーションのセキュリ

◎図表5-6　クロスサイト・スクリプティング◎

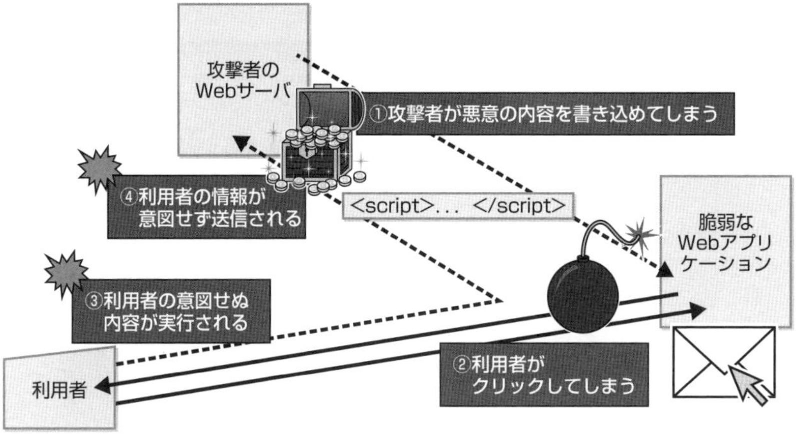

攻撃者の
Webサーバ

①攻撃者が悪意の内容を書き込んでしまう

<script>… </script>

④利用者の情報が
意図せず送信される

脆弱な
Webアプリ
ケーション

③利用者の意図せぬ
内容が実行される

利用者

②利用者が
クリックしてしまう

ティ上の不備を悪用し，攻撃者が目論んだ悪意の動作を，アクセスしてきた利用者に実行させる攻撃である（図表5-6）。これにより，秘密情報の搾取などが行われる。

　正規のWebサイトの画面の中に，攻撃者により悪意のWebサイトへのリンクなどが埋め込まれるが，外見的には正規のドメイン名（アドレス）が表示された正規のWebサイト画面であるため（デジタル証明書も正規のもの），利用者は気づきにくい。

　自社のWebサイトが悪用され，加害者にならないためには，アプリケーション側で不正なスクリプトなどを埋め込ませないよう出力値をチェック（サニタイジング処理）することである。

　また，WAFを導入し，攻撃を受けた場合に検知し，防御することも有効である。

(4) フィッシング（Phishing）

　金融機関などになりすまして，偽のメール（フィッシング・メール）を利用者に送りつけるなどの方法で，不正なWebサイトへ誘導する攻撃である。

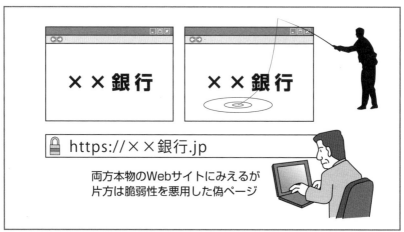

◎図表5-7　フィッシング（Phishing）◎

××銀行

××銀行

両方本物のWebサイトにみえるが
片方は脆弱性を悪用した偽ページ

🔒 https://××銀行.jp

出所：情報処理推進機構［2007］25頁を参考に作成。

正規のWebサイトを精巧に装っているため，利用者は気づきにくい（図表5-7）。

　正規のWebサイトでないことは，デジタル証明書で利用者が確認できる。また，本人確認にワンタイム・パスワードの仕組みを使用していれば，一度かぎりの暗証番号が盗み取られても，再利用されることを防げる。

(5) 中間者攻撃（MITM：Man In The Middle）

　端末と正規のWebサイトとの通信の間に割り込んで，利用者に気づかれないように，通信を傍受し，改ざんなどして正規のWebサイトへ送信する攻撃である（図表5-8）。利用者は，最終的に正規のWebサイトに接続しているため，画面上だけではフィッシング以上に不正であると気づきにくい。ただし，直接の接続先は中間攻撃者であるため，デジタル証明書を利用者が確認すれば，正規のWebサイトでないことが判明する。

　正規のWebサイトとの間で暗号化通信を実施しているつもりでも，攻撃者のところで暗号化を一度解かれているため，通信内容はすべて漏えいする。ワンタイム・パスワードを後日再利用されることはないが，攻撃者が利用者

◎図表5-8　中間者攻撃（MITM：Man In The Middle)◎

出所：情報処理推進機構［2007］25頁を参考に作成。

になりすまして即座に使用すれば，不正送金などは可能である。そのため，取引の完全性を確保するためには，改ざん防止の仕組み（トランザクション認証）が追加で必要になる。

　悪意の無線LANアクセスポイントを使った中間攻撃者も考えられるため，不審な無線LANアクセスポイントには，不用意に接続すべきでない。

(6) MITB (Man In The Browser)

　ウイルスなどを使って，利用者端末のブラウザを改ざんし，ブラウザが暗号化する前の通信を傍受して，パスワードを盗んだり，送金データを改ざんしたりする攻撃である。

　中間攻撃（MITM）とは異なり，直接正規のサーバに接続しているため，デジタル証明書に異常はなく，利用者は気づかない。

　利用者には，ブラウザを改ざんされないよう，信頼性の低いWebサイトに接続しない，ウイルス対策を徹底することなどが求められる。

　また，取引の完全性を確保するためには，改ざん防止の仕組み（トランザ

◎図表5-9　MITB（Man In The Browser）◎

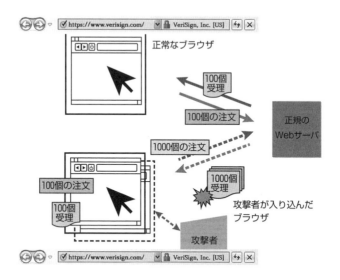

クション認証）が追加で必要になる。

(7) 新しいタイプの攻撃（APT：Advanced Persistent Threats），標的型攻撃

　これまでの直接的な攻撃で短期的に情報を搾取するのとは異なり，時間を
かけて周到な準備のうえ，情報を搾取する執拗な攻撃である。
　攻撃は，次のように進行する。
⓪ 事前調査：
　ターゲットとなる組織を攻撃するための情報を収集
① 初期潜入段階：
　標的型メールやUSBメモリ，Webサイト閲覧を通じてウイルスに感染する
②攻撃基盤構築段階：
　侵入したPC内でバックドアを作成し，外部のC&Cサーバと通信を行い，
　新たなウイルスをダウンロードする
③システム調査段階：

◎図表5-10　新しいタイプの攻撃（APT），標的型攻撃◎

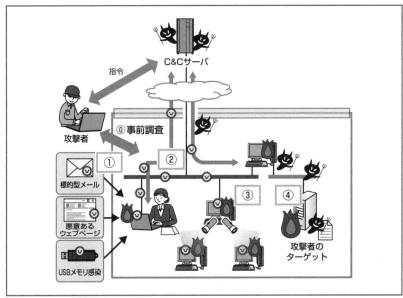

出所：情報処理推進機構［2013］7頁を参考に作成。

情報の存在箇所特定や情報の取得を行う。攻撃者は取得情報をもとに，新たな攻撃を仕掛ける

④攻撃最終目的の遂行段階：

攻撃専用のウイルスをダウンロードして，攻撃を遂行する

(8) ビジネスメール詐欺（BEC：Business Email Compromise）

取引先や自社の経営者などになりすまして，偽の電子メールを送り，振込先口座を変更させるなどして，送金をだまし取る攻撃がある。

事前に確認している正規の連絡先に電話で確認するなど，偽の電子メールにだまされないことが大切である。

メールサーバに不正アクセスを受けている可能性もあるため，パスワード管理を徹底することも必要である。

(9) ファイアウォール（FW：Fire Wall）

　社内ネットワークなどを安全に守るために，外部ネットワークとの接続ポイントに設置する。

　一般的に，外部ネットワーク，内部ネットワーク，DMZ（DeMilitarized Zone）の3つのインターフェースをもち，外部—DMZ，内部—DMZ，外部—内部の3つのルールを設定して，外部から内部へ，内部から外部への直接の通信を制限し，防御している（図表5-11）。

　通信の種類とIPアドレスで制限をかけるため，許可されている通信ならば，攻撃パターンであっても，FWで止めることはできない（IDS/IPS,WAFが必要）。

(10) プロキシ（Proxy）

　インターネットなど，外部との通信を一元管理するための代理サーバ。プロキシが社内端末に代理して外部へ接続するため，本来の接続元端末のIPアドレスを明かさなくて済み，セキュリティの向上が図れる。

　また，FWと連携して，外部との通信をプロキシ経由に限定することによ

◎図表5-11　ファイアウォール，プロシキ◎

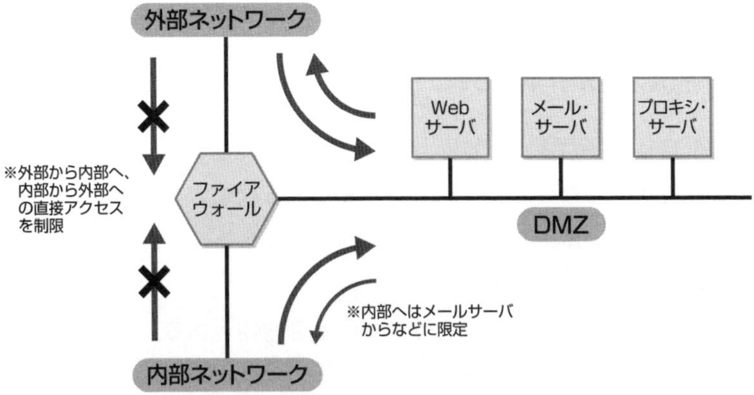

外部ネットワーク

Web
サーバ

メール・
サーバ

プロキシ・
サーバ

※外部から内部へ，
内部から外部へ
の直接アクセス
を制限

ファイア
ウォール

DMZ

※内部へはメールサーバ
からなどに限定

内部ネットワーク

り，内部のサーバ，端末から外部への認可されない直接通信を遮断して，防御する（出口対策）。

プロキシで外部との通信をチェックするため，コンテンツ・フィルタとして検知・防御も可能である（図表5-11）。

(11) 侵入検知システム（IDS：Intrusion Detection System）

ネットワーク上の通信を監視し，異常を検知して，管理者へ通報する。

検知の仕組みは，不正検出と異常検出の2つに分類される（図表5-12）。

不正検出は，シグネチャと呼ばれる既知の侵入手口との比較から，攻撃を検出する。

異常検出は，トラフィックの状況など，通常とは異なる振舞いを検出する方法で，未知の攻撃手法でも発見できる可能性がある。

IDSの設置場所により，監視するコンピュータにインストールして使うホ

◎図表5-12　IDS（侵入検知システム）◎

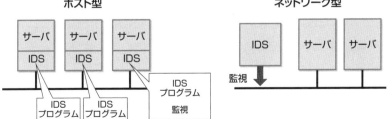

スト型と，ネットワークに接続し，リアルタイムでトラフィックを監視する
ネットワーク型に分類される。

(12) 侵入防止システム（IPS：Intrusion Prevention System）

IDSを拡張し，不正な通信を検出した時に，パケット（通信データ）を破
棄したり，通信を遮断したりする。

IPSの設置場所として，外部からの侵入経路だけでなく，社内広域網との
接続点についても，ウイルス拡散防止などのために，必要となる場合がある。

(13) Webアプリケーション・ファイアウォール（WAF：Web Application Firewall）

ファイアウォール，IDS/IPSは，不正・異常な通信からWebサーバを守る
ことはできるが，許可された通信に潜む悪意の入力などからWebアプリケ
ーション自体を守ることはできない。

WAFは，管理者が想定する正当な通信パターン以外を遮断，無害化する
ことにより，SQLインジェクションなどの不正な入力からWebアプリケーシ
ョンを守ることができる。

(14) 暗号化（TLS/SSL：Transport Layer Security/Secure Sockets Layer）

端末とサーバのアプリケーション間で，通信の暗号化・改ざん検知を行う
仕組みであり，デジタル証明書により，Webサイトの身元証明も可能である。
SSL3.0の後は，TLSと呼ばれる。2014年10月にSSL3.0の脆弱性が発見され，
TLS1.0/1.1についても同様であるため，TLS1.2への移行が必要である。

なお，TLS/SSLには，自動的にダウングレードして接続する仕組みが備
えられているため，利用者が不用意にSSL3.0，TLS1.0/1.1で接続しないよう，
サーバ側，端末側それぞれでSSL3.0，TLS1.0/1.1の無効化を行うことが望ま
しい。

(15) サーバ証明書

　TLS/SSLで使用されるデジタル証明書で，サーバに導入する。その内容から，接続先の企業名などを確認することが可能である（ブラウザの鍵マークをクリックする）。

　証明書の発行審査により，

①ドメイン認証型（DV：Domain Validation）簡易なオンライン審査

②企業認証型（OV：Organization Validation）組織の実在性審査

　　　　　https://www.verisign.co.jp/

③EV認証型（EV：Extended Validation）より厳格な審査

　　　　　https://www.verisign.com/　VeriSign, Inc. [US]

に分かれる。EV SSLサイトは，アドレスバーがグリーン表示となる。

(16) 電子署名（トランザクション認証）

　通常，暗号化というと，暗号化と復号化に同じ秘密鍵を使用した共通鍵暗号方式を意味するが，このほかに，公開鍵と秘密鍵のペアを使用する公開鍵暗号方式がある。

　送信者が公開鍵で暗号化したデータは，受信者本人しか知らない秘密鍵でしか復号化できない。公開鍵で暗号化したデータを，同じ公開鍵では復号化できないし，秘密鍵で暗号化したデータを，同じ秘密鍵では復号化できない。

　逆に，秘密鍵で暗号化したデータは，ペアの公開鍵で復号化できる。この場合，鍵は公開されているので秘匿性はないが，公開鍵のペアである秘密鍵の所有者が暗号化したことを確認できる。

　これが電子署名の仕組みであり，改ざん防止に使われる（図表5-13）。

　実際のトランザクション認証では，ワンタイム・パスワード・カードに，振込先口座番号，金額などを入力して，ワンタイム・パスワードを生成し（秘密鍵で暗号化)，生成されたワンタイム・パスワードを送信，受信者側で確認（公開鍵で復号化）することで，改ざん防止を図っている。

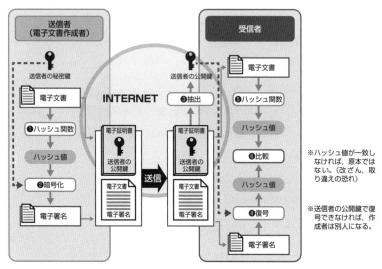

出所：一般財団法人日本情報経済社会推進協会［2008］3頁を参考に作成。

III 情報セキュリティ管理態勢の監査の要点

　上記サイバーセキュリティに関する技術的側面を考慮しながら，監査において重点的に確認すべき事項を，以下にまとめた。

【重要チェックポイント】　情報セキュリティ管理態勢

検証事項
統制環境
・経営者は，情報セキュリティリスクを経営リスクの1つとして認識しているか
・情報セキュリティに係る基本方針（情報セキュリティポリシー）が策定されているか
・基本方針には，情報セキュリティの必要性，守るべき情報資産の範囲，組織のトップを含めた責任体制などの項目が含まれているか

1.	• 基本方針（情報セキュリティポリシー）に基づき，対策基準（スタンダード），実施手順（プロシージャー）が策定されているか • 法律（EU一般データ保護規則（GDPR）などを含む）や業界のガイドライン（PCI-DSSなど）の要求事項を把握しているか • 方針，基準，手順は会社規則としてルール化されているか
2.	リスク評価 • 組織の情報資産（外部情報システムを含む物理デバイスとシステム，ソフトウェア・プラットフォームとアプリケーション，通信とデータの流れなど）を洗い出し，資産種類（電子，紙面），資産価値，リスク発生時の影響度合等を記載した「情報資産台帳」を作成しているか • 情報資産価値の評価においては，業務への影響度合に応じて重要度を段階的に決めているか • 価値ある情報資産への脅威となる事象（パソコン紛失などの人為的事象，自然災害などの環境的事象）を把握しているか • 情報資産に対する脅威から，組織を守ることのできない脆弱性（データバックアップの不備など）を把握しているか • 情報セキュリティリスクが事業およびサプライチェーンにいかなる影響を及ぼすかを理解しているか • リスク評価の結果，リスク対応計画（リスク低減，リスク回避，リスク移転）を策定しているか • リスク対応計画に必要な予算を確保しているか • リスク対応（対策をとらないものを含む）後の残留リスクを認識し，その変化について意識しているか • 定期的にリスク評価の見直しを実施しているか • リモートワークを実施する場合の保護すべき情報資産については，社内だけでなく，社外の環境も考慮しているか
3.	統制活動（組織的コントロール） • 基本方針（ポリシー）に基づき，対策基準（スタンダード），実施手順（プロシージャー）の順に体系的に規則を整備しているか • 対策基準は，基本方針を受けて具体的に実施する対策項目について記述しているか • 実施手順は，対策基準で定めた項目を実施する際の詳細な手順について記述しているか • 全社的な情報セキュリティ対策の統括責任を負う情報セキュリティ管理責任者を設置しているか • 情報セキュリティ対策の実行を担う情報セキュリティ管理組織などを組織のリスク環境に応じて柔軟に構築しているか • 業務実施のための組織体制として，不正防止の観点から，相反する職務・責任範囲を分離し，相互牽制が機能しているか
4.	統制活動（人的コントロール） • 基本方針に従ってセキュリティに関する従業員等の役割および責任を明確に文書化しているか • 雇用契約時は，情報セキュリティに関する責任や義務について，同意・署名を得ているか • セキュリティ規則への違反行為に対する懲戒手続を整備しているか • 雇用終了時の資産返却やアカウントの削除を実施しているか • 全従業員を対象にセキュリティ研修を継続的に実施しているか • 権限をもつユーザ，第三者である利害関係者（供給者，顧客，パートナーなど），経営者，情報セキュリティ担当者は，それぞれ自らの役割と責任を理解しているか • 外部組織のセキュリティ管理状況を評価する基準を作成し，基準に基づき委託先選定を行っているか • 秘密保持契約を含む業務委託契約を締結し，セキュリティ事故発生時の責任範囲や対応方法などを明確にしているか • 委託先のセキュリティ管理状況を定期的に評価しているか

5.	統制活動（技術的コントロール） ※詳細管理策は，基準（ISO27001など）や業界ガイドライン（FISC，PCI-DSSなど）を参照 ・重要業務を行う端末，ネットワーク，システム，またはサービスにおいて，ネットワークセグメントの分離，アクセス制御，暗号化等の多層防御を実施しているか ・ID・パスワードの管理において，職務の分離の原則を取り入れ，ユーザごとの必要最小限のアクセス権限（特に，特権的IDの付与）を設定しているか ・ID・パスワード管理に加え，指紋認証や静脈認証といった生体認証技術やワンタイムパスワードなどを加えた二要素認証を，より高度なアクセス制御対策として検討しているか ・ウイルス対策ソフトが導入され，有効に機能しているか ・使用を禁止するアプリケーションが明確に定義されているか ・情報の重要度に応じて，情報システムやネットワークへのアクセスログを取得・分析しているか（アクセスエラーや特権的IDによる操作ログなど） ・リモートアクセスを管理しているか ・携帯端末に関するセキュリティ対策が実施されているか ・リモートワークに関するセキュリティ対策が実施されているか ・情報のライフサイクル（取得，伝送，保存，廃棄など）に応じたセキュリティ対策が実施されているか ・記憶媒体の取り扱いに関するセキュリティ対策が実施されているか ・可用性を確保するのに十分な容量を保持しているか ・システムに対する脆弱性診断を実施し，検出された脆弱性に対処しているか ・情報漏えいに関して，入口対策だけでなく，出口対策も実施されているか ・インテグリティを検証する仕組みの必要性を検討しているか ・開発・テスト環境と本番環境は分離されているか ・システム開発ライフサイクルに基づくシステム管理を実施しているか ・変更管理プロセスに基づくシステム管理を実施しているか ・データのバックアップを定期的に取得し，データの破損や紛失時に，速やかにデータ復旧できるようにしているか ・バックアップしたデータが保management管期間中に改ざんされないよう保護対策を講じているか ・従業員に対して，技術的コントロールに関する教育（ソフトウェアの更新の徹底，標的型攻撃メール訓練など）を実施しているか
6.	統制活動（物理的コントロール） ・主要な情報システムが設置されている施設や設備において，地震や停電などによる，情報システムやデータへの被害を最小限に抑えるための対応策はあるか ・施設や設備への不正侵入等による破壊，盗難などを防止するため，人の入退館・入退室を統制しているか ・サーバやパソコン，スマートフォン，データ記憶媒体等のIT機器に係る盗難，破壊，不正操作等による業務への支障や情報の漏えい・改ざんを防止するための統制があるか
7.	情報と伝達 ・ビジネスパートナーや委託先等を含めたサプライチェーン全体の対策および状況を把握しているか ・各種団体が提供する情報セキュリティに関する注意喚起情報やコミュニティへの参加等を通じて情報共有（情報提供と入手）を行い，自社の対策に活かしているか ・マルウェア情報，不正アクセス情報，インシデントがあった場合に，関係機関への届出・情報提供，その他民間企業等が推進している情報共有の仕組みへの情報提供を実施しているか

8.	モニタリング活動 • 経営者が定期的に,情報セキュリティ対策におけるPDCAサイクルの実施状況の報告を受け,把握しているか • 情報セキュリティリスクや脅威を適時見直し,環境変化に応じた取組体制(PDCA)を整備・維持しているか • セキュリティ対策に係る費用を把握し,対策の効果やライフサイクル全体の費用と比較検討しているか
9.	情報セキュリティの事故(インシデント)対応 • インシデント対応のための窓口(サービスデスク,CSIRTなど)を設置しているか • インシデントを緊急度や影響度から分類し,その重要度に応じた監視方法やエスカレーション手順を策定しているか • 特定したインシデントを検知,記録する仕組み(システムなど)を構築しているか(クラウド事業者からの連絡態勢を含む) • インシデント発生時,その重要度に応じてエスカレーションし,必要に応じて暫定対応策(ワークアラウンド)を講じているか • 過去の事例を参考に,インシデント解決のための対応策を実施しているか • 窓口は,インシデントの発生から解決まで,責任をもって監視・管理を行っているか • 窓口は,インシデントの解決状況について関係者に適宜連絡しているか • 未解決のインシデントは,根本原因を分析し,再発防止策を講じているか • 定期的にインシデント対応訓練や演習を行っているか

参考文献

一般社団法人日本スマートフォンセキュリティ協会[2013]「MDM導入・運用検討ガイド」。

一般財団法人日本情報経済社会推進協会[2008]「電子署名・認証ハンドブック」。

社団法人日本内部監査協会編[2007]『ここから始めるIT監査』同文舘出版。

社団法人日本内部監査協会編[2012]『IT監査とIT統制—基礎から事業継続・ネットワーク・クラウドまで—』同文舘出版。

経済産業省[2017]「サイバーセキュリティ経営ガイドラインver2.0」。

総務省・経済産業省[2016]「IoTセキュリティガイドラインver1.0」。

独立行政法人情報処理推進機構[2007]『情報セキュリティ白書2007年版』42頁。

独立行政法人情報処理推進機構[2013]「標準型サイバー攻撃の脅威と対策」。

The Institute of Internal Auditors [2010] Information Security Governance(旧GTAG 15).

The Institute of Internal Auditors [2012] Auditing Privacy Risks, 2nd Edition(旧GTAG 5).

The Institute of Internal Auditors [2012] Information Technology Outsourcing, 2nd Edition(旧GTAG 7).

The Institute of Internal Auditors［2016］Assessing Cybersecurity Risk: Roles of the Three Lines of Defense.

NIST［2020］Zero Trust Architecture.

NIST［2018］Framework for Improving Critical Infrastructure Cybersecurity ver1.1.

NPO日本ネットワークセキュリティ協会［2015］「IoTのセキュリティ脅威と今後の動向」。

JIS Q 27001［2014］（ISO/IEC 27001［2013］）　情報技術-セキュリティ技術-情報セキュリティマネジメントシステム-要求事項。

JIS Q 27002［2014］（ISO/IEC 27002［2013］）　情報技術-セキュリティ技術-情報セキュリティ管理策の実践のための規範。

JIS Q 27014［2015］（ISO/IEC 27014［2013］）　情報技術-セキュリティ技術-情報セキュリティガバナンス。

FIDOアライアンス［2018］https://fidoalliance. org/

第**6**章

事業継続管理態勢の
構築と監査

　本章では，前章の情報セキュリティと並び，ITガバナンスにおける重要ポイントの１つである事業継続管理態勢の構築と監査について説明する。大地震や停電・洪水など，さまざまな災害が事業の継続を危うくするリスクが高まっている。本章でも，COSOフレームワークに従って，事業継続計画（BCP／IT-BCP）の策定から発動・復旧に至るプロセスを説明していく。

事業継続管理の必要性

　国内外における大地震や風水害など，企業の事業継続に大きな影響を及ぼす大災害が増加する傾向にある。災害自体を減らすことができないなかにあって，被害を最小化するための事前の準備が求められている。

　ITが事業そのものである形態も出現しているように，多くの事業がさまざまなITに依存を深めている。業務システムから電子メール，通信ネットワーク，さらにはオフィスビルやデータセンタへの入館システムまで，これらITを抜きにした事業継続は，もはや考えることができない状況にある。

　とは言え，ITそのものは，とても脆弱なものである。このITの弱みを克服しつつ，緊急事態発生時においても経営目標達成のため，組織のかじ取りを行っていかなければならない。事業継続能力の高い組織にとっては，一般にリスクが高すぎると敬遠される領域であっても，有効に利用可能な機会となり得る。また，100年に1度といわれるパンデミックは，世界的な広がりを見せ，長期化し，世界経済・社会生活に大きな影響を与えている。そして，単なる復旧に留まらず，新しい企業活動様式への変革が求められている。

事業継続管理の対象範囲

　事業継続管理とは，BCM（Business Continuity Management）と呼ばれ，地震や火災，水害などの天災や新型インフルエンザなどの疫病によるパンデミック，サイバーテロなどの人災により，万一事業が中断した場合であって

◎図表6-1 BCMと情報セキュリティ管理◎

も, 速やかに復旧させるなどして, 事業中断による損失を最小限に抑えるための管理態勢である。

また, 新しい企業活動様式への対応においては, 社内外の環境変化を正確に理解し, 効果を最大化するための管理態勢でもある。

事業継続管理では, 災害などの事象によって生じた「結果」であるインパクト (影響) に着目する。

第4章, 第5章の情報セキュリティ管理で説明した情報システムの通常の故障などについては, 「原因」としてのリスクに着目し, 事態の発生を防ぎ, 被害を最小化するための対策を講じてきた (リスク対応)。この場合, 想定外のリスクが発生した場合にうまく対応できない欠点がある。

「結果」であるインパクト (影響) に着目することにより, 「原因」は何であれ, 「結果」をいかに収拾, 解決し, 復旧するかという対応が可能となる。

なお, 事業継続管理は, 情報セキュリティ管理の3つの目的 (機密性, インテグリティ, 可用性) のうち, 可用性の維持との関係が最も深いが (図表6-1), 機密性, インテグリティについても無関係ではないことを注記しておく。特に, リモートワークに伴うセキュリティ環境の変化は, 重要である。

III 事業継続管理の態勢

第4章の「情報セキュリティ管理態勢」と同様に，COSOの統合的内部統制のフレームワークに沿って，ITの事業継続性（IRBC：ICT Readiness for Business Continuity）の観点を含めた事業継続管理（BCM）の態勢について解説する（図表6-2）。

◎図表6-2　BCM態勢のフレームワーク◎

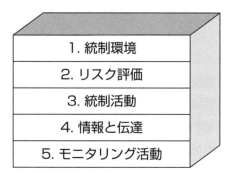

| 1. 統制環境 |
| 2. リスク評価 |
| 3. 統制活動 |
| 4. 情報と伝達 |
| 5. モニタリング活動 |

1 統制環境

ITサービスの停止は，自社の業務停止にとどまらず，取引先や顧客など利害関係者にも影響を及ぼし，最悪の場合，ITサービスを復旧できたとしても，取引先や顧客を失うことによる事業からの撤退という事態にもつながる。このようにBCMは企業存続にとって不可欠なものであり，経営層が最も重要な経営戦略の1つとして取り組むべきテーマでもある。そして，その基本的な考え方を示したものが，BCM基本方針（ポリシー）となる。

　基本方針（ポリシー）は，組織の目的と整合したBCMへの取組み理由，対象範囲（前述の天災，パンデミック，サイバーテロなど），対策本部を中心とする責任体制を体系化し，後述の事業継続計画（BCP：Business Continuity Plan）策定の基礎となる。

　基本方針（ポリシー）および事業継続計画（BCP）は，組織の構成員へ十分に周知され，各自が自らの役割について，しっかりと理解できていることが重要である。

　IT-BCPの基本方針（ポリシー），対象範囲については，情報システム部門が検討の主体となると見込まれるが，内容について関係者間で合意していることが大切である。情報システム部門のひとりよがりであってはいけない。

2 リスク評価

　災害などの発生時における業務への影響度について分析し，対応すべき優先度の高い業務，およびそれを支えるITを対象にリスクを評価し，費用対効果の観点を加味して，BCPを策定する。この中には，対応策の実行に必要な，設備，情報システム，体制も含まれる。

◎図表6-3　ビジネスインパクト分析とリスクアセスメント◎

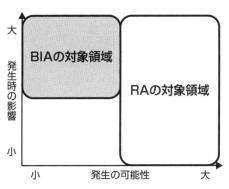

リスク評価＝業務・IT復旧優先度×脅威×脆弱性

　なお，本来ビジネスインパクト分析（BIA）が対象とする領域と，リスクアセスメント（RA）が対象とする領域は異なることを注記しておく（図表6-3）。

(1) 業務への影響度分析（ビジネスインパクト分析）

　業務およびそれを支えるITを洗い出し，事業継続に及ぼす影響を分析する。この分析をとおして，事業継続における業務の復旧優先度（業務やITの価値）や目標復旧時間（RTO）などを決めていく（図表6-4）。複数の目標復旧時間（RTO）を設定し，各時点の目標復旧レベル（RLO）を段階的に設定する手法もある。

◎図表6-4　許容される中断時間（RTO，RPO，RLO）の例◎

	①目標復旧時間 （RTO）	②目標復旧ポイント （RPO）	③目標復旧レベル （RLO）
レベル	目標期間	目標時点	目標水準
1	1時間以内	停止直前	平常時の100%
2	6時間以内	1時間前	平常時の60%
3	12時間以内	1日前	平常時の30%

①目標復旧時間（RTO：Recovery Time Objective）

　災害などの発生後，業務やシステムを復旧させるまでの目標期間（時間）を指す。業務側（BCP）のRTOを実現するためには，その前提となるIT-BCP側のRTOをさらに短く設定するケースが多くなる。

②目標復旧ポイント（RPO：Recovery Point Objective）

　災害発生前のどの時点まで，データを復旧すべきかの目標時点（時間）を指す。たとえば，災害発生によりデータが損壊した場合，いつの時点までのデータが必要か（停止直前，1時間前，1日前など）を取り決める。

◎図表6-5　災害発生前のRPOと発生後のRTO, RLO◎

③目標復旧レベル（RLO：Recovery Level Objective）

　災害発生前のどの水準（100％，60％，30％など）まで，業務またはシステムを復旧すべきか，あるいは，どの水準で継続させるかの指標をいう（図表6-5）。

　サーバ，ネットワークなどのITインフラや業務アプリケーションなどが，災害などにより中断，停止した場合を想定して業務への影響度を分析する。通常ITは，インフラから業務アプリケーションまで階層構造をなしており，どのIT機能に障害が発生すると，どの業務に影響がでるのかなど，事前にIT機能間の相互依存関係と業務への影響を分析しておくことが必要である。これら情報システムを支える構成要素ごとに目標対策レベルを設定し，復旧優先度を考えるとよい。

　なお，システムに保存される情報の重要度と復旧優先度が一致しないケースも考えられる。過去の記録の重要度は高くても，使用される頻度が低ければ，本格復旧までの猶予が大きくなることもある。

(2) リスク評価（脅威と脆弱性の洗い出し）

　ビジネスインパクト分析で特定した業務やITの復旧優先度に基づいて，脅威と脆弱性の観点からBCM上のリスクを評価し，BCP策定へとつなげるプロセスである（図表6-6）。

◎図表6-6　ITに影響を与える脅威の例◎

範囲	想定する脅威	ITへの影響リスク（脆弱性がある場合）
広域（外部）	大地震による複数県をまたぐ火災，津波，停電	• ネットワーク切断 • データセンタ損壊 • 停電によるIT停止 • 交通網遮断（保守不可）
広域（外部）	大洪水による工場/オフィスの長期間浸水	• 漏電によるIT停止 • 交通網遮断（保守不可）
広域（内部）	M&A後のシステム統合の失敗（プログラムエラー）	• システム障害による金融や交通機関サービス等の停止
局所（内部）	工場/オフィス火災	• サーバ室内のシステム障害
局所（外部）	ネットワーク障害	• 該当地域のネットワーク障害によるサービス停止

　リスクに対するITの脆弱性（脅威発生時に影響を及ぼすようなIT自体の弱点）としては，次の２つが考えられる。
● リスク発生前の事前対策の不備：
　　• メインのデータセンタとバックアップセンタを同じ地盤の地域に建設している
　　• バックアップをとっていない
　　• ネットワークが二重化されていない　など
● リスク発生後の事後対応の不備：
　　• 保守担当者の教育・訓練不足　など

3 統制活動

　前章と同様に，「組織的コントロール」，「人的コントロール」，「技術的コントロール」，「物理的コントロール」の４点から，BCMにおける統制活動を解説する。

（1）組織的コントロール

組織的コントロールは，方針や基準，計画などの規則・計画体系による統制と，組織・体制による統制からなる。

①規則・計画体系による統制

BCMの基本方針（ポリシー）を受けて，事業継続計画（BCP）の策定を行う。

計画には，平常時において，災害が発生しても業務を中断させぬよう対策を行うための事前対策計画である狭義のBCPと，災害などの緊急事態が発生した場合の対応となる事後対応計画としての緊急時対応計画とがある。

本章では，事前対策計画である狭義のBCPと，事後対応計画である緊急時対応計画をあわせて，広義のBCPとしての策定を考える。

a. 狭義のBCP

災害などにより重要な業務を中断させないための事前対策計画であり，情報システム（IT-BCP）に関しては，安全なバックアップ施設の設置，ネットワークの二重化，データのバックアップなどの物理的対策に加え，計画のテストや教育訓練など継続的なITサービスの提供を可能にするための人的対策がある。

b. 緊急時対応計画（Contingency Plan）

災害など緊急事態が発生した際に，業務に与える影響を最小限とし，速や

◎図表6-7　狭義のBCP（事前対策）と緊急時対応計画（事後対応）◎

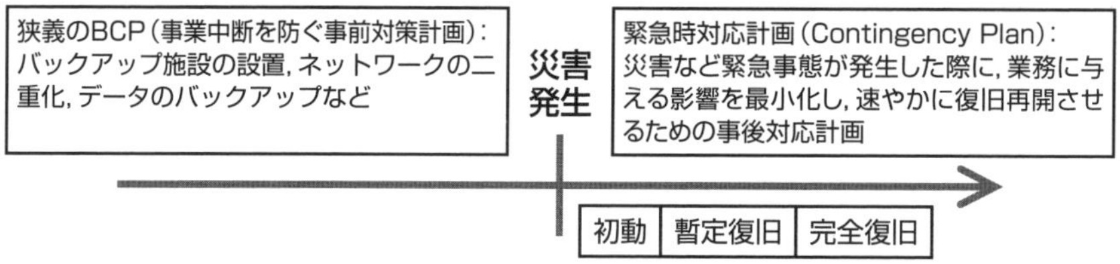

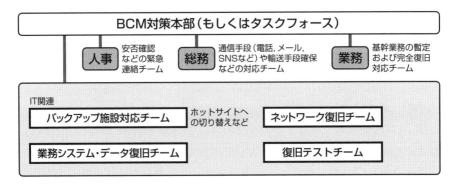

◎図表6-8　緊急時対応体制の例◎

かに復旧再開させるための事後対応計画であり，緊急時の対応体制，初動から完全復旧までの対応プロセスや手順を含む（図表6-7）。

②組織・体制による統制

　方針や計画に基づいて，災害発生時にBCPを速やかに発動するための，緊急時対応体制および対応プロセスについて述べる。

a. 緊急時対応体制

　災害など緊急事態が発生した際に設置する対策本部やタスクフォースとその構成メンバー，連絡手段などを決めておく（図表6-8）。

b. 緊急時対応プロセス

　災害等の緊急事態が発生した後，対策本部やタスクフォースを設置し，安否確認などの状況把握を行う初動プロセスから，対応計画に基づいてバックアップ施設や代替システムの稼動を開始する暫定復旧プロセス，通常施設や本番システムへの切り戻しを行う完全復旧プロセスまでの一連の対応プロセスを示す。

ア．初動プロセス

　緊急事態発生から，対策本部設置，状況把握，対応計画の実施まで。

◎図表6-9　テスト・教育訓練の種類◎

テストの種類	実施内容ほか
机上チェック	✓BCPを机上でレビューし，不具合の修正や有効性の検証を行う
ウォークスルー	✓関係者が集まり，BCPに記述されている内容を読み合せるなどして，有効性を検証する
シミュレーション	✓BCPの想定シナリオに基づき，対策チームごとに模擬テストを行い，BCP対応手順を検証する
ロールプレイング	✓テスト中に状況を追加付与し，参加者の状況判断や意思決定の可否，連絡体制などを検証する
実機訓練	✓実際の設備や機器を使った訓練

イ．暫定復旧プロセス

　対応計画に基づいて，バックアップ施設や代替システムの稼動など暫定的な復旧。

ウ．完全復旧プロセス

　バックアップ施設や代替システムから通常施設や本番システムへの切り戻し。

(2) 人的コントロール

　人的コントロールとは，人的要因によるリスクを軽減するための統制であり，本章ではBCPにおけるテストや教育訓練について解説する。

　災害等発生時，BCPおよびIT-BCPが有効に機能するために，計画上の漏れや不備がないかを定期的にテストする。また，計画通りに対応できるよう訓練を実施する。

　テストや訓練でさまざまなケースを考えて，対策や行動を検討しておくことにより，想定外のケースが発生したときも，迅速かつ的確に対応できる可能性が高まる（図表6-9）。

(3) 技術的コントロール

　技術的コントロールでは，主にITを活用したBCMにおける統制（IT-

◎図表6-10 ITを活用した技術対策の例◎

対策の種類	実施内容ほか
①代替ハード, ソフトの調達	✓復旧に要するハードやソフトをベンダーなど外部事業者から調達する（もしくは緊急時の調達契約を結んでおくなど）
②データの冗長化, バックアップ	✓ハードディスクのRAID構成などの耐障害性機能, バックアップのローテーション（3世代管理など）, バックアップデータの別地保管など
③ネットワークの二重化, 代替ルート	✓物理ケーブルの二重化, ネットワーク機材の代替ルート自動選定機能, ルータ間の複数パス設定など

BCM）を中心に述べる。具体的には，災害など脅威に対するITの脆弱性と，その対策を実現するためのシステム・バックアップやネットワークの二重化などの技術対策である（図表6-10）。

(4) 物理的コントロール

BCMにおける物理的コントロールとしては，建物などの耐火，耐震，防水構造化や，電力，通信手段の確保に加え，災害復旧までのバックアップサイトの構築があげられる。

①建物などの耐火，耐震，耐水構造化

火災や地震，水害などの災害に備え，データセンタや自社のサーバ室などの災害耐性を構造的に強化する対策である。

通常，商用データセンタは，これらの災害耐性を十分考慮した構造となっているが，自社のサーバ室など災害耐性が比較的低い（もしくは，当初想定したより災害リスクが増大した）場合などは，改めて自社ビルやサーバ室などの構造強化を検討することになる。

費用対効果やBCM対応の緊急度（短期間での対応が求められるなど）を考えると，自社サーバ室から重要な情報資産を優先的に商用データセンタまたはクラウド・サービスへ移管することも検討すべきである。

◎図表6-11　ライフラインの復旧日数設定例◎

	水道	ガス	電気
震度6弱	7日	15日	1日
震度6強	15日	30日	2日
震度7	30日	45日	4日

出所：中小企業庁［2018］を参考に作成。

②電力，通信手段の確保

　情報システムは電力に依存する。したがって，電源を確保することはBCMにおける重要対策の1つである。無停電電源装置（UPS）だけではシステムの安全なシャットダウンまでの一時的な電源供給しかできないため，計画停電のような数時間にわたる停電時にも継続稼動が求められる重要情報システムに対しては，発電機などの自家発電装置およびその燃料を備えておくことが必要である。

　通信手段も，電力と同様にBCM上の重要な対策である。災害発生時の安否確認，BCM要員確保，初動対応の判断などBCM上のあらゆる側面で通信手段が求められるからだ。このため，何らかの通信手段が常に利用できるよう，固定電話，携帯電話，衛星電話，電子メール，SNSなど通信手段の複数確保および，複数キャリア（通信会社）との契約や，ネットワークの二重化などの冗長性を維持しておくべきである。

③バックアップサイトの構築

　本番環境からバックアップサイトへの切替え（データの移動や要員の手配含む）速度の観点から，速い順にホステッドサイト，ホットサイト，ウォームサイト，コールドサイトと呼ばれるサイト環境などが定義される（図表6-12）。バックアップサイトの選定にあたっては，目標復旧時間（RTO）などを考慮しつつ，次のような手順を踏む。

　たとえば，RTOがゼロに近いものほど，バックアップサイトへ求められる切替えの速度は速まる。事業継続における重要なシステムやデータで，

RTOがゼロの場合，選択すべきサイトは，ホステッドサイトとなろう。

ただし，RTOがゼロに近い（バックアップサイトへの切替え速度が速い）ほど，サイト利用にかかる料金（コスト）は上がるので，システムやデータの重要度にあわせてサイトを選択することとなる。

◎図表6-12　バックアップサイトの例◎

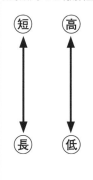

RTO/RPO　サイト利用料金

ホステッドサイト（サイトの二重化）	✓本番環境と同一構成で，同一データを処理している（ミラーリング）ので，瞬時に代替可能
ホットサイト	✓本番環境と同じシステム構成を持ち，数時間以内に操作が可能。装置，ネットワーク，ソフトは，本番環境と互換性を持つ
ウォームサイト	✓メインコンピュータなど一部の装置を除き，本番環境と同様のシステム構成を持つ。ホットサイトよりは，サービス起動に時間がかかる
コールドサイト	✓基本的な環境（配線，エアコン，フローリングなど）のみを備えた施設
モバイルサイト	✓移動式の事務所。復旧に適した環境（電波環境など）へ移動して代替機能を果たす

◎図表6-13　バックアップシステム構成◎

デュアルシステム	✓システムを2系統用意して，常に同じ処理を行わせ，結果を相互に照合・比較することにより高い信頼性を得る。片方に障害が生じた際も，もう片方で処理を続行できる。
デュプレックスシステム（ホットスタンバイ）	✓同じ構成のシステムを2系統用意しておき，片方（主系・本番系）を作動させ，もう片方（待機系・予備系）は主系と同じ動作をしながら待機状態にしておく。障害発生時に即座に待機系へ切り替わる。
デュプレックスシステム（ウォームスタンバイ）	✓同じ構成のシステムを2系統用意しておき，片方(主系・本番系)を作動させ，もう片方(待機系・予備系)は電源を入れてOSを起動した状態で待機状態にしておく。障害発生時に待機系で業務システムが立ち上げ，処理を切り替える。
デュプレックスシステム（コールドスタンバイ）	✓同じ構成のシステムを2系統用意しておき，片方(主系・本番系)を動作させ，もう片方(待機系・予備系)は動作させずに待機状態にしておく。障害発生時に待機系を立ち上げ，処理を切り替える。
シンプレックスシステム	✓冗長化などを行わず単一の系統だけでシステムを動作させる，最も単純な構成で，どこかに障害が発生するとシステム全体が停止してしまう。

Column **コラム6-①：広域災害とBCP/IT-BCP**

　2011年3月11日に発生した東日本大震災は，直下型地震と異なり，東北地方の広範囲にわたって地震，津波をもたらすとともに，東日本全体の電力供給に大きな影響を及ぼす広域災害となった。

　特に，首都圏に集中する企業の多くは，交通手段や通信連絡網の混乱といった震災直後の影響のみならず，計画停電による電力不足や，交通網などインフラ被災による原材料調達の遅れなど，震災後しばらく経って間接的に発生する二次災害による事業への影響が大きかった。

　これらの状況を踏まえ，BCP/IT-BCPは，広域災害を想定した対策も含めたものへと見直しを迫られており，次の対策を検討すべきである。

①安否確認など連絡手段の確保

　震災直後の対応として，携帯電話やメールなど通常の連絡手段が機能しない場合の代替手段を何通りか用意しておく。インターネットや携帯電話の災害専用伝言板，Twitter，Facebookなどのソーシャル・ネットワーキング・サービスなど，技術動向を考慮しつつ柔軟に複数の連絡手段を確保しておく。

②帰宅困難者への配慮

　震災発生直後，首都圏の交通機関は麻痺状態となり，多くの交通機関が深夜もしくは明け方まで復旧のめどが立たない状態が続いた。このため，オフィスに泊まる者，徒歩で遠距離を歩く者，交通機関が再開した深夜まで待つ者などさまざまな状況となり帰宅困難者が相次いだ。

　このような帰宅困難者対策として，非常食や生活用品などの確保とともに，徒歩帰宅者への避難場所提供，入館セキュリティロックの解除，携帯電話用の非常用バッテリーの無償提供などさまざまな支援策が検討できる。

③BCM要員の確保

　BCP発動に伴う速やかな復旧には，対策本部やタスクフォースの要員および業務を継続するための要員確保が不可欠である。

　安否確認を行うと同時に，適宜，必要な時期に必要な要員が確保できるよう出社や自宅勤務の可能性について確認を行うことが求められる。

④広域災害を考慮したバックアップ設備（電力）の確保

　広域災害の場合，同じ県など近接地域にある設備は，インフラを含めすべて被

災し機能しなくなる可能性がある。このため，データセンタの設置場所を関東，関西の異なる地盤プレートで分ける，自社発電装置など非常用電源を用意するなど，広域災害を想定した入念な計画と準備を行う。

⑤**計画停電など電源供給不足への対応**

　計画停電や交通網障害など，震災から数日もしくは数週間経って事業に影響を与える二次災害への対応を考える。電源やリソースの安定的な確保は，多くの電力を要求する工場設備と同様，情報システムにとっても不可欠なものである。

　自社もしくは商用データセンタなど専門設備に，重要なデータおよび処理システムを移設することはもちろん，オフィスにあるクライアント端末やネットワーク機器の非常用電源も確保できる仕組み（自家発電装置やUPS装置の設置など）を構築しておく。

4　情報と伝達

　BCMにおける情報伝達では，まず緊急事態発生時に通信手段を確保し，安否確認などを行える連絡体制網の整備が重要である。そのために必要なITインフラとして，電子メールやSNS，安否確認システムなどの連絡手段を確保するための対策が求められる。

　組織内部での情報伝達として，下記があげられる。

- ボトムアップ：組織体として適切な対応をするための，現場から責任者への現状についての適時適切な報告
- トップダウン：責任者から現場への適時適切な指示の伝達

　組織外部への情報伝達として，利害関係者への広報や連携があげられる。警察や消防，監督官庁への連絡，取引先や顧客などサプライチェーンに関与している企業との連絡，地域行政との連絡などさまざまな形で，完全復旧にむけて迅速かつ効率的に情報伝達することが求められる。

　また，平常時においては，組織の事業継続能力について情報発信することにより，利害関係者との信頼関係構築に努めることも重要である。

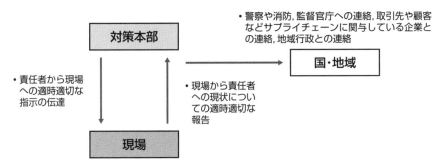

◎図表6-14 情報伝達態勢◎

さらに，リモートワークの進展に伴うコミュニケーション不足に対しても，留意が必要である。

5 モニタリング活動

統制環境から情報の伝達まで，BCMに関わる一連の内部統制を構築した後は，定期的なモニタリング活動を通じて，その有効性を検証し，BCMを継続的に改善することが不可欠である。

BCMにおける改善活動としては，テスト・訓練結果や監査の指摘事項，新事業進出，業績変動，人事異動，組織変更，システム変更等に伴うBCPの見直しがあげられる。

BCPは見直し時期を設定し，定期的に見直すことで更新漏れを防ぐとともに，上記のような大幅な組織変更やシステム変更などの契機にBCPを見直すことも重要である。

Column コラム6-②：パンデミック対策とIT

新型インフルエンザなどの感染症が世界規模で蔓延するパンデミックでは，地震などの災害とは異なり，社会インフラへの直接的被害は生じないものの，感染

症が蔓延している間の人の移動が制約されることによる事業活動の停滞と，被害期間の長期化に特徴がある。特に，新型コロナウイルス感染症拡大においては，1年以上の長期間に及んでいる。

新型インフルエンザの流行時には，全人口の約25％が発症し，従業員本人の発症率は5％程度であっても，家族の発症などにより，欠勤率は最大で40％に上ることも想定されている。また，外出禁止措置等により，8割の人が在宅を余儀なくされるなど，新しい働き方への変革が迫られている。

パンデミック時に，ITサービスを継続させるための運用要員の確保は重要だが，それだけでは本来の事業活動が停滞することへの対策とはならない。

むしろ，ITを活用した事業活動の継続手段として，在宅勤務などの遠隔地における勤務環境の整備・運用を図るべきである。

在宅勤務を支えるIT環境としては，インターネットVPNなどの安全なネットワーク環境，シンクライアントなどの仮想PCによる自社システム，データへのアクセス，電話会議やTV会議システムの利用などがあげられる。

セキュリティ・リスクを考慮して，常時遠隔操作を認める必要もないが，いざという時に円滑に利用できるよう，教育・訓練を怠ってはならない。

新たな企業活動様式への変革は，単なる復旧による被害の修復に留まらず，新たな企業活動による付加価値の創造であり，飛躍への一歩となり得る。

◎地震災害と新型インフルエンザの違い◎

項目	地震災害	新型インフルエンザ
事業継続方針	できるかぎり事業の継続・早期復旧を図る	感染リスク，社会的責任，経営面を勘案し，事業継続のレベルを決める
被害の対象	主として，施設・設備など，社会インフラへの被害が大きい	主として，人に対する被害が大きい
地理的な影響範囲	被害が地域的・局所的（代替施設での操業や取引事業者間の補完が可能）	被害が国内全域，全世界的となる（代替施設での操業や取引事業者間の補完が困難）
被害の期間	過去事例などからある程度の影響想定が可能	長期化すると考えられるが，不確実性が高く影響予測が困難
災害発生と被害抑制	主に兆候がなく突発する 被害量は事後の制御不可能	海外で発生した場合，国内発生までの間，準備が可能 被害量は感染防止策により左右される
事業への影響	事業を復旧すれば業績回復が期待できる	集客施設などでは長期間利用客などが減少し，業績悪化が懸念される

出所：内閣官房［2016］を参考に作成。

◎パンデミック時の操業レベルの変化◎

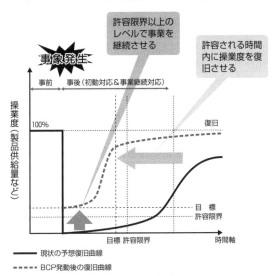

災害などの発生時

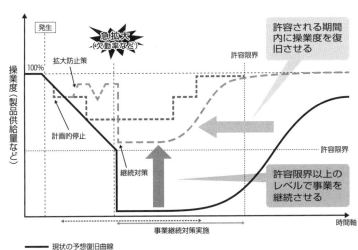

パンデミック発生時

出所：内閣府防災担当［2013］

事業継続管理（BCM）態勢の監査の要点

　事業継続管理（BCM）の難しさは，緊急事態を経験し，改善につなげる機会が非常に少ないことにある。組織にとって，緊急事態は起こらない方がよいことであり，逆に緊急事態の時は，対応に追われて，じっくりと考える時間を確保することは容易でない。

　BCP策定やハード対策は進んだが，策定したBCPの実行力や想定外への対応力といったところまで，目を向けられていない。

　また，本来BCMは会社全体での取り組みであり，危機管理の責任範囲に限定されるのではなく，中長期的な企業価値への貢献を意識した事業継続戦略の決定に，経営者が深く関与することが重要である。

　このような中にあって，内部監査は，経営者のモニタリング活動の重要な部分を担う，BCMにおける必須プロセスの１つであり，管理態勢を継続的に改善するための基礎となる。以下に重点的に監査，確認すべき事項についてまとめた。

【重要チェックポイント】 事業継続管理（BCM）態勢

検証事項
1. 統制環境（BCP基本方針の策定） ✓組織の目的や社会的責任を反映したBCPに関する基本的な考え方を示す方針が策定されているか ✓BCP基本方針は，経営者により承認され，経営者自らがコミットした（関与した）方針となっているか ✓BCP基本方針では，地域への貢献や共生について，考慮しているか ✓BCP基本方針は，組織員に十分周知されているか
リスク評価 ✓業務への影響度分析（ビジネスインパクト分析）を実施し，事業継続における業務の復旧優先度を決めているか

2.	✓目標復旧時間（RTO）や目標復旧ポイント（RPO）などを設定し，災害など発生時に，目標が達成できるよう，バックアップサイトの選定などの各対応策において適切に活用されているか ✓システムの中断や停止による業務への影響度を，サーバ，ネットワークなどのインフラ，業務アプリなどシステム機能間の依存関係に応じて分析しているか ✓ビジネスインパクト分析で選定した重要な業務やシステム機能について，脅威と脆弱性の観点からリスクを評価しているか ✓リスク評価を踏まえ，必要な経営資源を割り当てているか
3.	統制活動（組織的コントロール） ✓災害が発生しても業務が中断せぬよう対策を行うための事前対策計画（狭義のBCP）を策定しているか ✓災害などの緊急事態が発生した場合の対応をまとめた事後対応計画（緊急時対応計画）を策定しているか ✓対策本部やタスクフォースなどの緊急時対応体制を構築し，本部の設置場所や設備などを確保しているか ✓災害発生時の安否確認やBCM要員確保のための連絡網を確立しているか ✓初動から暫定復旧，完全復旧までの緊急時対応プロセスがBCPにおいて定義されているか
4.	統制活動（人的コントロール） ✓BCPが有効に機能するために，定期的にテスト・教育訓練を実施しているか（テストの種類）机上チェック，ウォークスルー，シミュレーション，ロールプレイング，実機訓練など
5.	統制活動（技術的コントロール） ✓復旧に要するハードやソフトをベンダーなど外部事業者から調達しているか（もしくは緊急時の調達契約を結んでおくなど） ✓ハードディスクのRAID構成などの耐障害性機能，バックアップのローテーション（3世代管理など），バックアップデータの遠隔地保管などを実施しているか ✓物理ケーブルの二重化，ネットワーク機材の代替ルート自動選定機能，ルータ間の複数パス設定などを実施しているか
6.	統制活動（物理的コントロール） ✓中長期的な災害対策としてサーバなどコンピュータ環境のある建物の耐火，耐震，耐水構造を強化しているか ✓計画停電など比較的長時間の停電に備えて，重要なシステムに関しては，発電機などの自家発電装置を備えて電力を確保しているか ✓必要に応じて，耐火，耐震などの災害耐性があり，長時間の停電時にも電力を確保できる商用データセンタやクラウド・サービスへ，システム環境を移行しているか ✓安否確認，要員確保，初動対応の指示などに必要な通信手段を複数確保しているか（固定電話，携帯電話，電子メール，ＳＮＳなど） ✓業務の重要性に応じて，災害復旧までのバックアップサイトを整備しているか（バックアップサイトの例）ホステッドサイト，ホットサイト，ウォームサイト，コールドサイト，モバイルサイトなど ✓バックアップサイトへの切替えにあわせて，システムやデータおよびBCM要員の確保を適時行っているか
	情報と伝達 ✓組織体として適切な対応をするため，現場から責任者へ報告する仕組みは適切に構築され，必要に応じて見直しされ，訓練などを通じて役職員に周知徹底されているか

7.	✓責任者から現場への適時適切な指示の伝達ができる仕組みを構築し，訓練などを通じて見直しているか ✓警察や消防，監督官庁，取引先や顧客などと災害およびその復旧状況などについての連絡を取り合う体制を構築しているか ✓平常時に，組織の事業継続能力について情報発信することにより，利害関係者との信頼関係構築に努めているか
8.	モニタリング活動 ✓テスト，訓練や内部監査などをとおして，継続的な改善が適切に行われているか

参考文献

The Institute of Internal Auditors［2008］GTAG 10：Business Continuity Management.（社団法人日本内部監査協会訳［2008］「IT監査の国際的ガイダンス10：事業継続マネジメント」）

経済産業省［2005］「事業継続計画策定ガイドライン」。

経済産業省［2012］「ITサービス継続ガイドライン」。

経済産業省［2014］「事業継続能力評価ハンドブック」。

社団法人日本内部監査協会編［2007］『ここから始めるIT監査』同文舘出版。

社団法人日本内部監査協会編［2012］『IT監査とIT統制―基礎から事業継続・ネットワーク・クラウドまで―』同文舘出版。

中小企業庁［2018］「中小企業BCP 支援ガイドブック」。

内閣府防災担当［2013］「事業継続ガイドライン―あらゆる危機的事象を乗り越えるための戦略と対応―」。

内閣府防災担当［2014］「事業継続ガイドライン―あらゆる危機的事象を乗り越えるための戦略と対応―解説書」。

JIS Q 22301［2020］（ISO 22301［2019］）　社会セキュリティ―事業継続マネジメントシステム―要求事項。

JIS Q 22313［2014］（ISO 22313［2020］）　社会セキュリティ―事業継続マネジメントシステム―手引。

JIS Q 22320［2013］（ISO 22320［2018］）　社会セキュリティ―緊急事態管理―危機対応に関する要求事項。

JIS Q 22398［2014］（ISO 22398［2013］）　社会セキュリティ―演習の指針。

第7章

クラウド・コンピューティング
管理態勢の構築と監査

　第4章以降第6章まで，テーマ別にITに係る管理態勢と
監査の実践について説明してきたが，本章では最近普及が
著しいクラウド・コンピューティングに係る管理態勢と監
査について，現時点で考えられるあるべき姿の追求を試み
る。

I クラウド・コンピューティングとは

1 クラウド・コンピューティングの定義

ITの技術的な進歩と普及により企業活動の多くにITが利用される局面が増えている。それは同時にITの開発・運用・保守・セキュリティにおける管理の負担の増加を伴うことになり，管理の要求水準の高まりに対応する設備や専門能力のある人員を単独の組織で維持することが困難なケースも生じており，外部企業による専門サービスを受ける企業が増えている。クラウド・コンピューティング（以下，クラウドとする）もその1つであり，利用者の拡大によりクラウド事業者（以下，事業者とする）数も増え，サービス内容も拡充している反面，事業者により提供されるサービス内容に違いが生じている。

ここで，クラウド・サービスの利用者は，事業者に自社の処理を委託しても企業としての内部統制までは完全に移転はしないということに留意が必要である。すなわち，クラウドの導入に係わり発生するリスクに対して，利用者として新たなリスク・マネジメント態勢やIT統制の構築が必要となり，IT監査もこの領域について効果的・効率的に監査を行う必要がある。以下でクラウドに係るリスク・マネジメント態勢やIT統制，さらにはIT監査の現時点での「あるべき姿」を追求していく。

経産省のシステム管理基準ではクラウドを「共用可能なコンピューティングリソース（ネットワーク，サービス，ストレージ，アプリケーション，サービス）の集積に，どこからでも，簡便に，必要に応じて，ネットワーク経

由でアクセスして利用することを可能とする形態の総称である。」と定義し，COSOでは「クラウド・コンピューティングは，組織体がインターネット接続によりいかなる場所からもコンピュータ資源やアプリケーションを得ることを可能にするためのコンピューティング資源の配備および調達のモデルである。組織体が採用するクラウド・ソリューションのモデルによって，組織体のハードウェア，ソフトウェア，そしてデータの全部または一部が，もはや組織体自身の技術インフラストラクチャーの中には存在しなくなる。その代り，それらの資源は，他の組織体と共有し第三者である事業者によって管理される技術センターに存在することになるかもしれない（Crowe Horwath LLP［2012］）（吉武訳）」と定義している。

◎図表7-1　クラウドの特徴とその強みと弱み◎

特徴	強み	弱み
オンデマンドなセルフ・サービス （人的なやり取りなく，自動的に資源の利用可）	・利用者視点で要求に応じた迅速なサービスの享受 ・一時的な情報システムの必要にも迅速に対応	・求めるサービス・レベルに提供されるサービス・レベルが達しない可能性 ・既成（レディ・メイド）のサービスによる，サービスの柔軟性の欠如
広範なネットワーク・アクセス （モバイル・フォン，タブレット，パソコン等端末を問わず）	・ネットワークを経由し，IT資源を「所有」せず「利用」	・ネットワーク上に脆弱性が存在する可能性 ・多様なデバイスからのアクセスに係るセキュリティに脆弱性が存在する可能性
資源の共有 （資源の配置は，国，データ・センター等場所的制約なし）	・複数利用者実現による　トータルコストダウン（「規模の経済」の享受） ・IT資源が地域的に分散していることにより，一地域の災害にも事業継続に対応	・データの保管場所の特定が困難 ・データの保管場所が海外の場合，当該地の法律が適用される可能性
迅速な弾力性 （需要に応じた迅速な拡張性・縮小性）	・規模に応じた迅速な対応 ・業務の繁閑に応じた拡張・縮小が可能	・様々な種類の利用者へのサービスを提供するパブリック・クラウドは，特定のサービスの提供のみを希望する特定の利用者にとっては費用対効果が悪くなる可能性
測定可能なサービス性能 （測定により資産の自動的管理と最適化が可能）	・IT資源の使用状況を管理し，最適化 ・IT資源の使用状況に応じた科料（従量制料金体系）	・サービス水準は，SLAの範囲内 ・障害時対応は，プロバイダー任せとなり，利用者側は対応不可

クラウドの定義は論者により異なるが，環境（設置場所），コンピュータ資源，管理を自社で実施していた従来型のシステム利用形態に対し，クラウド事業者が提供する環境とコンピュータ資源と管理サービスに複数の利用者がネットワークを経由して利用する形態と言えよう。

　また，NISTは「オンデマンドなセルフ・サービス」，「広範なネットワーク・アクセス」，「資源の共有」，「迅速な弾力性」，「測定可能なサービス性能」の5つをクラウドの特徴としてあげている（図表7-1）。

2 クラウドの種類

　NISTではクラウドを事業者側からの視点で①サービスの提供内容の観点から分類したモデル（Service Models）と，②サービスの提供形態の観点から分類したモデル（Deployment Models）に分類した。

　①のサービスの提供内容の観点からは，IaaS（Infrastructure as a Service），PaaS（Platform as a Service），SaaS（Software as a Service）の3種類に分類することができる（図表7-2）。

　IaaSはハードウェアおよびネットワーク等のシステム基盤の利用を提供するサービスであり，PaaSはそれにOSやミドルウェア等のシステム・ソフトウェアシステム基盤が加わり，SaaSはさらにアプリケーション・ソフトウェアの機能も加わったいわばフル・スペックでのサービス提供である（システム基盤，システム・ソフトウェア，アプリケーション・ソフトウェアは第1章図表1-10参照）。

　次に②のサービスの提供形態の観点からは「パブリック・クラウド」，「コミュニティ・クラウド」，「プライベート・クラウド」，「ハイブリッド・クラウド」の4つの範疇に分類できる（図表7-3）。

◎図表7-2 クラウドのサービス内容からの分類◎

サービス形態	サービスの内容
IaaS (Infrastructure as a Service)	• クラウド事業者がプロセッサー，ストレージ，ネットワーク等，コンピュータの基本的資源（ハード）を提供するサービス形態。 • 利用者はクラウドから提供されるインフラを利用して，自らのシステム・ソフトウェア（OS等）やアプリケーション・ソフトウェアを稼働させることとなる。
PaaS (Platform as a Service)	• クラウド事業者がIaaSで提供されるコンピュータの基本的資源（ハード）に加えて，アプリケーション・ソフトウェア等を稼働させるためのOS，ミドルウェア等のシステム・ソフトウェアをも提供するサービス形態。 • 利用者はクラウドから提供されるインフラやシステム・ソフトウェアを利用して，自らのアプリケーション・ソフトウェアを稼働させることとなる。
SaaS (Software as a Service)	• クラウド事業者がPaaSで提供されるコンピュータの基本的資源（ハード）およびシステム・ソフトウェアに加えて，業務処理を行うためのアプリケーション・ソフトウェアをも提供するサービス形態。 • 利用者は，限られた範囲で特定のアプリケーション構成のセットアップを行うことがある程度で，原則としてクラウドから提供されるサービスを利用するだけとなる。

IaaS	システム基盤 ・ハードウェア ・ネットワーク
PaaS	システム基盤 ＋ システム・ソフト ・ハードウェア ・OS ・ネットワーク ・ミドルウェア等
SaaS	システム基盤 ＋ システム・ソフト ＋ アプリ・ソフト ・ハードウェア ・OS ・eメールソフト ・ネットワーク ・ミドルウェア等 ・業務ソフト等

サービスの提供形態	内　　容
パブリック・クラウド	不特定多数の組織体や人々に提供されるサービス提供形態
コミュニティ・クラウド	業務処理等において共有する事項を持つ複数の組織体や人々から成るコミュニティ向けの専用サービスとしての提供形態
プライベート・クラウド	限定された組織体や人々に，専用のIT資源をもとに提供されるサービス提供形態
ハイブリッド・クラウド	上記のクラウドの範疇から，2つ以上の組み合わせで提供されるサービス提供形態

　「パブリック・クラウド」は，不特定多数の組織体や人々がIT資源を共用するサービス提供形態であり，「コミュニティ・クラウド」は業務処理等に共有する事項をもつ複数の組織体や人々から成るコミュニティ内のみで共有される。これに対し「プライベート・クラウド」は特定の組織体や人々に対して専用のIT資源が提供されるため，他者との共用がないサービス提供形態であり，さらにオンプレミス型とホスティング型に分類される。また，「ハイブリッド・クラウド」は上記のクラウドの範疇から，2つ以上の組み合わせで提供されるサービス提供形態である。

　従前からのハウジングサービス・ホスティングサービスとプライベート・クラウドはかなり類似しており，違いも論者により異なるがユーザへのリソース配分の弾力性・迅速性，仮想技術の利用の有無などが考えられる。

◎図表7-4　利用サービスから見たクラウドの理解◎

	サービス利用形態	利用サービス			
		設置場所	ハードウェア	OSミドルウェア	アプリケーション
非クラウド	自前				
	ハウジングサービス	○			
	ホスティングサービス	○	○		
プライベート・クラウド	自前				
	オンプレミス型	○			
	ホスティング型	○	○		

パブリック・クラウド	IaaS	○	○		
	PaaS	○	○	○	
	SaaS	○	○	○	○

3 クラウドの利用

　クラウドは仮想化技術と分散処理技術の活用により，1つの物理的サーバを複数の仮想サーバに分割した利用（マルチ・テナント）が可能となり，共有により余剰リソースが減りコストパフォーマンスの向上が期待できる。また，利用者がCPUやメモリの種類を選択した環境を従量価格や月額固定費などの料金体系で提供するクラウド・サービス会社もあり，短時間でサーバの容量を増減させるような利用が可能であるため，インターネットサービスの業務で急にアクセスが増えた場合の対応や，利用見込みの予想が難しいような業務でも弾力的な対応が可能となる。そのため，自前でサーバを構築する場合に比べて，ハードウェアの購入額だけでなく，導入スピードや利用率低下による遊休資産化に対応可能というメリットがある。また，そもそものデータセンタ機能により物理的セキュリティや運用監視態勢も共通基盤として使えるメリットがある。

　このようなクラウドのメリットは「パブリック・クラウド」の方が享受しやすい。その一方で，物理的サーバやネットワークを他の企業とは共有せず，単独利用する「プライベート・クラウド」の方が情報セキュリティのレベルは高いが，コストは高くなる。要は移動手段として，自家用車，レンタカー，バス，タクシーからニーズに合ったものを選択するのに似ている。

　折衷案として「コミュニティ・クラウド」の利用などもTPOにより合理的な場合もある。

Ⅱ クラウドに係るリスク

1 クラウドに係るリスク

　前述のように，クラウドには利用者に多大なメリットを提供する反面さまざまなリスクを保有していることから，組織体はクラウドの導入や利用継続に際しては，それらのリスクを識別するとともに，適切な統制を講じる必要がある。

　クラウド利用に係るリスクには図表7-5のように，「ITガバナンス」に係るリスクや，「サービスの品質」，「情報セキュリティ」，「事業継続」，「法令・制度等」，「利用者」に係るリスクがある。

◎図表7-5　クラウド利用に係るリスクとリスクに対するコントロール◎

ITガバナンスの機能	ITガバナンスの具体的役割	ITガバナンスを遂行するための基盤（コントロール）
意思決定 指導 監督	・組織体がより効果的・効率的に目的を達成するために，IT戦略の中で，クラウド利用の可能性の検討とどう取り扱うかの意思決定 ・経営陣への指導 ・導入したクラウドが，リスク許容範囲内で期待した価値の提供を行っているかを監督	・クラウドに係る基本方針の制定 ・適時・適切な報告・検討・協議・意思決定・指示伝達の仕組みの整備・運用 ・継続的改善を図るための監視活動の仕組みの整備・運用

リスクが存在する領域	リスクの種類	リスクに対するコントロール
全般	・クラウドが適さない事項のクラウドへの移行 ・クラウド移行に伴う人材，ノウハウの消失 ・クラウドが部署別に行われていて，クラウドについての全社的統制が不十分 ・クラウド導入によるビジネスへの悪影響	●全社的ITガバナンスの中でのクラウド利用の適切な検討と意思決定 ・IT戦略の中での，サービス内容・利用形態も含めたクラウド利用の検討 　（クラウドは非コア業務に限定，またはコア業務にも適用。クラウドは機密情報や顧客情報を取り扱う業務にも適用，または非適用，等）

	・（EUの個人情報の要求事項にクラウド利用者は適合しない可能性） ・クラウドに移行すると，クラウド事業者の変更や，自前へのシステムへの戻りが困難 ・クラウド導入・利用に係る規程類の未整備から生じる現場での混乱や誤った業務遂行 ・クラウド事業者への監査が困難 ・クラウドに係る事故等により生じた損害により，株主代表訴訟を受けるリスク	・クラウドによって得られるメリットとリスク（ビジネスへの影響を含む），およびリスク発現時の組織体に与える影響，ならびにリスクへの対応策の有無等の検討 ・クラウド導入に係る当初およびライフタイムのトータル・コストの見積り ・クラウド導入・利用に係る方針，規程，手続書等の整備とその周知徹底， ●クラウド事業者選定基準の適切な整備と基準に沿った適切な業者選択 ・クラウド事業者の業界での地位や評判，事業実績や過去の事故の有無，財務状況等の把握 ・クラウド事業者の提供するサービス品質，情報セキュリティ，事業継続，料金等についての適切な評価 ●適切な契約の締結（適切な内容での合意と契約書への適切な記載） ・クラウド事業者，利用者の役割，権限と責任， ・サービス品質，情報セキュリティ，事業継続の各内容， ・合意した内容等を変更する場合の手続 ・サービス品質未達の場合のペナルティ，および業務中断や情報漏洩等による損害発生時の損害賠償 ・契約終了時の手続等（データの削除等） ・契約時の確認事項の規程，手続書等への明記，チェックリストの整備 ●クラウド導入後の継続的モニタリング態勢の整備・運用 ・クラウド事業者から提供を受けたい，クラウド事業者による監視活動結果の内容（監視事項とその水準等）につき，クラウド事業者と合意 ・クラウド事業者の監視活動結果等が適切に報告される仕組みの整備・運用 （予防的監視の観点からのセキュリティ変動リスク等のモニタリングを含む） ・クラウド事業者から受領した監視活動結果等を適切に評価し，対応する仕組みが整備・運用されているか。 ・インシデントや事故等，緊急報告事項の明確化と緊急報告事項が迅速かつ適切に報告される仕組みの整備・運用 ・クラウド事業者に対する監査権についての適切な追求 ●クラウド管理に係る説明責任を果たすための情報保存 ・クラウド利用に係る善管注意義務を果たしていることを証言できる意思決定プロセスおよび導入後の管理プロセスに係る情報の適切な保存 （会社法施行規則第100条一参照のこと） 【業務委託先管理の観点が参考になる】
サービス品質	・サービス品質の要求水準未達 ・クラウド事業者でのIT資源の不足・過剰はクラウド事業者の管理に依存 ・業務要件や品質に係る要求に対しクラウド事業者が対応しないリスク（要求変更への柔軟性の欠如） ・技術発達のサービスへの折込みの不十分	●クラウドに係る利用契約および品質保証契約（SLA）の適切な締結 ・品質保証項目とその水準の適切な設定と，水準未達時の対応とペナルティの適切な取り決め （牽制の効く適切な取り決め） ・合意したサービス品質等を変更する場合の手続 ・サービスの提供が部分的または全面的に不可能となった場合の対応と損害賠償の明確化 （牽制の効く適切な取り決め）

情報セキュリティ	・情報・データの毀損，紛失，漏洩， ・システム障害 ・DDoS等，ネットワークに係る攻撃 ・データのフォレンジックス等，証拠能力ある証拠の入手困難 ・クラウド事業者の事業終了時の不完全なデータの消却	●情報セキュリティ要件と水準の適切な設定と契約書への明記 ・クラウドに移行する業務や関係する情報・データに係るリスクの識別・分析・評価 ・クラウド事業者のITガバナンスや情報セキュリティ態勢等に関する状況把握 （クラウド事業者のサービス提供に係るバックアップ体制の把握を含む） ・契約終了時の情報・データの削除等の適切な取り決めと契約書への明示 ・クラウド事業者による適切な監視活動の実施とその結果（内部監査結果，外部監査結果等）の適時適切な受領，および受領内容に対する評価と対応 ・データの毀損，紛失，漏洩が部分的または全面的に発生した場合の対応と損害賠償の明確化	
事業継続	・クラウド事業者の事故や災害によるサービスの停止 ・クラウド事業者の倒産，事業廃止 ・現地当局によるデータの差し押さえ	●契約に先立つクラウド事業者に係る適切な調査の実施 ・業界での地位や評判，事業実績や過去の事故の有無，財務状況等の把握 ●事業継続に係る事項の適切な合意と契約書への明示 ・情報システムの機能不全，天災やテロによる稼動不能，パンデミックによる操業困難時，地域の当局による情報やデータの取り押さえ時等のクラウド事業者および利用者の役割，権限，責任，具体的対応等 ・サービス提供の中断事象等が迅速かつ適切に報告される仕組みの整備・運用 ・サービスの提供が部分的，または全面的に不可能となった場合の対応と損害賠償の明確化 ●クラウド事業者が倒産，事業廃止した場合の手続等の適切な合意と契約書への明示 ・クラウド事業者および利用者の役割，権限，責任，具体的対応等手続等	
法令・制度等	・クラウドに乗せた業務情報，個人情報の漏えい （不正競争防止法「営業秘密管理指針」，個人情報保護法，ECデータ保護指令） ・個人情報保護法上の委託先管理義務が履行困難 ・内部統制報告制度上での内部統制評価が履行困難 ・第三者の著作物のクラウド事業者のサーバへの複製等はライセンサーから許諾されている必要（著作権の問題） ・e-文書法や電子帳簿保存法で要求される要件に適合した機能のクラウド・サービスでの提供が必要 ・海外にあるサーバに暗号化情報を送信する場合には，外国為替及び外国貿易法上，許可を得る必要があるケース ・外国のソフトウェアをクラウド・サービスの中で日本の組織体に提供する場合，各国の輸出規制に抵触する可能性	●クラウド導入・利用に関連する法令・制度等への適切な対応態勢の整備・運用 ・クラウド導入，利用に関連する法令・制度等の抽出と抵触の可能性検討 ・法令・制度等への抵触の可能性に対する対応策の検討とその整備・運用 ・法令・制度等のビジネスに与える影響の検討 ・対応策の実施状況の継続的モニタリングを行う仕組みは適切に整備・運用されているか。 ・法令・制度等の改廃等への継続的モニタリングと，法令改廃等への適切な対応態勢の整備・運用	

	（米国の「米国輸出管理規則」等） • データの所在場所が海外の場合，現地の法律が適用される可能性 （裁判管轄の違いによるリスク） • 現地法に基づく，現地当局によるデータの差し押さえ （米国愛国者法等）		
利用者	• クラウド利用に係る権限が不明確からの，不適切なアクセス，利用 • クラウド導入・利用に係る手続きの周知徹底不足からの誤った取扱い，操作 • サービスの追加あるいは削除に係るクラウド事業者に対する不適切な依頼	● クラウド利用者に対する適切な管理 • クラウド利用者に対する継続的な教育・研修 • クラウド利用状況に係る継続的なモニタリング 【ASPに係る管理の事例が参考になる】	

(1) ITガバナンスに係るリスク

　ITガバナンスに係るリスクとは，全社的IT戦略の観点からクラウド利用の可否や領域，提供を受けるサービスや業者選定が検討されておらず，結果としてクラウドに適さないような領域での導入や，クラウドと自社システムの双方向の移行やクラウド業者の変更が困難になるリスクがある。

　昨今は財務会計や人事管理といった業務パッケージのクラウド版を利用する企業もあるが，クラウド業者が「受託業務に係る内部統制の保証報告書」を取得していなかったり，利用者による業者への内部監査等が制限され，国内外で上場する企業の法定監査が円滑に進まないリスクがある。

(2) サービス品質に係るリスク

　現在，多くの事業者がクラウドサービスに参入しているが，提供されるサービスの品質には多くの差がある。サービス品質に係るリスクとして業者選定時には，"事業者から提供されるサービス品質が利用者の要求水準に未達のリスク"は考慮されることが多いが，クラウドサービスは技術的な変化の速い分野であり，利用者のニーズも変化しやすいため，"利用者からの業務要件や品質要求に対し柔軟な対応ができないリスク"がある。

　たとえば，クラウドの説明資料で「雲」やその中に複数のサーバを描いた

巨大なデータを示しているものがある。確かに複数の物理サーバで分散処理システムを構築し，機能の向上と障害に対する信頼性を高めている事業者もあるが，1台の物理サーバ上に複数の仮想サーバを構築し利用者に提供するのも「クラウド」である。また，データのバックアップ取得のサービスも，その保存先が同じ筐体内なのか遠隔地なのかで対応可能なリスクやコストも大きく異なる。一見同じサービスを提供しているように見えてもその内容には違いがあり，事故事例により初めて違いが認識されることもある。

キーワード 7-①

物理サーバと仮想サーバ

　物理サーバは，コンピュータの筐体としてのサーバである。

　仮想サーバは，物理サーバのリソースをプログラムで分割し，複数のユーザがそれぞれ単体のサーバを利用しているような仮想環境でのサーバ機能である。

----

(3) 情報セキュリティに係るリスク

　情報セキュリティに係るリスクでは，事業者内やネットワーク，あるいは業務プロセス等において“情報・データが毀損，紛失，漏えいするリスク”や“情報・データが改ざんされたり，窃取されるリスク”，“情報システムの機能不全やネットワークの障害あるいは事故や天災によりサービスが受けられないリスク”等である。

(4) 事業継続に係るリスク

　事業継続に係るリスクとは，情報セキュリティに係るリスクと一部分重複するが，“情報システムの機能不全やネットワークの障害，あるいは事故や天災によりサービスが受けられないリスク”や“事業者の倒産や事業停止等によりサービスの提供を受けられなくなるリスク”等である。

　なお，上記(1)～(4)についてはクラウド・サービス会社の間のサプライチェ

ーンの状況の把握も必要となる。たとえばSaaSのアプリケーションサービスを提供している企業が他のクラウド・サービス会社のPaaSやIaaSを利用することがあり，直接契約をする企業以外の状況が影響を及ぼすリスクも考慮する必要がある。

(5) 法令・制度等に係るリスク

法令・制度等に係るリスクには，"クラウド上に保管されている個人情報保護法上のパーソナルデータの流出リスク"，"クラウド部分につき金融商品取引法に基づく内部統制報告制度上の内部統制評価や監査手続が十分に実施できなくなるリスク"，"海外にデータが保存され，想定外の現地法が適用されるリスク"等がある。

(6) 利用組織自体に係るリスク

利用組織自体に係るリスクとは，"クラウドへの知識や理解の不足，訓練不足，誤った事務手続等から生じるリスク"のような人的なリスクや，"ネットワーク等の社内インフラがクラウド利用に伴う負荷増加に十分に対応できないリスク"などのIT関連のリスクもある。このようにクラウド自体や事業者だけでなく利用組織体自らのリスクに対しても適切な対応が必要である。

また，クラウドは変化の著しいIT分野の技術であるため，当初識別していなかった新たなリスクが事故事例などで明らかになることもあり，定期的なリスクの再評価が必要となる。

2 クラウドに係るIT統制

上記の1「クラウドに係るリスク」で識別されたリスクを軽減するためにIT統制が必要となる。

(1) ITガバナンス，ITリスク・マネジメント，IT統制

クラウドに係るITガバナンスでは，取締役会や経営陣がIT戦略に基づき，クラウド利用という選択肢を検討・意思決定し，その利用状況と成果を監督するプロセスとなる。具体的な方法としては，"クラウドに係る方針や規程等の整備"，"適切な運用と意思決定"のために，投資予算や担当の人的リソースを承認し，継続的な改善状況を把握するためのレポーティングラインを明らかにする。また，上記のITガバナンスの下で，ITリスク・マネジメント態勢を適切に機能させるためにはIT統制の適切な整備・運用が必要である（図表7-5）。

(2) クラウドに係る全般的統制

従前のように企業や企業グループ内に集中管理される物理的なIT環境が存在していた場合に比べて，現在ではEUC（End User Computing）としてSaaSを利用するようなケースも増えてきており，1つの利用組織で複数の事業者のサービスを利用し，IT環境が増えているケースも珍しくない。

そのような外部IT環境に対して処理は切り出せても，企業の責任となる全般的統制のすべてを外部委託することは難しい。

たとえば，企業のクラウド導入の意思決定・体制整備，事業者選定，契約締結，利用中のモニタリングといった全般的内部統制の整備・運用は必要となる。

①クラウド利用を適切に検討し意思決定する態勢の整備・運用

クラウド利用の意思決定は，IT導入の意思決定，業務の外部委託の意思決定等の従来からのIT戦略立案のプロセスの組み合わせの部分も多く，その知見が利用可能である。そして，受容するサービス内容・利用形態をも含めて検討したクラウド利用の可能性やメリットとデメリットなどを検討することになる。

クラウド導入分野や投資金額にもよるが，このような意思決定のための情報収集，比較検討，意思決定を実施するため，適切なステークホルダーから成る意思決定チームの組成や，マイルストーン毎の評価・検討が必要となる。

また，導入決定後はクラウドを利用した業務の特徴やリスクに対応するために，方針，規程，手続等の適切な整備・運用も必要となる。

②事業者選定基準の適切な整備と基準に沿った適切な業者選択

上記①の意思決定のプロセスにも含まれるが，多くの事業者がさまざまなサービスと料金体系を提供している中から適切な選択をしなければならない。そのため，企業が現在および将来必要とするサービスの内容やリスクを洗い出し，事業者の選定基準の作成が必要となる。この選定基準はクラウド導入後の投資評価基準にもなることに留意する。クラウド・サービスの特徴として弾力的にサービス提供できるので，コスト比較については，ライフタイムにわたる比較が必要になろう。

また，自社の業務を委託する場合，どのような内部統制を事業者が構築しているかが重要になる。クラウドで処理・保管するデータに個人情報が含まれるならばプライバシーマークやISMS（Information Security Management System）等の認証取得も考慮対象になる。また，内部統制報告書の提出企業が財務情報やその根拠となるデータに関連する業務にクラウドを利用しているならば，『受託業務に係る内部統制の保証報告書』の取得状況も重要になると思われる。

キーワード 7-②

受託業務に係る内部統制の保証報告書

クラウド事業者やデータセンタは複数の利用者の情報を扱うことが多い。そのため，当該業者に委託している業務について内部監査を実施する場合に，他社の情報を同一環境で扱っているため制約を受けることになる。そのため，事業者自身で自社の内部統制の評価を受け，その報告書を利用者に提供する実務がある。

準拠法令により日本公認会計士協会 保証業務実務指針3402に基づく報告書や，米国公認会計士協会（AICPA）が定めた保証報告書の基準であるSSAE18に従い受託会社の財務報

たとえば，SaaSやPaaSのようなサービスではOSやミドルウェアの管理者権限は事業者が有することが多い。利用者企業との職務分離の観点からはメリットにもなるが，内部統制報告制度等の目的で経営者評価や監査が必要になっても，事業者が他の利用者分と共通で管理している管理簿の閲覧などは難しく，第三者の保証報告書が必要になる場合もある。

③適切な契約の締結

契約締結に際しては，クラウド管理上の要点についての適切な内容での合意とその内容の契約書への適切な記載が必要である。契約事業者によっては，基本契約と品質保証契約（詳細は下記(3)参照）に区分しているケースもあるため，関連する契約を集めて契約の全体像として判断する必要がある。

また，契約書での記載事項は法務担当等による契約管理のプロセスにより検討されることになるが，各事業者は契約の標準フォームをもっており，Webサイト等で公開されている場合もあるので，その内容比較は有用であろう。加えて，インターネット経由でのストレージ容量の弾力的な増減指示等も発注契約の性格をもつため，利用者側の担当者の権限の範囲を契約書に明記しておくことが重要である。

④クラウド導入後の継続的モニタリング態勢の整備・運用

クラウド・サービスの利用内容によってモニタリングが必要な項目は異なるだろう。ストレージ容量の状況や回線の状況，事業者の管理者によるアクセス状況などを，Webサイトで利用者が把握できたり，定型的な月次報告書の提出サービスが実施されることもある。

また，緊急として報告すべきインシデントや事故等の定義の明確化やレポーティングラインなどを決めることが重要である。また，事業者に対する監査権および監査対応内容等そして提供可能な規程や資料を協議するなど，監

査に関して契約書にも明記しておくことが重要である。

⑤クラウド管理に係る説明責任を果たすための情報保存

　環境変化等により，今後の態勢を見直す場合に，現在の状況に至った過去のリスク認識や意思決定内容が不明だと，見直し作業の効率的な実施が難しくなる。そのため，導入時の意思決定プロセスや導入後の管理プロセスが適切に行われていることを示す"情報の適切な保存"が会社法上（会社法施行規則第100条一）からも必要である。

(3) サービス品質に係るコントロール

　上記(2)③の契約にも関連するが，クラウド利用に係る契約および品質保証契約（SLA：Service Level Agreement）の適切な締結が重要である。多くの事業者のSLAには稼働率について，その定義と未達成の場合の利用料計算や，適用・非適用の条件などが記載されている。それ以外でもバックアップ

◎図表7-6　SLAの構成要素◎

	SLA 構成要素	構成要素の概要	
①	前提条件	サービスレベルに影響を及ぼす業務上／システム上の前提条件	
②	委託範囲	合意された委託内容がカバーする範囲	
③	役割と責任	事業者と利用者の役割と責任を明確化した分担表	
④	サービスレベル項目	**分類**	**分類項目の概要**
		アプリケーション運用	システムの使い勝手に関わる項目（可用性／信頼性／性能／拡張性）
		サポート	障害対応や一般的問合せ対応に関わる項目
		データ管理	データバックアップを含む利用者データの保証に関わる項目
		セキュリティ	公的認証や第三者評価（監査）を含むセキュリティに関わる項目
⑤	サービスレベル未達の場合の対応	サービスレベルが達成されなかった場合の対応方法（補償）	
⑥	運営ルール	事業者と利用者間のコミュニケーション（報告・連絡）のルール	

の方法や各種認証の取得，諸種の変更のうち通知で済ます事項や同意を必要とする事項などの取り決めなどを記載することが考えられる。また，事業者のWebサイトや案内書に記載されている事項であっても契約書やSLAに記載がないと，法的な効力に違いがあることに留意が必要である。

(4) 情報セキュリティに係るコントロール

利用者がクラウド・サービスを利用する際にISMSやプライバシーマークのような認証の取得状況は事業者の情報セキュリティの状況を判断する指標として選定基準に使うこともある。

加えて，利用者が必要と考える情報セキュリティのうち，事業者の管理下で行われる情報セキュリティの要件と水準を明確化し，契約書やSLAへの明記が必要となる。また，選定後にも他事業者での事故など，新たなリスク要因は常に存在するため，他社事例等に基づき契約先の事業者から類似した事故が発生する可能性や対応状況の報告など継続的管理に必要な情報提供が含まれているか留意が必要である。

(5) 事業継続に係るコントロール

事業継続のコントロールは，前述の各種コントロールと重複するところがあるが，1つは技術的な側面であり，たとえば仮想サーバを搭載する物理的サーバへの障害対応として事業者が物理的サーバ自体のバックアップ態勢を構築しているかなどにも注意が必要である。特にPaaS環境下ではOSやミドルウェアを原因とした障害などは，利用者には対応をする権限がないこともあり，事業者からの報告を待つ以外に解決方法がないようなケースもあるため，事業者の対応方針は重要である。

もう1つは，財務的な側面であり，クラウド・サービスには価格競争が生じており，事業の不採算による倒産やサービスレベルの低下のようなリスクが存在する。そのため，一般事業での仕入先の調査と同様に長期に安定したサービス提供が可能かを判断するために，財務情報の定期的な入手が可能か

も考慮が必要である。

さらに，クラウドは契約した事業者単体だけでなく，サプライチェーンでサービス提供されている場合もある。たとえば，SaaSを提供する事業者がデータセンタを保有しているとは限らず，別の事業者のIaaSやハウジングサービスなどを利用している場合には，事業継続のために考慮すべき対象が増えることに留意が必要である。

(6) 法令・制度等に係るコントロール

法令・制度等に係るリスクに対してはクラウド導入時には適切な対応態勢の整備・運用が検討されると思うが，導入後にもたとえば個人情報保護法や内部統制報告制度等の制度・基準等の改廃や，利用者に関係する法令の新設，また法的な規制が未整備な分野で生じている課題に対応する態勢の継続的な整備・運用が必要となる。

(7) クラウドの利用組織自体に係るコントロール

IT導入のメリットの1つである業務運用の少人数化は同時に権限集中を招くため，適切な職務分離がなかったり，少人数の権限者の共謀による不正リスクが高まる。そのため，外部の第三者の事業者が運営するクラウドの利用することで，一部の業務を外部に切り出す効果があるため，ユーザとシステム管理者の職務分離などのコントロールが強化される側面もある。

その反面，事業者による不祥事は対外的には第三者に抗弁できず，利用組織によるガバナンスは利用者組織と事業者を一体として実施することが必要になる。そのため，利用者組織自体にクラウド環境下でのリスクに対応する適切なコントロールが要求されることになる。

たとえば，クラウド利用に関する規程等の整備や社内教育，業務委託先管理手法の確立，クラウド利用に必要なネットワーク等の社内インフラの確認・監視など，クラウド利用組織体自体のコントロールも重要になる。

コラム7-①：クラウドでの事故例

　クラウド事業者はサービス提供用の物理サーバをデータセンタに設置したり，他社のクラウドサービスを利用することもある。データセンタでは停電対策やネットワークの冗長化，厳密なアクセス対策，24時間の監視等，個別の企業では実施が困難なレベルのサービス継続体制を構築しているが，発生頻度は低いものの事故が生じることがあり，大きな障害になることもある。例えば；

　　・設定誤りで他社から情報が閲覧可能になった
　　・クラウドサービスの停止
　　・本番データの一部消失
　　・バックアップデータの一部消失

　障害発生時には会員用サイト等の予め定められた手段でクラウド事業者からクラウド利用者に状況が伝達されるものの，具体的な影響や復旧見込み等が企業レベルで伝わりきらないことがある。

　このように，クラウド事業者の体制も万全ではないことを理解し，障害事例に基づく自社の状況の定期的な把握が望まれる。

クラウド利用に係る監査

　クラウド利用に係る監査は，下記や，前節で説明したコントロールが適切に整備・運用されているかを検証・評価することとなる。

【重要チェックポイント】　クラウド・コンピューティング管理態勢

ITガバナンスの機能	ITガバナンスを遂行するための基盤の構築（コントロール）
意思決定 指導 監督	適切な意思決定，指導，監督実施のための仕組みが整備・運用されているか。 ・経営陣は，クラウドをITガバナンスの重要な要素の一つと認識して，クラウドの導入・利用に係る意思決定や指導，監督にコミットしているか。 ・クラウドに係る基本方針が制定されているか。 ・適時・適切な報告・検討・協議・意思決定・指示伝達の仕組みが整備・運用されているか。 ・継続的改善を図るための監視活動の仕組みが整備・運用されているか。

リスクが存在する領域	リスクに対するコントロール
全般	クラウド利用につき，全社的ITガバナンスの中で適切に検討し，意思決定しているか。 • IT戦略の中での，利用形態も含めてクラウドの導入・利用につき検討しているか。 　（クラウドは非コア業務に限定，またはコア業務にも適用。クラウドは機密情報や顧客情報を取り扱う業務にも適用，または非適用，等） • クラウドによって得られるメリットとリスク（ビジネスへの影響を含む），およびリスク発現時の組織体に与える影響，ならびにリスクへの対応策の有無等につき検討しているか。 • クラウド導入に係る当初およびライフタイムのトータル・コストについて適切に見積しているか。 • クラウド導入・利用に係る方針，規程，手続書等を適切に整備し，その周知徹底をしているか。
	クラウド事業者選定基準を適切に整備し，基準に沿った適切な業者選択を行っているか。 • クラウド事業者の業界での地位や評判，事業実績や過去の事故の有無，財務状況等につき把握しているか。 • クラウド事業者の提供するサービス品質，情報セキュリティ，事業継続料金等につき適切に評価しているか。
	契約は適切に締結されているか（適切な内容での合意と契約書への適切な記載）。 • クラウド事業者，利用者の役割，権限と責任は適切で，契約書へ明記されているか。 • サービス品質，情報セキュリティ，事業継続の各内容は適切で，契約書へ明記されているか。 • 合意した内容等を変更する場合の手続は適切に決められていて，契約書へ明記されているか。 • サービス品質未達の場合のペナルティ，および業務中断や情報漏洩等による損害発生時の損害賠償についての内容は適切で，契約書へ明記されているか。 • 契約終了時の手続（データの削除等）は適切に決められていて，契約書へ明記されているか。 • 契約時の確認事項や手続きは規程，手続書等に適切に明記されていて，チェックリストは整備されているか。
	クラウド導入後の継続的モニタリング態勢は適切に整備・運用されているか。 • クラウド事業者から提供を受けたい，クラウド事業者による監視活動結果の内容（監視事項とその水準等）につき，クラウド事業者と適切に合意しているか。 • クラウド事業者の監視活動結果等が適切に報告される仕組みが整備・運用されているか。 　（予防的監視の観点からの管理水準変動リスク等のモニタリングを含む） • クラウド事業者から受領した監視活動結果等を適切に評価し，対応する仕組みが整備・運用されているか。 • インシデントや事故等，緊急報告事項が明確になっていて，緊急報告事項が迅速かつ適切に報告される仕組みが整備・運用されているか。 • クラウド事業者に対する監査権についても，適切に追及しているか。
	クラウド管理に係る説明責任を果たすために関係する情報を適切に保存しているか。 • クラウド利用に係る善管注意義務を果たしていることを証言できる意思決定プロセスに係る情報，および 導入後の管理プロセスに係る情報等は，適切に保存しているか。 　（会社法施行規則第100条一参照のこと）
	【クラウドの管理において，業務委託先管理の観点を参考にしているか】
サービス品質	クラウドに係る利用契約および品質保証契約（SLA）の内容は適切か。 • 品質保証項目とその水準は適切に設定されており，契約書へ明記されているか。 • 水準未達時の対応とペナルティは適切に取り決められており，契約書へ明記されているか。 • 合意したサービス品質等を変更する場合の手続は適切で，契約書へ明記されているか。 • サービスの提供が部分的または全面的に不可能となった場合の対応と損害賠償は，適切に取り決められており，契約書へ明記されているか。

情報セキュリティ	情報セキュリティ要件と水準は適切に設定されており，契約書へ明記されているか。 • クラウドに移行する業務や関係する情報・データに係るリスクの識別・分析・評価は適切に行われているか。 • クラウド事業者のITガバナンスや情報セキュリティ態勢等に関する状況は，適切に把握しているか。 （クラウド事業者のサービス提供に係るバックアップ体制の把握を含む） • 情報・データの削除等，契約終了時の手続きは，適切に決められており，契約書へ明記されているか。 • クラウド事業者は適切に監視活動を実施することとなっており，その結果（内部監査結果，外部監査結果等）を，適時適切に受領できる仕組みが整備・運用されているか。 • クラウド事業者より受領した彼らの監視活動の結果について適切に評価し，適切に対応しているか。 • データの毀損，紛失，漏洩等が部分的または全面的に発生した場合の対応と損害賠償は，適切に取り決められており，契約書へ明記されているか。
事業継続	契約に先立って，クラウド事業者について適切に調査しているか。 • 業界での地位や評判，事業実績や過去の事故の有無，財務状況等を適切に把握しているか。
	事業継続に係る事項は適切な内容で合意しており，契約書へ明記されているか。 • 情報システムの機能不全，天災やテロによる稼働不能，パンデミックによる操業困難時，地域の当局による情報やデータの取り押さえ等の場合のクラウド事業者および利用者の役割，権限，責任，具体的対応等は適切に決められており，契約書に明記されているか。 • サービス提供の中断事象等が迅速かつ適切に報告される仕組みが適切に整備・運用されているか。 • サービスの提供が部分的または全面的に不可能となった場合の対応と損害賠償は，適切に取り決められており，契約書へ明記されているか。
	クラウド事業者が倒産，事業廃止した場合等の手続等は適切な内容で合意されており，契約書に明記されているか。 • クラウド事業者が倒産，事業廃止した場合等のクラウド事業者および利用者の役割，権限，責任，具体的対応等の手続等は適切に合意しており，契約書に明記されているか。
法令・制度等	クラウド導入・利用に関連する法令・制度等への対応態勢は適切に整備・運用されているか。 • クラウド導入，利用に関連する法令・制度等の抽出と法令・制度等への抵触の可能性の検討は適切に行われているか。 • 法令・制度等への抵触の可能性に対する対応策を検討する仕組みは，適切に整備・運用されているか。 • 法令・制度等のビジネスに与える影響を検討する仕組みは，適切に整備・運用されているか。 • 対応策の実施状況の継続的モニタリングを行う仕組みは適切に整備・運用されているか。 • 法令・制度等の改廃等への継続的モニタリングと，法令・制度等の改廃等へ対応する仕組みは適切に整備・運用されているか。
利用者	クラウド利用者に対する管理は適切か。 • クラウド利用者に対する継続的な教育・研修を適切に行っているか。 • クラウド利用状況に対し継続的なモニタリングを行う仕組みは適切に整備・運用されているか。
	ネットワークの容量に対する管理は適切か • ネットワーク設計は，ネットワークの利用増を踏まえ，適切に設計されているか。 • ネットワークの利用状況は適切に監視され，対応されているか。
	【ASPに係る管理の事例が参考になる】

　ここで，クラウド監査の難しさは，社内の業務プロセスであれば構築されているであろう内部統制の態勢や実施されているコントロールに対して，事業者からの説明資料や解説で整備状況はある程度把握可能かもしれない。し

かしながら，パブリック・クラウドのように異なる利用者の情報を共通基盤
で管理するという特徴から，運用状況をテストしようとしたときには他の利
用者の情報との区分管理が難しく提供を断られることもあるため，SOC1レ
ポート等を取得していないかぎり，適切な内部統制が運用されているかの心
証が得難いこともある。

　また，クラウド監査は比較的新しいサービスではあるものの業務委託の一
形態であるため，外部委託先管理の実施状況として，環境の社内構築と事業
者およびサービスの比較プロセスでの情報収集状況や判定基準の設定，そし
て経営者の承認といった行為の適切性の評価が必要になる。そして，確認可
能な資料の保存と経営者・担当者へのヒアリングなどは他の内部統制と同じ
手法となろう。

　さらに，事業者選定基準に照らしたサービスの定期的な評価に加え，技術
や環境の変化が速い分野であるため，事業者の自社向けサービスに対する報
告書だけでなく，事業者や業界のサービス動向や同業種の事故事例などの情
報を適切に把握し，事業者の変更も含めた外部委託者管理のための検討状況
も監査の対象となろう。

Ⅳ　まとめ

　クラウドはITに係る外部委託サービスとして普及している。その適切な
利用のためにはサービス内容とリスク，その導入に伴う内部統制の変化を適
切に識別し，必要な管理とその実施状況を監査する必要がある。

参考文献

一般社団法人日本内部監査協会編［2015］『IT監査とIT統制（改訂版）─基礎から ネットワーク・クラウド・ビッグデータまで─』同文舘出版。

経済産業省［2020］「クラウドサービスの安全性評価に関する検討会 とりまとめ」。

経済産業省［2010］「『クラウド・コンピューティングと日本の競争力に関する研究 会』報告書」。

経済産業省［2013a］「クラウド・サービス利用のための情報セキュリティマネジメ ントガイドライン（2013年度版）」。

経済産業省［2013b］「クラウドセキュリティガイドライン活用ブック（2013年度版）」。

佐々木清隆［2011］「金融機関によるクラウド・サービス利用の実態」『月刊監査研 究』第37巻第10号。

日本公認会計士協会［2019］保証業務実務指針3402「受託業務に係る内部統制の保 証報告書に関する実務指針」（8月1日）。

Badger, L., T. Grance, R.P. Corner and J. Voas［2012］Cloud Computing Synopsis and Recommendations, National Institute of Standards and Technology （NIST）.

Crowe Horwath LLP［2012］Enterprise Risk Management for Cloud Computing, Committee of Sponsoring Organizations of the Treadway Commission.

Jansen, W. and T. Grance［2011］Guidelines on Security and Privacy in Public Cloud Computing, National Institute of Standards and Technology（NIST）.

Mell, P. and T. Grance［2011］The NIST Definition of Cloud Computing, National Institute of Standards and Technology（NIST）.

The Committee of Sponsoring Organizations of the Treadway Commission ［2004］Enterprise Risk Management—Integrated Framework.（八田進二監訳・ 中央青山監査法人訳［2006］『全社的リスクマネジメント─フレームワーク篇─』 東洋経済新報社）

The Committee of Sponsoring Organizations of the Treadway Commission ［2017］Enterprise Risk Management—Integrating with Strategy and Performance.

第8章

ソーシャルメディア
管理態勢の構築と監査

　本章まで，従来からのIT統制やIT監査等に係る理論や，IT監査の具体的実施方法についてテーマ別に述べてきた。一方，昨今のITの発達に伴い，さまざまな新しい課題も出現してきており，その1つ，クラウドについては第7章で説明した。本章では，これらの新しい課題の1つである，ソーシャルメディアについて，あるべき管理態勢と監査について探求する。

I ソーシャルメディアの普及と定義

　ソーシャルメディアの定義として「ソーシャルメディアとは，インターネットを利用して誰でも手軽に情報を発信し，相互のやりとりができる双方向のメディアであり，代表的なものとして，ブログ，FacebookやTwitter等のSNS（ソーシャルネットワーキングサービス），YouTubeやニコニコ動画等の動画共有サイト，LINE 等のメッセージングアプリがある」（情報通信白書平成27年版），「ブログ，ソーシャルネットワーキングサービス（SNS），動画共有サイトなど，利用者が情報を発信し，形成していくメディア」（平成29年通信利用動向調査）というものがある。

　従前は，大量の相手先に情報発信するのは，新聞社・出版社，TV局のように一定の設備をもつマスメディアに限られていたが，個人でもメールマガジンやネットTVのような類似した情報提供が可能であり，さらにTwitterやFacebook，Instagram等の双方向の情報交換が可能なソーシャルメディアの普及には目覚ましいものがある。

　このように個人間の情報交換を可能にしたソーシャルメディアには，企業も自社ブランドの認知向上や収益増大を目的とした速報性の高い情報提供により競争力を高める利用法もある。そのため，ソーシャルメディアの普及は導入によるリスクだけでなく，未導入であること自体もリスクとなりうる。

情報提供の特徴について

　ソーシャルメディアは個人の利用者が多いが，従前はマスメディアを使って情報発信をしていた公職者や企業も利用しており，その利便性の高さは注目を集めている。また，ソーシャルメディアにはいくつものサービスがあり，企業で導入する場合には特徴を理解してそれぞれに適した情報発信が必要となる。まずは，マスメディアを含む情報発信の特徴や性質をいくつかの側面から比較してみる。

(1) 情報の方向性

　新聞，TV・ラジオ等のマスメディアでは発信者は多数の受信者に一方向の情報提供をするが，現在ではメールマガジン，動画配信，ブログによって個人がマスメディアと類似した発信機能を使うことも可能となった。また，電話や手紙のように送信側と受信側が同じ情報提供能力をもつ双方向の情報交換は，電子掲示板やチャット，SNSのようなソーシャルメディアにて1対1だけでなく，他の受信者の発信内容も相互に知ることが可能になっている。

(2) 記録の側面からの分類

　電話，TV，ラジオなどは基本的にリアルタイムの情報提供を想定しているが，紙記録の頒布である新聞・雑誌，書籍等はタイムラグが生じる。同様にインターネットを利用した情報提供にも同時型と記録型がある。

(3) 情報提供の方法

　新聞，電話，メール等は送信者の意図により受信者に情報を提供するPush型のコミュニケーションであり，TV，ラジオ，Webサイトのようなメ

ディアは，受信者が能動的に情報を取得するPull型のコミュニケーションとなる。ソーシャルメディアでも携帯端末に送り込まれるPush型のものと，受信者がサイト等を閲覧するPull型があるが，SNS等への投稿がメールで通知されるなど，複合的なケースも増えている。

(4) 拡散

ソーシャルメディアの中には受信者が入手した情報を他者に転送する機能が搭載されているものがある。TwitterのリツイートやFacebookのシェア等が有名である。また，InstagramやLINEのように送信者と受信者によるグループの閉鎖性が強い場合は拡散の範囲が限定される。

(5) 匿名性

ソーシャルメディアの中には双方向のコミュニケーションで受信者が匿名の登録が行いやすいものと，本名が推奨されたり，登録時に送信者の承認を必要とするものがある。グループの閉鎖性が低く匿名性が高いソーシャルメ

◎図表8-1　関連サービスの分類◎

		方向	情報	方法	拡散	匿名性
新聞		一方向	記録	Push	—	—
TV・ラジオ		一方向	同時	Pull	—	—
ネットTV・ラジオ		一方向	同時	Pull	—	—
Webサイト・動画配信		一方向*1	記録	Pull	—	—
ブログ		一方向*1	記録	Pull	—	—
S N S	Twitter	双方向	同時	Push	高	高
	Instagram	双方向	記録	Pull	低	低
	Facebook	双方向	記録	Pull	中	低
	LINE	双方向	記録	Push	低*2	低
電話		双方向	同時	Push	低	低
手紙		双方向	記録	Push	低	低
電子メール		双方向	記録	Push	中	低

ディアでは受信者から直接の反応が得られる反面，悪意的な，または愉快犯的な反応も見られやすい。

　図表8-1は，日本でもよく知られている媒体から作表し，網掛け部分でソーシャルメディアを示したが，上記のような切り口のほかに，Twitterは送信単位に140字以内の制約があり，短文を高頻度で送信するのに適している。また，FacebookやInstagramは送信頻度よりも画像や文書の内容などに重きをおく場合に適している。そのため，送信者によっては複数のソーシャルメディアを同時に利用することもあるが，それぞれの特徴を理解して発信内容を考慮することが必要である。

　また，ソーシャルメディアのサービスも日々進歩しており，HP・動画配信に電子掲示板的なコメント機能が付加されたり（図表8-1内＊1），知人グループでの利用が中心であったLINEからも商用にも利用可能なLINE@などのサービスが提供されている（図表8-1内＊2）。

III ソーシャルメディア等のリスク

　ソーシャルメディア等は便利なツールであるのと同時に，事故事例等を聞くことも多いが，リスクを恐れてまったく利用しないのも組織の競争力を弱め，成長の機会を失う可能性がある。リスクを適切に評価して利用の程度を判断することが必要となる。

（1）ITシステムの脆弱性に関するリスク

　ソーシャルメディアのシステムとして，有名なSNSの環境等を利用している場合には，ITシステム自体は運営会社の管理下にあるが，情報発信として，Webサイトの開設やメールマガジンを配信する場合，自社で環境を構築す

ることもある。

　そのような場合，配信先の個人情報等は法令に従い適切に管理し，漏えいのリスクに備えなければならない。Webサイト等を企業が保有する場合，不特定多数の人間によるアクセスが行われ，サイバー攻撃を受け情報漏えいの発生するリスクもある。

(2) 運営に関するリスク

①記載内容

　自社Webサイトや自社名アカウントでのSNSへの投稿は，それが一担当者の発言であっても企業からの公式の発言として扱われることも多い。ソーシャルメディアは迅速な情報発信であることで，発信内容のチェックまで簡素化され，不適切な内容や誤解を生む表現が公表されるリスクがある。さらにある受信者の返信に対して，賛同や否定の意見を他の利用者も投稿可能な場合，批判の集中といった「炎上」という俗語が生まれるほど，多くみられるリスク現象である。

②利用法管理

　ソーシャルメディアでは，他者の発言もみることが可能な場合，口コミといわれる商品への評価などを利用者から受けるような運営をしている場合もある。実際の購入者を装い評価を記入し，自社商品の販売を促進しようとしたり，ライバルの商品に低い評価をつけるような事故もあった。一般にサクラと言われるような古典的な手法も，不正競争防止法に抵触する可能性があり，企業がそのような作為的行為を実施していたことが知られればそれにより信用を失うリスクがある。

③更新頻度

　企業のソーシャルメディアからの情報には，一日何度も推敲不十分な文書が送信されるものもあれば，逆に当初は日次更新していても，気づけば数カ

月も放置されているものもある。たとえばPush型のメディアにおいて更新頻度が企業の活動や受信者のニーズとマッチしない場合，過剰な配信が「邪魔な通知」として着信拒否されたりフォロアから外されたりすることがある。また，Pull型のメディアでは何度か見にいって更新がなければ，「見にいく価値のないサイト」と思われるリスクがある。

（3）社内関係者からの情報発信のリスク

ソーシャルメディアは個人でも利用可能な情報発信であるため，企業の公式な情報発信だけでなく，個人として実施している情報発信にも考慮が必要となる。たとえば配信者のアクセス件数により算定されるバナー広告等の金銭的報酬や情報配信に対する他者からの反応が精神的な満足感を得るために情報発信が過熱することもある。それらが常識的な範囲を逸脱した場合には事故となり得る。

①情報漏洩

従業員等が個人としてソーシャルメディアに投稿した内容にプレスリリース前の商品やサービスの話などインサイダー情報が含まれていたり，来店した有名人の写真等の肖像権やプライバシーの侵害となるような情報が含まれるリスクもある。

また，通常のメールマガジンシステムには同報通信の宛先非表示設定が搭載されているが，その機能のない一般的なメールシステムから営業目的のメールを一斉送信する際に手動での設定を失念したため，受信者全員のメールアドレスが表示されたメールを送信し，個人情報漏えいが生じた事故も起きている。

②モラルに問題のある不適切な投稿

従業員が企業内でふざけた状況を撮影して，友人向けに投稿したものが拡散され，当該企業のサービスを授受する消費者からの不快感を受け，結果と

して企業業績の悪化につながった事故もあった。ソーシャルメディアが存在する企業環境下では従来とは異なるようなリスクも考えなければならない。

(4) 未導入のリスク

ソーシャルメディアは企業と個人を繋ぐ有効なツールの1つであり，企業での普及も拡大しているが，その利用については上記のようなリスクもある。そのため，あえて利用しないという意思決定もあるが，その場合には情報提供分野での競争力が弱まるリスクがある。

IV ソーシャルメディアの管理について

ソーシャルメディアは比較的少ないインフラ投資で使えるツールではあるが，活用成功例の裏には前項のようなリスクが存在しており，それらは日々新たな事故報道を目にする状況である。

図表8-2では2004年版COSO/ERMをベースとした管理態勢について図示している（2004年版の8つの構成要素は，2017年版では5つのカテゴリーと23の原則に再編されているが，考え方としては踏襲されており，有用性は維持されている）。

(1) 統制環境

①経営層のコミットメント

意思決定事項は資金や人的時間等の投資額の多寡により決裁権限者が決まることが多く，ソーシャルメディアの利用等は投資額も少なく経営層が意思決定に関わらないこともある。しかしながら，企業ブランドへの影響などに重要な影響が生じることもあり，投入コストの多寡の観点だけではなく，そ

◎図表8-2　COSO ERMに基づくソーシャルメディア管理態勢◎

1．統制環境（内部環境）
(1)ソーシャルメディア活用についての経営陣のコミットメント
（ソーシャルメディア活用の基本方針についての意思決定とその遵守状況の監督）

2．目的の設定
(1)ソーシャルメディア活用の目的・目標の設定

3．事象の識別
(1)目的・目標達成に係る事業機会とリスクの識別（戦略，計画立案）

4．リスク評価
(1)リスク評価（目標未達，法令等違反，炎上，情報漏えい，レピュテーショナル等）

5．リスクへの対応
(1)リスク評価に基づく対応方針決定
（リスクの受容，共有，低減を選択するなら，戦略，計画の実施）
（リスクの回避を選択するなら，ソーシャルメディアの不活用を決定）

6．統制活動
(1)目的達成のための，達成目標とリスク許容限度の適切な設定
(2)組織的コントロール：組織・体制，規程・マニュアル等
(3)人的コントロール：周知徹底，教育・訓練，人事管理，委託先管理，等
(4)技術的コントロール：ITによる管理，等
(5)物理的コントロール：パソコン等機器・媒体等管理，等

8．モニタリング活動
（3本の防御ライン）
(1)所管部署による現場の管理・監督
(2)コンプライアンス部署，リスク管理部署等による監視活動
(3)内部監査，監査役監査

7．情報と伝達

(1)ＩＴ，ソーシャルメディアに係る情報

(2)法令，規制等の制改廃等の情報

(3)経営陣の決定事項，方針，規程，手続等の周知徹底

(4)教育・訓練，周知徹底

(5)現場での情報，評判
（社内，社外の情報）

(6)自社，他社での苦情，事故等

(7)事故，不祥事等発生時の情報開示の仕組み

の利用による効果やリスク等，将来の企業像を考える経営戦略の1つとして経営者が理解し基本方針に関わることが望ましい。

また，技術的な進歩の激しい分野であるため，適切な知識の更新と自社の状況のフィードバックによる見直しが必要となる。

(2) 目的の設定

すでに独自Webサイトやメールマガジンで，企業や製品の紹介やユーザサポート等を目的として情報を提供している企業もあるが，ソーシャルメディアを導入する場合にもその目的の明確化は必要である。

また，売上高の増加のような財務的な目標が設定しやすいものもあれば，製品紹介，マーケティングの調査，IRやCSRのような企業の広告宣伝活動，人事採用など目標の設定に工夫が必要なものがある。

(3) 事象の識別

上記(2)で設定された目的や目標の達成のためにどのようにソーシャルメディアを利用するのか，また複数あるサービスをどのように選択・組み合わせるかも検討することになる。

たとえば多店舗展開している小売業であれば，商品の情報を流すだけで消費者は店舗で実際の商品をみられるが，ネット販売の商品ならば，eコマースに誘導しなければ効果は薄いし，高額商品であれば別途商品説明のWeb記事に誘導して詳細を知らせるなどの後工程も必要になる。

そのため，ソーシャルメディアの利用を事業に導入する際にはその関連する業務の全体像としての投資やリスクの判断が必要となる。

(4) リスク評価・(5) リスクへの対応

リスク評価とリスク対応は前述したⅢ「ソーシャルメディア等のリスク」で詳述している。技術的変化の著しい分野であるため，当初想定しない事故事例があったり，ソーシャルメディアの運営会社が脆弱性対応をするなどの

状況変化もある。そのため常にソーシャルメディアの利用に関するリスク情報の入手に留意すべきである。

(6) 統制活動

統制活動は上述の内容を具体的に実行するプロセスである。

- 経営者が定めたソーシャルメディア利用の方針や目的を事業方針等で明らかにする。
- ソーシャルメディア運用の組織を編成し，情報発信プロセスや目標達成の方法を定め，規程等を制定する。
- 規程等について周知徹底し，必要な教育を実施する。
- ソーシャルメディアへのアクセスや機器の利用について管理する。

特に規程と教育はソーシャルメディアによる事故の防止だけでなく，事故発生時にも企業はどのような管理態勢を構築していたかが反映されることになる。また，形式的な周知ではなく実効性ある施策がどのように行われていたかという点が評価される。

(7) 情報と伝達

各構成要素間の情報の伝達は必須であり，特に自社の事故や他社の事例などはリスク変化が統制活動に影響を及ぼすため，迅速な対応が求められる。

(8) モニタリング

PDCAサイクルとして統制活動に対するモニタリングのためにラインに適切な管理者を設置し，所定の報告頻度で定められた内容を報告するプロセスが必要となる。ラインの管理者は担当者による情報の発信準備から発信後の対応を管理・監督する。また，情報発信後のトラブルの発生状況などにも留意が必要である。さらに監視サービスを利用してソーシャルメディアに書き込まれた自社に関するコメント等を収集して風評問題の発生を早期に把握している企業もある。

V ソーシャルメディアの 利用状況の監査

　内部監査は内部統制のモニタリング機能を担っており，監査の実施内容は各企業のリスク判断等を反映したものになる。ここでは，各企業がソーシャルメディアを監査する際に特に留意すべきポイントを解説する。

(1) 経営者の活動評価

　企業がソーシャルメディアを導入した場合，そこから生じる最終的なリスクは経営者が負うことになる。そのため，経営者ヒアリング等により経営者のソーシャルメディアに関する考え方，導入に際し適切かつ十分な意思決定情報の受領状況，導入後の適切な内容の報告状況等を確認する。また，経営会議議事録等の記録の有無も確認する。

(2) リスク識別

　ソーシャルメディア導入時だけでなく，導入後の定期的なリスク識別のプロセス確率の有無とその具体的な内容が監査のポイントとなる。たとえば，担当者は自社が利用するソーシャルメディアで障害やクレームの有無を根拠にリスク状況の変化を判断するのか，各省庁から公表されている白書や，最近の事故事例等や成功事例などを集めて検討したうえで判断するのかでは，その信頼性は大きく異なる。

(3) 管理態勢

　ソーシャルメディアの導入時点では人員を投入していても，業務が軌道に乗り安定した場合には資源の再配分が行われることもある。内部監査としては，部門責任者や担当者にヒアリングなどを行い，リソースの投入状況や，

新たな要対応事象や人事異動等による担当者の変動，相対的なリソース不足
等の状況の把握が必要となる。

　また，配信を担当する部署による規程違反の把握や規程の実務との乖離の
是正など喫緊の課題の有無の検討，また，未着手ではあるが将来的な対応が
必要な課題等が整理され対応計画が立案されているかの確認が重要であろう。

(4) 従業員教育

　ソーシャルメディアはすでに多くの個人が利用しており，企業内にも情報
受信者だけでなく発信者も相当の割合で存在すると考えられる。そのため，
上述の組織や規程といった企業としての情報管理者の管理だけでなく，社内
の個人としての利用者の行動についても注意が必要である。

　確かに，公式アカウントでなければ従業員の個人的な判断という主張も可
能かもしれないが，その行動の内容によっては企業にも影響が及ぶ。

　そのため，導入時や新人研修だけでなく，知識の再確認のための定期的な
施策，社内外の事故・逸脱事例の適時フィードバックの実施状況等，従業員
教育が継続的な組織風土醸成の活動として有効な範囲と内容であるかを確認
する必要がある。

【重要チェックポイント】　ソーシャルメディア管理態勢

1．統制環境（適切な意思決定と監督）
(1) 経営陣は，組織目標の達成のためのソーシャルメディアの活用についてコミットしているか？
・経営陣はソーシャルメディアに係る経営レベルでの意思決定および監督についての仕組みを整備し，自らも適切に関与し運用しているか？ ・ソーシャルメディアに係る基本方針（ポリシー）を適切に策定し，社内外に公表しているか？　特に社内に対しては周知徹底し，その遵守状況を監視しているか？ （ポリシーの策定プロセスとその内容，周知・公表方法等）
(2) 経営陣は，ソーシャルメディアを活用し管理するための組織・体制を構築し，その組織・体制の有効性を定期的かつ必要に応じて評価しているか？
・経営陣は，全社としてソーシャルメディアの統括管理部署（責任者）を明確にしているか？ ・業務推進のためソーシャルメディアを積極的に活用しようとする部署とリスクを管理しようとする部署が適切に協議して取り組める体制となっているか？ ・ソーシャルメディア活用部署および担当者に対し指導・監督する部署，業務委託先管理を行う部署は明確か？ ・ソーシャルメディアを利用する社内外の人に対する遵守事項や要望事項等の周知徹底を実施する部署は明確か？ ・構築した組織・体制の有効性について定期的および必要に応じて検証する仕組みは構築されているか？

(3) 経営陣は，事業目的の達成具合やリスク・エクスポージャーの状況等を適切にモニタリングしているか？

- 全社におけるソーシャルメディアの活用状況について把握できる仕組みは構築されているか？
- 目的の達成具合（事業機会の活用具合，リスク・エクスポージャー等）について，設定した測定尺度に基づき，適切に把握できる体制となっているか？
- 事業目的の達成状況やリスクエクスポージャーの状況を把握する仕組みや測定指標を定期的および必要に応じて見直す仕組みは構築されているか？

２．目的の設定（全社的目的・目標の設定，各部署の目的・目標の設定）

(1) 経営陣は，ソーシャルメディア活用の可能性について適切に検討しているか？

- ソーシャルメディアの活用について，総合的な事業戦略の中で検討しているか？
- ソーシャルメディアの活用の好事例，ITに関する情報，法令・規制等の動向の適切かつ十分な情報を踏まえて，ソーシャルメディアの活用について検討しているか？
- ソーシャルメディアを活用しない場合でもその検討プロセスに係る情報を適切に保存しているか？
（ソーシャルメディアを不採用とする判断とソーシャルメディアを無視することは別）

(2) 経営陣および各部署の管理者は，ソーシャルメディア活用の可能性に基づき，活用の目的・目標を適切に設定しているか？

- 経営陣は，基本方針（ポリシー）に基づいて，ソーシャルメディア活用についての全社的な目的や目標を適切に設定しているか？
- 全社的な目的・目標達成のためのソーシャルメディア戦略は適切かつ十分な情報に基づき立案されているか？
- 管理者は，ソーシャルメディア活用についての全社的な目的や目標に基づき，各部署の目的や目標を適切に設定しているか？
- 部署の目的・目標達成のためのソーシャルメディア戦略は適切かつ十分な情報に基づき立案されているか？
- 経営陣や管理者は，ソーシャルメディア戦略実施のためのメディアの選択を適切に決定しているか？
- 経営陣および管理者は，活用の目的や目標の達成具合を評価するための指標を適切に設定しているか？

３．事象の識別（全社的な機会とリスクの識別，各部署の機会とリスクの識別）

(1) 経営陣および各部署の管理者は，ソーシャルメディア戦略を実施した場合の事業機会とリスクについて適切に検討しているか？

- ソーシャルメディア戦略実施に伴う事業機会について適切に識別しているか？
（全社的レベルおよび各業務プロセスにおいての活用の可能性，他社での好事例を参考，等）
- ソーシャルメディア戦略実施に伴うリスクについて適切に識別しているか？
（炎上リスク，情報漏えいリスク，法令等違反リスク，レピュテーショナルリスク，等）
- 事業機会やリスク評価を行うために適切な測定尺度を設定しているか？

４．リスクの評価（全社的なリスクと各部署のリスクの分析・評価）

(1) 経営陣および各部署の管理者は，事業機会とリスクの識別に基づいて，ソーシャルメディア戦略実施に伴うリスクを適切に評価しているか？

- ソーシャルメディア活用に係るリスクの分析および評価の指標は適切か？
- リスクの評価は，定期的および必要に応じて適時に見直されているか？
- リスク評価の指標やプロセスは，定期的および必要に応じて見直され，継続的に改善が図られているか？

５．リスクへの対応（リスクの評価に基づくリスクへの対応方針の決定）

(1) 経営陣および各部署の管理者は，各々，ソーシャルメディア戦略実施に伴う事業機会とリスク評価を踏まえて，リスクへの対応について適切に意思決定しているか？

- 意思決定のための情報にはソーシャルメディア戦略実施に係る事業機会の可能性とリスク評価が含まれているか？
- 経営者や各部署の管理者のソーシャルメディア戦略実施に係るリスクへの対応に関する意思決定は適切か？
（リスクは受容するのか，回避するのか，共有するのか，低減するのか？）
- 経営陣や管理者は，リスクへの対応についての意思決定は合理性について，自らの説明責任を果たせるか？

６．統制活動（適切な管理活動の実施）

(1) 戦略は適切に遂行されているか？

- 事業の達成目標は測定尺度に基づき適正に管理されているか？

・目標達成が不十分な場合は適切に是正措置がなされているか？

(2) リスク許容限度が適切に設定され，リスクは許容限度内に収まっているか？

・リスク許容度は測定尺度に基づき適切に設定されているか？
・リスク量は測定尺度に基づき適切に評価され，各関連部署が許容限度内に収まるように管理しているか？

(3) リスク管理のための組織的措置は適切か？

・リスク管理のための組織・体制は機能しているか？
（既往のコンプライアンスやリスク管理の組織・体制との整合性や連携・調整）
（ITの動向，法令・規制等の制改廃の動向，ソーシャルメディアの動向，評判や事故等をフォローする仕組み）
・リスク管理のため規程や手順・マニュアル等は適切でかつ定期的にまた必要に応じて見直されているか？
（既往のコンプライアンスやリスク管理の規程等との整合性や連携・調整）
（ITの動向，法令・規制等の制改廃の動向，ソーシャルメディアの動向，評判や事故等に対応した適時適切な規程等の見直し）
・ソーシャルメディアに係る問題やレピュテーショナル・リスクが発生した場合の対応手続は適切に決められ，適時に見直されているか？

(4) リスク管理のための人的措置は適切か？

・ソーシャルメディアの統括管理部署はソーシャルメディア活用部署や活用状況に対し，十分に監視しているか？
（活動の実態と動向，管理状況，評判，事故の有無等）
・ソーシャルメディア活用部署の要員に対する教育・訓練は適切か？
・ソーシャルメディア活用部署の業務委託先に対する管理は適切か？
・ソーシャルメディアを利用する社内役職員への規程等の周知徹底と教育・訓練は適切か？
・社外の人々への適切な利用に関する周知徹底は適切か？
・ソーシャルメディアに係る問題やレピュテーショナル・リスクが発生した場合の対応手続は役職員に適切に周知徹底されているか？

(5) リスク管理のための技術的措置は適切か？

・利用者からみて，利用しやすいものとなっているか？
・ソーシャルメディアの活用に係る情報セキュリティに対する措置は適切か？
・不適切な書込等をシステム的に監視できる仕組みとなっているか？

(6) リスク管理のための物理的措置は適切か？

・ソーシャルメディア活用のために利用する機器の保管や管理は適切か？
・ソーシャルメディア活用に係る紙等媒体の管理は適切か？

7．情報と伝達（情報の品質と適時適切な伝達，組織体内の上下・水平，組織体内外の伝達）

(1) ソーシャルメディアに係る外部環境の変化を適時適切に入手し，伝達する仕組みは適切に整備・運用されているか？

・ITやソーシャルメディアに係る最新の情報を適時適切に入手し，社内の適切な場所に伝達される仕組みが適切に整備・運用されているか？
・法令や規制等の制改廃や動向等に係る最新の情報を適時適切に入手し，社内の適切な場所に伝達される仕組みが適切に整備・運用されているか？

(2) 経営陣等から現場や社外への伝達は適切に行われているか

・ソーシャルメディアに係る経営陣の意思決定が適時適切に伝達されているか？
・ソーシャルメディアに係る基本方針，規程，手続や業務連絡等が適切に伝達され周知徹底が図られているか？
・ソーシャルメディア管理，利用に関する教育・訓練が社内に役職員に対して適切に行われているか？
・ソーシャルメディア利用に係るルールや手続きの遵守事項や要請事項を社外の人々に適切に伝えているか？

(3) 現場や社外からの情報は適切に報告されているか？

・ソーシャルメディアに係る現場での評判，苦情，ヒヤリハットが社内の適切な部署に報告され，対応がなされているか？
・ソーシャルメディアに係る自社，他社の事故や不祥事故等が社内の適切な部署に報告され，対応がなされているか？

(4) ソーシャルメディアに係る事故，不祥事等発生時の情報開示の仕組みは適切か？

	・当局等に報告すべき事項は明確であり，報告の仕組みは整備されているか？ ・外部等への情報開示の判断権限者は明確であり，情報開示の仕組み，手順等が整備されているか？

8．モニタリング活動（「３本の防御ライン」の有機的な組み合わせ）

(1) ソーシャルメディアの統括管理部署の管理，および活用する各部署の現場管理・監督は適切か？

・統括管理部署および活用部署の各々が管理や監督すべき事項は明確か？
・ソーシャルメディアに対する書込等を監視し，適切に対応しているか？
・測定尺度による管理を含め監督が適切に行われており，その結果は適切に記録され，保存されているか？
・管理・監督により指摘された点は適切に改善・是正がされているか？

(2) コンプライアンス部署，リスク管理部署等による監視活動は適切か？

・法令等やリスクの統括管理部署によって，ソーシャルメディアの統括管理部署や活用部署による現場管理・監督の妥当性，有効性が適切に監視されているか？（測定尺度による改善状況の監視を含む）
・監視活動により発見された脆弱性，不備は適切に報告され，統括管理部署や各活用部署で対応されているか？
・監視活動の結果については適時適切に経営陣に報告されているか？

(3) ソーシャルメディアに係る内部監査，監査役監査は適切に行われているか？

・ソーシャルメディア活用や管理に係る内部監査と監査役監査の連携は適切か？
・現場の管理・監督およびコンプライアンス部署，リスク管理部署等の管理状況を適切に検証・評価しているか？
・監査結果については，適時適切に経営陣や取締役会等に報告されているか？

9．継続的改善

(1) PDCAは適切に回転しているか？

・監視活動により発見や指摘された対応すべき事項は適時適切に改善・是正がなされているか？
・事業機会の活用具合とリスクの管理状況についての測定尺度の数字は適切に改善されているか？
・経営陣は継続的改善の状況に対して適切に監視し，対応しているか？

注：各カテゴリー毎に管理の要点を記載したので，全体では管理の要点に一部重複がある。

Ⅵ ソーシャルメディアの利用の変化

　ソーシャルメディアは通信情報量の増大に対応するハードウェアや，通信速度等の高速化等の関係インフラ整備のような技術的な要因のみならず，サービスの利用コストや流行による利用者数により変遷が生じている。

(1) テキストベースから画像，音声へ

　これまで本章では既に広く普及しているテキストベースのソーシャルメディアを中心に説明しているが，文字情報のみならず画像や動画などの利用を

可能としたサービスも一般的になっている。加えて，参加者が双方向で音声情報を交換できる音声SNSサービスも広まるなど，コミュニケーションの多様化が進んでいる。

(2) 新型コロナウィルスの影響

　新型コロナウィルスの環境下では，外部から企業のIT環境に接続して業務を遂行するテレワークを採用する企業も増えている。そして，当該環境下での業務を円滑にするために，電話や電子メールのようなコミュニケーションツールに加え，チャットやWeb会議システムなど既存のSNSサービスのビジネス利用も拡大している。

　また，いわゆる「巣ごもり需要」のような個人の生活の変化に対応したビジネス形態として，eコマースの強化と，それに付随した広告掲載等の情報発信にもソーシャルメディアの利用者などが考慮されることになる。

(3) リスクと対応

　情報技術や社会環境の変化によりソーシャルメディアの種類や利用者数などにも変化が生じているため，企業は利用するソーシャルメディアの新たなリスクを識別し，適切に対応することが必要となる。これは利用前のソーシャルメディアの特徴の把握のみならず，他社の成功事例，事故事例なども含めて継続的に検討することになる。

　たとえば，音声SNSなどは文字入力のコミュニケーションに比べて授受される情報量が増加し，応答スピードも高まるため，個々の発言の公開前の確認や詳細な吟味が難しいこともある。そのため，不用意に発した発言が誤解を受けるリスクは文字入力よりも高まっている可能性がある。

　その反面，企業を代表する立場の方がマスメディアのバイアスを受けずに発信する機会を適切に利用できれば消費者等への影響力も期待される。そのため，このようなソーシャルメディアが普及した場合，それを利用しないという選択にもリスクが伴うことがある。企業が各ソーシャルメディアの特徴

を理解し，目的に応じて適切に利用する体制が構築されているかは，内部監査の重要なテーマとなりうる。

まとめ

　低コストで導入も容易というメリットが強調され，普及しているソーシャルメディアではあるが，企業の活動に採用する場合には，事故が生じた場合に説明責任を果たせるレベルの適切な管理態勢の構築と維持が必要である。

　また，企業としてソーシャルメディアを利用していない場合であっても，従業員の個人的な利用について適切な管理が必要である。

　現在の潮流ではソーシャルメディアの利用は不可避な企業もある。経営者のリーダーシップの下に適切なリスク対応による有効活用が求められる。

参考文献

一般社団法人日本内部監査協会編［2015］『IT監査とIT統制（改定版）—基礎からネットワーク・クラウド・ビッグデータまで—』同文舘出版。

総務省［2012a］「平成24年版　情報通信白書」。

総務省［2012b］「ビッグデータの活用に関するアドホックグループの検討状況」（平成24年4月24日）。

総務省［2015］「平成27年版　情報通信白書」。

総務省［2020］「令和2年版　情報通信白書」。

総務省情報通信国際戦略局情報通信経済室［2013］「情報流通・蓄積量の計測手法に係る調査研究報告書」。

総務省情報通信政策研究所［2014］「平成25年　情報通信メディアの利用時間と情報行動に関する調査〈速報〉」。

吉武一［2015］「企業におけるソーシャルメディアの管理と監査」『法とコンピュータ』（法とコンピュータ学会）No.33。

META Group［2001］Application Delivery Strategies.

Scott, P.R. and J.M. Jacka［2011］Auditing Social Media, Institute of Internal Auditors Research Foundation, John Wiley & Sons, Inc.（櫻井通晴・伊藤和憲・吉武一監訳［2013］『ソーシャルメディア戦略—ガバナンス，リスク，内部監査—』一般社団法人日本内部監査協会。）

The Committee of Sponsoring Organizations of the Treadway Commission［2004］Enterprise Risk Management—Integrated Framework.（八田進二監訳／中央青山監査法人訳［2006］『全社的リスクマネジメント』東洋経済新報社。）

第9章

ビッグデータ管理態勢の
構築と監査

　本章まで，従来からのIT統制やIT監査等に係る理論や，
IT監査の具体的実施方法についてテーマ別に述べてきた。
一方，昨今のITの発達に伴い，さまざまな新しい課題も出
現してきており，その1つ，クラウドについては第7章で
説明した。本章では，これらの新しい課題の1つである，
ビッグデータについて，あるべき管理態勢と監査について
探求する。

I 電子データの普及について

　企業が活動するうえで残されるさまざまな記録の中には，契約書類のように法令等への対応のために残される記録や，財務報告の基礎となる営業取引の記録，企業活動に資するためのアンケート調査記録や取引相手のプロフィールなどさまざまなものがあり，それらの分析により経営判断や業務活動に貢献させる試みや実務が進んでいる。

　近年ではITの進歩や周辺機材の高性能化・低価格化が追い風になり，電子媒体の記録が増え，企業内外に大量の電子データが存在する。

　このような電子データについては，自社や他社の商品のような市場分析，自社の労働環境や生産稼働の監視や分析，内部監査の監査資料まで，各活動に利用する企業は多く，それらを支援するツールも増えている。

1 ビッグデータの概念と組織体における活用方法

(1) ビッグデータの概念

　現在，広く一般にビッグデータという用語が使われているが，それらが使われた時期や論者によりその内容は一致しないことがある。これはITという技術革新の多い分野での成長中の内容であるため不可避的に生じることである。

　経産省の『情報通信白書』でも平成24年版では「ビッグデータは，典型的なデータベースソフトウェアが把握し，蓄積し，運用し，分析できる能力を超えたサイズのデータを指す。」という定義を紹介している。

◎図表9-1　ビッグデータの概念◎

出所：総務省情報通信国際戦略局情報通信経済室［2013］。

　また，平成25年版では，データそのもののビッグデータ（狭義）を活用して組織体の運営，管理等に役立てる一連のプロセスや体系をビッグデータ（広義）と定義している（図表9-1）。

　そして，「ビッグデータ利活用元年の到来」と章タイトルをつけた平成29年版では個人・企業・政府が生成するデータの種類や内容からビッグデータの概念を説明している（図表9-2）。

　このように，ビッグデータはデータサイズの議論を超えて，多様なデータの生成とその利用について注目が強まっている。

　さらにビッグデータ利用に関して，官民データ活用推進基本法の制定と改正個人情報保護法の全面施行の法整備がデータ利用を後押しすることが期待される。

◎図表9-2　生成者を切り口にしたビッグデータ◎

政府	オープンデータ	「オープンデータ」は，ビッグデータとして先行している分野であり，政府や地方公共団体などが保有する公共情報について，データとしてオープン化を強力に推進することとされているものである。
企業 （産業データ）	知のデジタル化	「知のデジタル化」とは，産業や企業が持ちうるノウハウをデジタル化・構造化したデータである。
	M2M	M2M（Machine to Machine）データは，例えば生産現場や橋梁等に設置されたIoT機器からのストリーミングデータ等が挙げられる。
個人	パーソナルデータ	「パーソナルデータ」は，個人の属性情報，移動・行動・購買履歴，ウェアラブル機器から収集された個人情報に加え，特定の個人を識別できないように加工された「匿名加工情報」を含む。

出所：総務省［2017］53頁を参考に作成。

キーワード9-①

改正個人情報保護法

　官民データ活用推進基本法は，データの適正かつ効果的な活用の推進に関し，基本理念を定め，行政手続や民間取引のオンライン化等を目指すこととしている。これを受けて，改正個人情報保護法では，個人情報を特定の個人を識別できないように加工した情報を匿名加工情報として新たに定義し，個人情報の適正な流通のための環境を整備している。

----

(2) ビッグデータの利用

　ビッグデータの利用として，大量のデータを保有して処理するには，少なからずとも投資が必要である。一般事業会社の多くで投資力がある会社は，収益の拡大に直結するようなマーケティングや取引分析の分野で，社内実績と同業の市場動向データなどによる分析の利用などが見られる。そして，顧客対応のような守りの活動でも，クレーム発生率の多いサービスや部門などから改善ポイントを洗い出すなどの活動も聞かれる。

　また，内部監査でも電子データの活用により，多店舗展開している店舗成績の異常値や，不適切な経費の兆候などを把握したり，サンプルテストでは

発見が難しかった母集団の全体的検討が進んでいる。また，公認会計士監査も企業から入手した電子データの分析を監査手法として取り入れることが検討されている。

　加えてビッグデータのさまざまなデータの集合体の中でデータの関連性を可視化し，人間の判断に資する情報を提供する技術も導入されている。ここで人工知能系の技術（Artificial Intelligence：AI）をビッグデータに組み合わせることで，データ群から相関関係の高い母集団や要素の選択が容易となり，人間の目視の判断よりさらに深耕した分析が可能となる。また，AIの特徴となる機械学習やさらに人間の頭脳に近い判断を組み込んだ深層学習によりビッグデータの分析も高度化している。ただし，これらの学習に使われるビッグデータの品質や特性により学習の内容に歪みがでる可能性があり，AIの学習・判断プロセスの適切性を人間が遡及するのは困難な場合があることにも留意が必要である。

2 ビッグデータに係るリスク

　ビッグデータの利用は大きく，データを収集，分析処理してインテリジェンス情報に替え，そのインテリジェンス情報を業務に利用するというような流れになろう。この過程ではさらに詳細なステップや課題が存在するが，経営や業務に有用な高品質のインテリジェンス情報を迅速かつ低コストで入手するというようなビッグデータ利用の一般的な目的の阻害要因となるリスクには，業務プロセス全体として以下のようなものが考えられる

(1) 技術的にデータ処理に対応できないリスク

　ある一定の規模以下のビッグデータに対しては市販されている一般的なハードウェアとソフトウェアで対応できることもある。しかしながら，高精度で詳しい分析のために複数年次や詳細な項目など，企業が分析の対象とした

いデータが巨大な場合には，既存設備では対応できなくなるリスクがある。

このような場合，データを取り扱う自社設備の拡張やクラウド契約などが必要となるが，着手前に予想されていない場合には，費用や作業期間，対応人員などの問題にも波及する。

(2) 情報の信頼性

自社に記録されているデータを分析に利用しようとした際に，分析に有用な項目が部分的にしか取得されていなかったり，入力内容の信頼性がなかったり，利用可能な状況にするまでに多くの工数が必要となるリスクがある。

企業に存在するデータが，元々データ分析を予定して取得または作成されたものであるのか，他業務で作成されたものの転用なのか，その原始データ入力の段階で信頼性が左右されることがある。たとえばスーパーマーケットの利用者の年齢情報も身分証明書に基づき登録された会員カードを参照したものと，店員の主観で入力したものが混在する場合には，信頼性が大きく異なることになる。

(3) 分析処理後のインテリジェンス情報の分析能力

ビッグデータの利用では，アナリティクス（分析）の手法やツールによりグラフに複数の軸（分類）を選択しながらデータ分布などの可視化が行われ，統計的な知識が十分ではなくても利用できることもある。しかしながら，場合によっては分析結果は入手したものの，その内容を理解できなかったり，課題，原因の把握に結びつけられないリスクがある。

(4) 費用対効果

投資は単純な投資金額の多寡ではなく，そこから得られる効果との比較で判断すべきものである。しかしながらIT投資は直接変動費のような収益との相関関係が認められる場合は少なく，期待充足や満足度という定性的な判断を伴うこともある。そのような状況下でビッグデータの利用のために費や

した費用に見合う成果が得られないリスクがある。加えて，上記(1)～(3)のようなリスクと相まって，データ分析の品質向上のために追加の工数が必要になったり，分析から当初計画したような成果物が得られず作業が中断するなどのリスクがある。

(5) 情報漏洩

ビッグデータの利用が活発化すると，自社の責任下で管理する情報量も増大するため，誤流出や悪意のある窃用の防止に十分な対応を取らないと，漏えいのリスクも拡大する。

また，改正個人情報保護法ではビッグデータの活用推進のため，特定の個人を識別できないように個人情報を加工し，当該個人情報を復元することができないようにした匿名加工情報を定義している。このようにビッグデータ

◎図表9-3　ビッグデータに係るリスク◎

◎**価値の提供が不足**
- ビッグデータに費しているコストに対して，価値の提供が期待比未達

○**コンプライアンス関連**
- 個人情報保護法違反，等

○**情報セキュリティ関連**
- 情報の紛失，漏えい，改ざん，等

○**インフラストラクチャ関連（情報システム機能関連①）**
- ハードウェアやネットワークの容量不足，等

○**アプリケーション関連（情報システム機能関連②）**
- アプリケーション・ソフトウェアの機能不十分，等

○**データ関連**
- 保存データの不全
- データ保存法からのデータ処理の制限，等

○**業務関連（データ分析能力関連）**
- データ分析の理論や手法のレベル未達，等

○**成果達成関連（統制リスク）**
- 成果目標，目的の設定不適切
- 成果指標の不適切な設定によるモニタリング不十分，等

の利用の促進目的で個人情報の管理が緩和された部分もあるが，逆に個人情報の取得や保管，匿名加工などの取扱いは厳格化され，法律等の順守が不適切な場合にはリスクが拡大する。

以上，ビッグデータに係るリスクをまとめると図表9-3のとおりとなる。

3 ビッグデータの管理態勢

今までみてきたビッグデータの特徴やリスクを勘案したときに，ビッグデータのあるべき管理態勢を考えるときの基となり得る考え方の1つにエンタープライズ・アーキテクチャ（以下，EAとする）がある。

EAの考え方のポイントは次の2点であり，1つは情報システムの構築については組織体内の部門ごとの部分最適ではなく，組織体全体での全体最適を実現する観点から検討しなければならず，かつその最適は現状での最適ではなく，企業等の組織体が追求する将来のあるべき姿に対する最適であるということである。

また，もう1つのポイントは，情報システムは組織体の目標達成に役立つ情報やデータを提供するものでなければならないという考え方に立っているということである。そして，組織体の目的および目標，ならびにその達成具合を示す成果指標からなる成果参照モデルを示し，その観点から情報システムのあるべき姿を5つの階層ごとにかつその各階層の連携において考えなければならないと主張している。

5つの階層とは，図表9-4の連邦エンタープライズ・アーキテクチャの統合参照モデルが示す成果参照モデル，業務参照モデル，データ参照モデル，アプリケーション参照モデル，インフラストラクチャ参照モデルである。さらにこの統合参照モデルは，上記の5つの階層にまたぎ共通の取り組むべき事項として，セキュリティ参照モデルを示しており，計6つの視点から態勢を構築していくべきことを示している。

◎図表9-4 連邦エンタープライズ・アーキテクチャ (FEA) の統合参照モデル◎

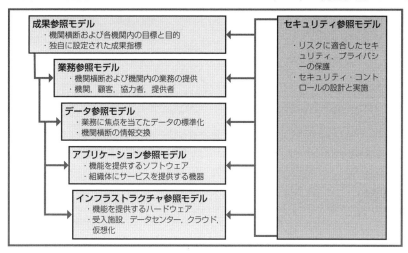

成果参照モデル
・機関横断および各機関内の目標と目的
・独自に設定された成果指標

業務参照モデル
・機関横断および機関内の業務の提供
・機関，顧客，協力者，提供者

データ参照モデル
・業務に焦点を当てたデータの標準化
・機関横断的の情報交換

アプリケーション参照モデル
・機能を提供するソフトウェア
・組織体にサービスを提供する機器

インフラストラクチャ参照モデル
・機能を提供するハードウェア
・受入施設，データセンター，クラウド，仮想化

セキュリティ参照モデル
・リスクに適合したセキュリティ，プライバシーの保護
・セキュリティ・コントロールの設計と実施

出所：White House［2013］p.20

　このEAの統合参照モデルをビッグデータの管理態勢に応用してみるとビッグデータの活用・管理態勢のフレームワークは図表9-5のようになり，EAの統合参照モデルに「統制環境」と「目的，目標等の設定と統合的管理」を加え，さらに5つの階層に共通の要素として，個人情報保護法遵守等のコンプライアンスを加え，情報セキュリティと同じ位置付けに置いている。また，この図表の管理態勢のフレームワークは，前項でみたビッグデータ活用に係るリスクのすべてへの対応が含まれている。

　なお，業務体系において，データ分析の方法・手法の高度化を目指してAIの活用についても試行や実践が進められてきている。ビッグデータを一層効果的に活用するため，AIの開発・活用動向にも注意を払っていく必要がある。

◎図表9-5　ビッグデータの活用，管理態勢の一例◎

統制環境			・ビッグデータ活用方針に係る経営陣の関与 ・ビッグデータ管理態勢構築に係る経営陣の関与
既存および EAの枠組 みで対応	目的，目標等の設定と統合的管理		・ビッグデータ活用の目的・目標，成果指標の設定（全社，各部門等） ・ビッグデータ管理態勢（プロジェクト，組織，コスト，人材等） ・費用対効果等の管理
既存の管理 態勢の中で 対応	コンプライアンス		・法令等の制改廃の動向把握 ・法令等への対応 （個人情報をデータ分析に活用する際の個人情報の充分な加工等による個人の非識別化を含む） ・関連法令等の遵守のための社員教育，周知徹底
	情報セキュリティ		・情報セキュリティに係る管理態勢の構築 ・関連するITの動向，リスク変化等のモニタリングと対応
EAの枠組 みを応用し た管理態勢 を新たに構 築	内部データ ＋ データのマッピング，マージング等 内部データと外部データを組み合わせた新データ ＋ データのマッピング，マージング等 外部データ	インフラストラクチャ体系	・ハードウェア，ネットワーク等の適切な実装 ・システム・ソフトウェア（ミドルウェア，OS等）の適切な実装 ・ITの進歩，動向に関する把握体制構築
		アプリケーション体系	・アプリケーション・ソフトウェアの適切な実装 ・ITの進歩，動向に関する把握体制構築（AI系を含む）
		データ体系	・データや情報の入手，および共有の態勢構築 ・データの入力と保存の態勢構築 ・データの正確性確保とデータクレンジング態勢の構築
		業務体系	・データ分析，意見形成の手法・方法の開発，改善 ・データ分析，保存等データ・ライフサイクル管理プロセス構築 ・情報システム操作要員確保 ・データ分析，意見形成等の要員確保 ・関連する役職員の連携
既存および EAの枠組 みで対応	成果体系（継続的改善）		・データ分析，意見形成等の継続的改善 ・情報システムの継続的改善 ・コンプライアンス，情報セキュリティの継続的改善

4 ビッグデータに係る監査

　ビッグデータ活用・統制態勢に係る監査も，ビッグデータの管理態勢のフレームワークに沿って実施していくことが効果的・効率的である。具体的には右記の【重要チェックポイント】ような区分で検討することになろう。

　「統制環境」と「目的，目標等の設定と統合的管理」については，プロジェクトの企画書や計画書の中に必要な項目が明瞭に記載され，経営陣の承認

【重要チェックポイント】 ビッグデータ管理態勢

統制環境

- ・経営陣は，全社的情報戦略のなかでのビッグデータ活用方針の整備・運用に適切に関与しているか？
- ・経営陣は，ビッグデータ管理態勢構築に適切に関与しているか？

目的，目標等の設定と統合的管理

- ・ビッグデータ活用についての全社的および各部門等の目的・目標，成果指標の設定は適切か？
- ・ビッグデータ管理態勢（プロジェクト，組織，コスト，人材等）は適切か？
- ・費用対効果等の管理は適切に行われているか？

コンプライアンス

- ・個人情報保護法等の関連法令等の動向把握態勢が構築され,法令等の制改廃に適切に対応しているか？
- ・個人情報に係る管理態勢は適切か？
- ・個人情報をデータ分析に活用する際には，個人情報から個人が特定されないように十分に加工等されているか？
- ・関連法令等の遵守のための社員教育，周知徹底は適切に行われているか？

情報セキュリティ

- ・情報セキュリティに係る管理態勢は適切に整備・運用されているか？
- ・関連する技術の動向や組織体内外の脅威の変化へのモニタリングと対応態は適切に整備・運用されているか？

インフラストラクチャ体系

- ・ビッグデータの処理，保存に十分な容量のハードウェア，ネットワーク等が適切に選択され，実装されているか？
- ・アプリケーション相互間の仲介等を行うミドルウェア,OS等が適切に選択され,実装されているか？
- ・システム・インフラストラクチャは十分な柔軟性があるか？
- ・ビッグデータに関連するITの進歩，動向は適切に把握されているか？

アプリケーション体系

- ・データの収集，処理，保存を行うアプリケーションが適切に選択され，実装されているか？
（情報システムの容量，仮想化，柔軟性，等）
- ・ビッグデータに関連するITアプリケーションの進歩，動向は適切に把握されているか？（AI系を含む）

データ体系

- ・データの継続的入手および保存態勢は適切に整備・運用されているか？
- ・データを共有するために組織体横断的な態勢は構築されているか？
- ・データの入力手続等に決められ，周知徹底されているか？
- ・データの正確性確保およびクレンジングのための態勢は適切に整備・運用されているか？

業務体系

- ・データ分析と意見形成の方法，手法は効果的に開発，改善され，データ分析の結果は，組織体の意思決定に役立っているか？
- ・データと情報を活用，管理するためのデータ・ライフサイクル管理プロセスは適切に整備・運用されているか？
（データ・ライフサイクル管理プロセス：情報，データの収集，データとしての保存，生成，分類，更新，利用，分散，保存，廃止のプロセス）
- ・関連する情報システム操作の要員は確保，育成されているか？
- ・データ収集，分析，判断，評価，報告書作成等の要員は確保，育成されているか？
- ・ビッグデータに関連する役職員の連携態勢は適切か？

継続的改善

- ・組織体の意思決定に役立つビッグデータであるために，データ保存，分析，意見形成，報告等の方法，手法等は継続的に改善されているか？
- ・ビッグデータの一層の有効活用のために情報システムは継続的に改善されているか？
- ・ビッグデータの安全かつ適切な運用管理を支えるコンプライアンス態勢，情報セキュリティの体制は継続的に改善されているか？

を受けていることや，特に導入初期には定期的な報告が実施されているかなどを経営会議議事録や稟議書で確認する。

　「コンプライアンス」，「情報セキュリティ」については，情報の適時更新が行われ，必要な対応が行われているかが重要となり，社内規則の整備や社員教育の状況を確認する。また，社内に十分な知見がない場合には当該分野について担当者の外部研修への参加や専門家による助言サービスの利用などが適切に行われているかも確認が必要である。

　「インフラストラクチャ体系」，「アプリケーション体系」，「データ体系」については，ビッグデータの利用のために必要とする管理態勢が導入されているかという点と，作業内容に対して設備の限界や拡張の必要性が検討されているかを把握する方法，意思決定過程を示す議事録や稟議書等や管理記録について検討する。また，外部ベンダーの設備を利用している場合には，どのような管理態勢なのか，受領している報告書や会議議事録の閲覧で把握する。

　「業務体系」としてはビッグデータの利用状況の把握資料を閲覧する。すなわち，利用分野や内容において，データ分析の作業に費やした時間や報告のタイミング等について計画と実績が比較されて想定された活用ができたのか，成果物に対するユーザ評価などの情報が適切に収集・記録されているかを確かめる。

　最後に具体的「成果」指標による目標達成度合と「継続的改善」として，成果指標と評価尺度が計画段階で設定されているか否か，実態の把握と必要な改善が適時に実施され経営者に承認されているかを確認する。

5．まとめ

　ビッグデータは，かつては収集することも分析することも不可能に近かった膨大な量の情報をITの発達と分析の知見の高度化により効率的に収集し，分析し，意見形成等ができるようになった新しい領域である。

　有効に活用できればその効果も高いが，情報量の多さから漏えいした場合のリスクも大きい。また，過度にしり込みする必要はないが，相当額の投資

と労力が必要な分野でもあるため，業界等での活用状況の把握とリスク評価により適切な導入が望まれる。

参考文献

一般社団法人日本内部監査協会編［2015］『IT監査とIT統制（改訂版）―基礎からネットワーク・クラウド・ビッグデータまで―』同文舘出版。

総務省［2012a］「平成24年版　情報通信白書」。

総務省［2012b］「ビッグデータの活用に関するアドホックグループの検討状況」（平成24年４月24日）。

総務省［2017］「平成29年版　情報通信白書」。

総務省［2020］「令和２年版　情報通信白書」。

総務省情報通信国際戦略局情報通信経済室［2013］「情報流通・蓄積量の計測手法に係る調査研究報告書」。

総務省情報通信政策研究所［2014］「平成25年 情報通信メディアの利用時間と情報行動に関する調査〈速報〉」。

総務省情報通信政策研究所［2020］「令和元年度 情報通信メディアの利用時間と情報行動に関する調査」。

吉武一［2015］「企業におけるソーシャルメディアの管理と監査」『法とコンピュータ』（法とコンピュータ学会）No.33。

META Group［2001］Application Delivery Strategies. Scott, P.R. and J.M. Jacka［2011］Auditing Social Media, Institute of Internal Auditors Research Foundation, John Wiley & Sons, Inc.（櫻井通晴・伊藤和憲・吉武一監訳［2013］『ソーシャルメディア戦略―ガバナンス，リスク，内部監査―』一般社団法人日本内部監査協会。）

The Committee of Sponsoring Organizations of the Treadway Commission［2004］Enterprise Risk Management―Integrated Framework.（八田進二監訳／中央青山監査法人訳［2006］『全社的リスクマネジメント』東洋経済新報社。）

White House［2013］Federal Enterprise Architecture Framework Version 2（https://obamawhitehouse. archives. gov/sites/default/files/omb/assets/egov_docs/fea_v2. pdf）。

第**10**章

内部統制報告制度における
IT統制と内部監査

　内部統制報告制度の対象会社にとって，同制度と，IT統制と内部監査との関係は切り離せないものである。本章では，内部統制報告制度におけるIT統制と内部監査のポイントを概説する。

I 内部統制報告制度について

1 内部統制報告制度導入の経緯

　アメリカではエンロン事件等を契機に，財務報告プロセスの重要性が認識され，企業改革法（サーベインズ・オクスリー法：SOX法）により，証券取引委員会（SEC）登録企業の経営者に財務報告に係る内部統制の有効性を評価した内部統制報告書の作成と，それに対する公認会計士等による監査が義務付けられた。そして，アメリカ以外でも，イギリス，フランス，韓国等において，内部統制に関する制度が導入されている。

　わが国では，平成18年6月に成立した金融商品取引法により，上場会社を対象に，平成20年4月1日以後開始する事業年度から内部統制報告制度が適用されることとなった。

　日本では，アメリカでの運用の状況等も検証し，評価・監査に係るコスト負担に鑑みて，トップ・ダウン型のリスク・アプローチの活用やダイレクト・レポーティング（直接報告業務）の不採用などの方策を講じていた。一方，監査人による監査は，企業の経営者評価の結果を利用するため，外部報告目的の内部統制評価に不慣れな企業での課題等もあり，企業会計審議会は当初公表した基準等を2年間の実務適用の後に改訂した「財務報告に係る内部統制の評価及び監査の基準並びに財務報告に係る内部統制の評価及び監査に関する実施基準の改訂について（意見書）」（平成23年3月30日）が適用されるようになった。

2 内部統制基準・実施基準の概括的理解

前述の意見書にある「財務報告に係る内部統制の評価及び監査の基準」(以下，内部統制基準とする)とそれを実務適用するうえで必要な解説を加えている「財務報告に係る内部統制の評価及び監査に関する実施基準」(以下，実施基準とする)はIT監査の観点からも重要なものであり，本項ではその概括的な説明をする。

(1) 内部統制基準・実施基準の構成

前述の意見書には内部統制基準とそれを解説する実施基準(以下両者を合わせて「基準等」とする)があり，それぞれ以下の3章から成り立っている。
- Ⅰ 内部統制の基本的枠組み
- Ⅱ 財務報告に係る内部統制の評価及び報告
- Ⅲ 財務報告に係る内部統制の監査

ダイレクト・レポーティングを採用しない制度であるため，企業による内部統制の評価方法が「Ⅱ財務統制に係る内部統制の評価及び報告」に記載され，当該評価結果に対して監査人が検討する内容が「Ⅲ財務統制に係る内部統制の監査」で説明されるなど，構成の理解が重要になる(図表10-1)。

(2) 内部統制の基本的枠組み

内部統制の概念的な枠組みを示しており，内部統制の定義(図表10-2)，内部統制の基本的要素，内部統制の限界，内部統制に関係を有する者の役割と責任について明らかにしている。

アメリカの制度に採用されている内部統制のグローバルスタンダードであるCOSOフレームワーク(図表10-3)と比較して，日本の内部統制の基本的枠組み(図表10-4)では，統制目的には「資産の保全」が追加され，基本的要素(COSOの構成要素と概念的には同じ)には「ITへの対応」が追加され

◎図表10-1　内部統制基準の構成◎

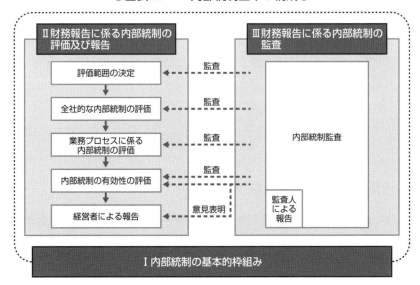

◎図表10-2　内部統制の定義◎

　　内部統制とは，基本的に，業務の有効性及び効率性，報告の信頼性，事業活動に関わる法令等の遵守並びに資産の保全の4つの目的が達成されているとの合理的な保証を得るために，業務に組み込まれ，組織内のすべての者によって遂行されるプロセスをいい，統制環境，リスクの評価，統制活動，情報と伝達，モニタリング活動（監視活動）及びIT（情報技術）への対応の6つの基本的要素から構成される。

○業務の有効性及び効率性とは，事業活動の目的の達成のため，業務の有効性及び効率性を高めることをいう。

○財務報告の信頼性とは，財務諸表及び財務諸表に重要な影響を及ぼす可能性のある情報の信頼性を確保することをいう。

○事業活動に関わる法令等の遵守とは，事業活動に関わる法令その他の規範の遵守を促進することをいう。

○資産の保全とは，資産の取得，使用及び処分が正当な手続及び承認の下に行われるよう，資産の保全を図ることをいう。

注：内部統制の目的は，それぞれに独立しているが，相互に関連している。

◎図表10-3　COSOフレームワーク◎

> **COSOの内部統制の定義：**
> 内部統制とは，以下の範疇に分けられる目的の達成に関して合理的な保証を提供することを意図した，事業体の取締役会，経営者およびその他の構成員によって遂行される1つのプロセスである。
> ・業務の有効性と効率性　・報告の信頼性　・関連法規の遵守

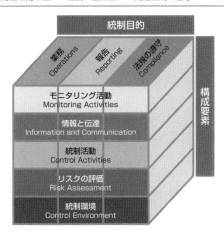

◎図表10-4　日本における内部統制の枠組み◎

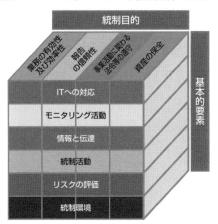

ている。

（3）財務報告に係る内部統制の評価及び報告

　経営者は，企業経営の手法として内部統制を整備・運用するが，内部統制報告制度の適用企業では，財務報告の信頼性に係る内部統制の有効性を自ら評価して，内部統制報告書による報告が求められている。

　そして，基準では評価の意義，評価とその範囲，評価の方法，内部統制の報告などについて明らかにされている。また，それらの流れは，実施基準の参考資料として掲載されている（図表10-5）。

（4）財務報告に係る内部統制の監査

　経営者による財務報告に係る内部統制の有効性の評価結果は，財務諸表監査と同一の監査人により内部統制監査を受けることになる。基準では，内部統制監査と財務諸表監査の関係，内部統制監査の実施，監査人の報告などの監査人が実施する監査について記載している。

Ⅱ　内部統制基準等における ITへの対応

　技術の進歩によりITの高性能化・低価格化が進み，企業の活動にも深く広くITが普及している。同時にITに依拠することによるリスクも高まっている。基準等でも基本的要素としてITへの対応が取り上げられている（図表10-6）。

◎図表10-5　財務報告に係る内部統制の評価・報告の流れ◎

全社的な内部統制の評価
（原則，すべての事業拠点について全社的な観点で評価）

決算・財務報告に係る業務プロセスの評価
（全社的な観点での評価が適切なものについては，全社的な内部統制に準じて評価）

決算・財務報告プロセス以外の業務プロセスの評価

1．重要な事業拠点の選定

売上高などを用いて金額の高い拠点から合算し，全体の一定割合（例えば，概ね3分の2程度）に達するまでの拠点を重要な事業拠点として選定
※事業拠点には，本社，子会社，支社，支店の他，事業部等も含まれる。
※企業の置かれた環境や事業の特性によって，異なる指標や追加的な指標を用いることがある。

2．評価対象とする業務プロセスの識別

① 重要な事業拠点における，企業の事業目的に大きく関わる勘定科目（一般的な事業会社の場合，原則として，売上，売掛金及び棚卸資産）に至る業務プロセスは，原則として，すべて評価対象
　※当該重要な事業拠点が行う事業又は業務との関連性が低く，財務報告に対する影響の重要性が僅少である業務プロセスについては，評価対象としないことができる。
② 重要な事業拠点及びそれ以外の事業拠点において，財務報告への影響を勘案して，重要性の大きい業務プロセスについては，個別に評価対象に追加
（例）・リスクが大きい取引を行っている事業又は業務に係る業務プロセス
　　　・見積りや経営者による予測を伴う重要な勘定科目に係る業務プロセス
　　　・非定型・不規則な取引など虚偽記載が発生するリスクが高いものとして，特に留意すべき業務プロセス
③ 全社的な内部統制の評価結果を踏まえて，業務プロセスに係る評価の範囲，方法等を調整
　※全社的な内部統制が有効でない場合，評価範囲の拡大，評価手続の追加などの措置が必要
　※全社的な内部統制が有効である場合，サンプリングの範囲を縮小するなど簡易な評価手続の選択や，重要性等を勘案し，評価範囲の一部について，複数会計期間ごとの評価が可能

評価範囲について，必要に応じて，監査人と協議

3．評価対象とした業務プロセスの評価

① 評価対象となる業務プロセスの概要を把握，整理
② 業務プロセスにおける虚偽記載の発生するリスクとこれを低減する統制を識別
③ 関連文書の閲覧，質問，観察等により，内部統制の整備状況の有効性を評価
④ 関連文書の閲覧，質問，観察，内部統制の実施記録の検証，自己点検の状況の検討等により，内部統制の運用状況の有効性を評価
　※全社的な内部統制の評価結果が良好である場合等には，サンプリングの範囲を縮小

4．内部統制の報告

① 内部統制の不備が発見された場合，期末までに是正
② 開示すべき重要な不備が期末日に存在する場合には開示

出所：企業会計審議会 ［2007］。

◎図表10-6　ITへの対応◎

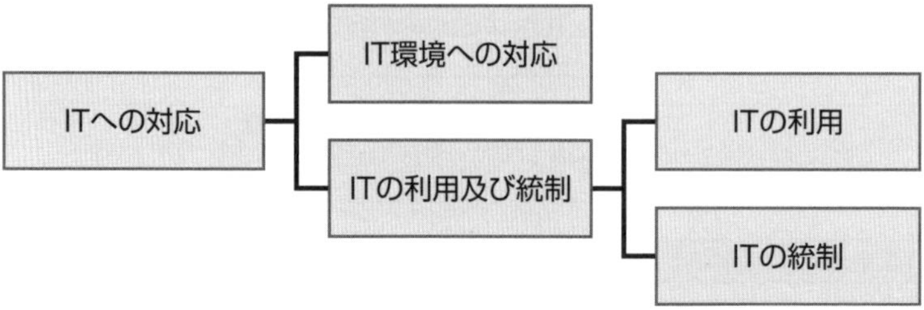

```
┌─────────┐    ┌─────────────┐
│          │────│ IT環境への対応 │
│ ITへの対応 │    └─────────────┘    ┌──────────┐
│          │    ┌─────────────┐────│  ITの利用  │
│          │────│ ITの利用及び統制 │    └──────────┘
└─────────┘    └─────────────┘    ┌──────────┐
                                   │  ITの統制  │
                                   └──────────┘
```

1 IT環境への対応

　企業がITの利用や統制を実施する際には，ITに関する外部や内部環境を考慮しなければならない。基準等では以下の項目を示している（図表10-7）。

◎図表10-7　IT環境への対応において考慮すべき項目◎

イ．社会及び市場におけるITの浸透度
ロ．組織が行う取引等におけるITの利用状況
ハ．組織が選択的に依拠している一連の情報システムの状況（情報システムに依拠しているかどうか，依拠している場合にどのような情報システムに依拠しているか等）
ニ．ITを利用した情報システムの安定度
ホ．ITに係る外部委託の状況

出所：企業会計審議会［2011］。

　IT環境への考慮は外部環境と内部環境の両方の観点から検討するほうがイメージしやすいだろう。

　外部環境としてはITの技術的な要素と普及の影響を受ける。別章でも説明しているが，クラウド，ビッグデータ，アナリティクス，SNS，AI，ブロックチェーンといった新たな技術が普及している状況で，自社グループの属する業種や所在国，特徴などからそれらの技術の採用がどのようなメリットとリスクをもつかを検討しなければならない。取引先がEDIを採用するな

らばそれに対応しなければ営業上不利になるように，差別化の観点から便利な技術を採用する攻めのIT導入もあるが，初期投資とランニングコスト，情報漏えいなどのリスクへの対応も必要になる。

内部環境としては，企業がどのような業務にいかにITを導入しているのかに焦点があたる。当該ITの相対的な性能もひとつのポイントではあるが，それを維持する人的・物的な体制やインフラ等も考慮しなければならない。特定の言語に強いプログラマーの減少や企業内のIT専門家の定年や新規雇用が難しくなっているなどの状況も考慮しなければならない。

2 ITの利用および統制

(1) ITの利用

基準等では，ITは効果的・効率的な内部統制の構築を可能にするものとして，他の5つの基本的要素のそれぞれに対して「有効性を確保するためのITの利用」という記述をしている。

内部統制の構築に手作業のITが加わると，反復継続的な処理を高速かつ正確に実施することが可能であったり，コミュニケーションツールとして高速で大量の情報の授受が可能となる。基準の例示でも滞留債権の適時把握および帳簿在庫と実在庫の差異把握などの業務での利用や，電子メールやホームページでのメッセージの掲載等のコミュニケーションでの利用等，他の基本的要素を後押しするための「便利なITの利用」の事例もあげられている。

その反面としてITの利用により考えられる外部からの不正侵入，改ざんの発見の困難さ，不正の共謀の可能性などにも言及しているが，前述のIT環境は基準公表時より相当進歩しており，新たなリスクについても検討が必要となっている。現在，多くの企業が内部統制に関してITを利用していることを考えるならば，IT環境でのリスク識別を実施し，それについて対応

しなければならない。

　基準の「統制環境の有効性を確保するためのITの利用」はむしろITを利用するためにどのような統制環境が必要かという論点を記載している。すなわち，経営者のITに対する関心，考え方，戦略，計画，予算等の高いレベルでのリーダーシップに加え，組織の構成員の知識や能力とそれを育成する教育などが必要となるのである。

　この部分はIT全社統制として企業/グループ全体に影響を及ぼすものであり，企業により導入のレベルが異なっている。また，便利さや普及によるコスト削減が引き金になって普及しているが，それに伴うリスクに対する対応が適切になっておらず，メリットに対するデメリットのコストの追加発生への検討が必要である。

(2) ITの統制

①ITの統制目標

　内部統制の目的達成のためにITは利用されるが，そのIT統制にも以下のような統制目標が考えられている。

　有効性・効率性，準拠性，信頼性といったITの統制目標はCOSOベースの統制目的とほぼ一致している。

　また，資産の保全という点からは情報も重要な経営資源であり資産であるため，その保全として機密性が必要となる。

　可用性は情報の利用可能性ということであり，情報管理の有効性や効率性とも近いものがある。

◎図表10-8　ITの統制目標◎

内部統制の目的	ITの統制目標
業務の有効性及び効率性	有効性及び効率性
〃	可用性
財務報告の信頼性	信頼性
事業活動に関わる法令等の遵守	準拠性
資産の保全	機密性

②ITの統制の構築

内部統制基準および実施基準では，全社的な内部統制と業務プロセスに係る内部統制の2つの区分で説明しているが，ITを利用した情報システムに関する統制については，ITに係る業務処理統制とITに係る全般統制に区分されている。ITも重要な内部統制の中心を占めるため，当然企業およびそのグループ全体を包含する全社統制として経営者のガバナンスの枠内に含まれる。

IT全般統制と業務処理統制の境界は明確なものではなく，企業でのITの利用方法により異なることもある。次項以降で，ITに係る業務処理統制およびITに係る全般統制それぞれについて詳述する。

◎図表10-9　ITに係る業務処理統制◎

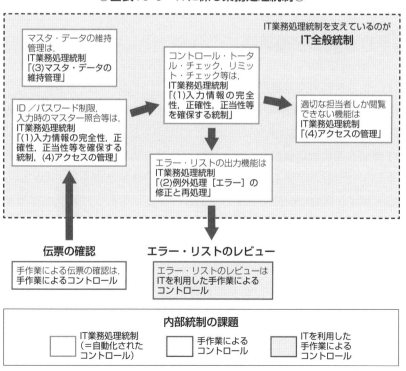

3 ITに係る業務処理統制

実施基準では「ITに係る業務処理統制は，業務を管理するシステムにおいて，承認された業務がすべて正確に処理，記録されることを確保するために業務プロセスに組み込まれたITに係る内部統制である。」と定義され，具体例は4つの項目があげられている。

(1) 入力情報の完全性，正確性，正当性等を確保する統制
(2) 例外処理（エラー）の修正と再処理
(3) マスタ・データの維持管理
(4) システムの利用に関する認証，操作範囲の限定などのアクセスの管理

4 ITに係る全般統制

ITに係る業務処理統制が会計期間を通じて，また異なる拠点を通じて有効に機能するためには，それを維持するITに係る全般統制として，規程や組織体制の整備が必要となる。

ITに係る業務処理統制は，個々の取引処理に直接的に関連するため，利用するITの内容の影響を強く受けるが，IT全般統制はITを導入している企業であれば共通的に関係するものである。実施基準にはITに係る全般統制として以下の4項目が記載されている。

このような観点についてどのような規程や組織活動を内部統制として構築するかが重要である。

(1) システムの開発，保守に係る管理
(2) システムの運用・管理
(3) 内外からのアクセス管理などシステムの安全性の確保
(4) 外部委託に関する契約の管理

III ITを利用した内部統制に係る 評価および報告

　財務報告に係る内部統制の評価・監査スキームの概要は図表10-10のとおりである。

　財務報告に係る内部統制のうちITの統制に関しては，ITに係る業務処理統制とITに係る全般統制に分かれると説明した。ITを利用した内部統制の評価および報告にあたっては，上記２つの統制に加え，全社的な内部統制のITへの対応に関する項目も考慮する必要がある。

◎図表10-10　財務報告に係る内部統制の評価・監査スキーム◎

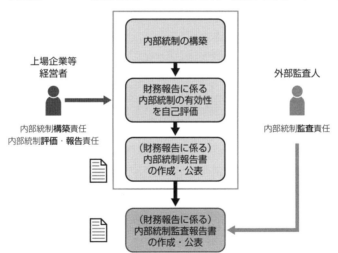

1 内部統制評価の体制

　経営者による内部統制の評価とは，外部の監査人による評価との対照で，経営者の指揮下にある企業による評価である。

　そして，日常業務を遂行する者や部署による内部統制の自己評価は客観性が低くなるため，業務とは独立した内部監査部門等が企業内での評価を担当するケースも多い。ただし，ITを利用した内部統制に関する有効性評価のためには，ITについての技術的な知見を必要とするため，内部監査部門では十分に実施できないこともある。そのため，情報システム部門による自己点検のプロセスや結果を内部監査部門が評価し，内部統制の有効性評価における判断の基礎とすることもある。また，有効性評価の一部に外部の専門家を利用することもできるが，その作業結果を評価の証拠として利用するか否かは，あくまで経営者が自らの責任において判断する必要があり，評価結果の最終的な責任は経営者が負う。

2 全社的な内部統制におけるITへの対応

　実施基準では，内部統制の基本的要素を切り口として全社的な内部統制を説明しており，ITへの対応に関する評価項目の例は，以下のとおりである。

（参考１）実施基準での財務報告に係る全社的な内部統制に関する評価
　　　　項目の例

ITへの対応

○経営者は，ITに関する適切な戦略，計画等を定めているか。

○経営者は，内部統制を整備する際に，IT環境を適切に理解し，これを踏まえた方針を明確に示しているか。

○経営者は，信頼性のある財務報告の作成という目的の達成に対するリスクを低減するため，手作業およびITを用いた統制の利用領域について，適切に判断しているか。

○ITを用いて統制活動を整備する際には，ITを利用することにより生じる新たなリスクが考慮されているか。

○経営者は，ITに係る全般統制およびITに係る業務処理統制についての方針および手続を適切に定めているか。

3 ITを利用した内部統制の評価

(1) ITを利用した内部統制の評価範囲の決定

多くのシステムが導入されている企業では，内部統制報告制度で必要とされる有効性評価の対象システムを絞り込み，それぞれの基盤の把握から始めることになる。

①業務プロセスとシステムの範囲

内部統制報告制度の下で，経営者が評価対象とする内部統制は重要な財務諸表項目に対して財務情報を提供する業務プロセスに関連するものである。そして，ITも内部統制の一部であることから，当該プロセスに用いられているIT業務処理統制が評価範囲となる（図表10-11）。

◎図表10-11　業務プロセスとシステム一覧◎

対象業務プロセス	開運情報システム	システム機能の概要	利用部署
購買プロセス	自動発注システム	・・・・	・・・・
	購買管理システムA	・・・・	・・・・
	購買管理システムB	・・・・	・・・・
固定資産プロセス	固定資産管理システム	・・・・	・・・・

②IT基盤の把握

　各業務プロセスで使われるIT業務処理統制は，それを維持管理するIT全般統制の下にあり，それらはIT基盤の概要として把握される。実施基準では以下の例を挙げている。

- ITに関与する組織の構成
- ITに関する規程，手順書等
- ハードウェアの構成
- 基本ソフトウェアの構成
- ネットワークの構成
- 外部委託の状況

把握した項目は適切に書面化する（図表10-12）。

◎図表10-12　IT基盤の概要把握表◎

システムの概要（主要機能，入力情報，出力情報，管理情報の内容等）

システムオーナー部署			
アプリ開発・保守部署			
システム運用部署			
インフラ担当部署			
情報システム部担当者		サーバ設置場所	
ユーザ数・端末台数		サーバ数	
OS		データベース	

他システム間インタフェースの概要（相手システム，タイミング，送受信データ内容）

4 ITを利用した内部統制の有効性の評価

（1）ITに係る全般統制の評価

　前述のように業務プロセスに関係するIT業務処理を行うシステムを管理するIT基盤に対して，ITに係る全般統制の観点からその内容を評価し，記録することになる（図表10-13）

◎図表10-13　評価単位記述書◎

分野	分類方法	管理単位	管理部署等	
システムの開発，保守	システム別	P3システム	情報システム部　アプリケーションチーム開発グループ	
		生産管理システム	情報システム部アプリケーションチーム開発グループ	
		給与システム	人事部	委託先：CE社
		ネットワーク，ハードウェア管理	情報システム部　インフラチーム	委託先：SDS社
システムの運用・管理	システム別	P3システム	情報システム部　アプリケーションチーム運用グループ	委託先：SDS社
		生産管理システム	○○製造部	委託先：SDS社
		給与システム	人事部	委託先：CE社
		ネットワーク，ハードウェア管理	情報システム部　インフラチーム	委託先：SDS社
内外からのアクセス管理などのシステムの安全性の確保	システム別	P3システム	情報システム部　アプリケーションチーム運用グループ	
		生産管理システム	○○製造部	
		給与システム	人事部	
		ネットワーク，ハードウェア管理	情報システム部　インフラチーム	
外部委託に関する契約の管理	共通	共通	情報システム部　企画管理チーム	

(2) IT全般統制での検討ポイント

　評価に際しては基準等に記載されているIT全般統制の観点に対し検討することになる。

【重要チェックポイント】　ITに係る全般統制

分野	カテゴリ	検証事項
システムの開発，保守	概要設計	【概要設計の承認】 実現すべき業務要件を明記したシステム概要設計書を作成し，経営者・管理者の承認を得ているか。
	アプリケーション統制と監査対応	【アプリケーション・コントロールの組込】 システム機能要件を検討する際に，財務報告目的内部統制のためのアプリケーション・コントロール組込みや，監査対応のための要件について検討を行い，経営者・管理者の承認を得ているか。また，システム変更によりアプリケーション・コントロールが変更された場合には，該当する業務プロセスに反映しているか。
	変更手順と手続	【変更手順と手続】 システムの変更手順や変更手続が規定されており，システム変更はこれらに準拠して実施されているか。
	緊急変更手続	【緊急対応】 緊急のシステム変更に関する手続が定められており，事後を含め所定の文書が作成され，管理者の承認を得ているか。
	変更状況の追跡および報告	【変更履歴管理】 ソースプログラム等の変更履歴を記録する仕組みが導入されており，必要な際に変更状況の確認が可能な状態となっているか。
	テスト環境およびテストの実施	【テストの実施】 テスト計画に基づいてテストを実施しているか。テスト結果は管理者に報告し，承認を受けているか。
	データ移行	【データ移行計画の策定と承認】 アプリケーション・システムの切り替えを行う際には，データ移行計画を策定し，システムオーナー部門等の承認を受けているか。
		【データ移行結果の検証】 データ移行結果は，システムオーナー部門等に報告され，検証されているか。
	最終検収テスト	【テスト結果の承認】 経営者，ユーザ部門および情報システム部門の管理者は，テスト結果を評価し，承認しているか。

	本番移行	【本番移行の承認】 変更されたシステムを本番移行する際には，システムオーナー部門の承認を得ているか。
		【開発者と本番移行者の職務の分離】 本番移行手続を実施する担当者は，プログラム開発者と適切に職務分掌されているか。
システムの運用・管理	障害の追跡および報告	【障害の解決】 障害の管理責任部門は，規定された障害対応手順，変更管理手続等に従って，障害対応を行っているか。
	障害完了の管理	【障害解決の確認と記録】 識別された障害について，対応が完了したことを変更管理文書等により確認する。案件単位でステータス管理が行われており，完了確認済みの案件については，完了処理を行っているか。
	運用手順および指示	【運用手順書の整備】 システム運用手続が定められ，これに基づいてバッチ処理の実行，処理結果の確認，オンライン・システムの監視，ネットワークの監視，システム・ソフトウェアやハードウェアの監視と保守が実施されているか。
	ジョブ管理	【スケジュール登録・変更の承認】 ジョブ・スケジュールの登録・変更はユーザ部門の依頼に基づいてスケジューリングされ，ユーザ部門の管理者，開発部門の管理者，運用管理者が承認しているか。
		【臨時ジョブの管理】 臨時ジョブは，ユーザ部門の管理者，運用管理者の承認を得た依頼書に基づき実施されているか。
		【ジョブ結果の記録と確認】 ジョブの実行結果およびオペレーションの実施結果がジョブ・スケジュールや指示書どおりであることを，運用管理者が確認しているか。
		【データの強制変更】 データの強制変更手続が定められており，実際に変更を行う場合は事前に影響調査が行われるとともに，変更結果が適切であることを確認しているか。
内外からのアクセス管理などのシステムの安全性の確保	ユーザ認証と権限付与	【ユーザ認証】 システム（OSやDBMS，アプリケーションなど各階層を含む）へのアクセスは，認証メカニズム（ユーザID／パスワード等）により，制限されているか。
		【ユーザ権限】 ユーザのアクセス権限（プロファイル，グループ，ロール等）が，職務権限に応じ設定されているか。

	ユーザアカウントの管理	【権限付与】 ユーザにアクセス権限を付与するための手続が規定されており，適切な管理者の承認により権限が付与されているか。
		【権限削除】 退職者や異動者のアクセス権限は適時に休止，変更，または削除されているか。
		【OSの特権アカウント管理】 OS上の特別な権限のあるアカウント（root，administrator等）は，承認された特定の管理者のみに付与されているか。
		【DBMSの特権アカウント管理】 データベースへの直接アクセス（ODBC等を経由したデータの挿入，変更，消去等）が可能なDBMS上の特権アカウントは，承認された特定の管理者のみに付与されているか。
		【アプリケーションの特権アカウント管理】 アカウント作成等が可能な特別な権限のあるアプリケーション上のアカウントは，承認された特定の管理者のみに付与されているか。
		【権限付与状況のモニタリング】 定期的にユーザアカウントやアクセス権限付与状況の見直しが行われているか。
	バックアップとリストア	【バックアップの実施】 データとプログラムのバックアップ計画を策定し，定期的にバックアップを取得しているか。
外部委託に関する契約の管理	サービス提供会社との関係管理	【外部委託先の管理】 業務委託契約の管理責任者が明確になっており，SLA（サービスレベル合意書）に基づき，利用部門との良好な関係の維持や発生した問題の解決が図られているか。
	提供されるサービスレベルのモニタリング	【外部委託先に対するパフォーマンスモニタリング】 経営者・管理者は，外部委託先が提供するサービスが，業務ニーズを満たしているか，（SLAを含む）契約を順守しているか，競合他社と比較して優位性があるか，について定期的なモニタリングを行う。問題がある場合には対策を講じているか。

①システムの開発，保守

システムの新規開発や保守による機能の維持や向上については，多額の費用なり労力が投入されるため，その意思決定プロセスの適切さが重要となる。

開発や保守では，導入に対する意思決定プロセスとして，ユーザの意見調整や必要なシステム要件の明確化，組織や業務内容の変更，システムのテス

トと利用開始などが考慮の対象となり，これらのマイルストーンを適切に管理するプロジェクトマネジメントなどが注目される。

また，導入後も保守実施の意思決定や導入成果の評価等に基づく将来的な機能追加やリプレイスの計画などが必要となる。

②システムの運用・管理

システムの運用時には，ITが当初予定されていたとおりの成果を提供しているかを検討することになる。

システム障害等の問題の把握・対応・報告などはIT自体の機能維持の観点であるが，これに加えて，データ処理量の増加などのシステムの負荷状況を考慮した障害の予防保守も重要である。

また，ITとともに実施される人手のコントロールが適切に実施されているか，その教育や支援なども包含されることになる。

③内外からのアクセス管理などシステムの安全性の確保

ITで利用される電子情報は瞬時に移動・破壊が可能である。そのため，組織の内外からの故意や過失によるデータ漏えい，改ざん，破壊等のリスクがある。これらに対してネットワークやコンピュータ上でのマルウェア監視や，適切なバックアップ，社内でのアクセス管理に対して方針を定め，それが維持され，かつ環境変化にどのように対応しているかを把握する必要がある。

④外部委託に関する契約の管理

ITの開発・保守・運用等を自社のみで完結するケースは少なくなっており，作業の一部に外部の専門業者の利用が必要となることも多い。基準等には「契約の管理」として記載されているが，企業としての適切な外部委託先管理方針があり，契約で明示されたサービスレベルの内容や，委託先で実施されている業務内容およびセキュリティを始めとする管理態勢の把握や評価が必要

になる。

(3) ITに係る業務処理統制の評価

　経営者は，識別したITに係る業務処理統制が，適切に業務プロセスに組み込まれ，運用されているかを評価する必要がある。評価にあたっては，実施基準で例示された4項目の観点（本章Ⅱ4参照）から検討し，文書化する。

(4) ITに係る業務処理統制の評価ポイント

　ITに係る業務処理統制の評価を実施する際の運用テストの手法例を図表10-14，10-15，10-16に示す。

◎図表10-14　ITに係る業務処理統制の運用テスト手法（例）◎

使用データ／使用環境	本番データ（実際の取引データ）	テストデータ（評価者の作成データ）	本番プログラム（実際のプログラム）
本番環境／テスト環境（業務システムの実行環境）	再実施	テストデータ法	プログラムレビュー
評価者のパソコン等	再計算		

◎図表10-15　テスト手法の概要と留意点◎

テスト手法	概要	テスト実施の留意点
再実施	実際の入力や処理の現場に評価者が立会い，画面や出力環境などを閲覧して，その統制が実施されていることを確かめる。	再実施において取引データを入力して検証する場合は，正当なデータを入力すること。
再計算	プログラム処理前後の本番データを入手し，その統制と同じロジックで評価者が再計算を行い，同じ結果が得られることを確かめる。なお，計算式が複雑あるいはデータ量が多いなど手作業の計算では困難というような場合，コンピュータを用いた計算を行うことがある。	再計算では計算ロジックについて評価者が自らが準備すること。また大量の本番データを取り扱うため紛失防止等には一層の注意が必要である。

テスト データ法	テストデータを投入して，期待通りの結果が得られることを確かめる。オンライン処理であれば画面で直接目視する。バッチ処理の場合は結果を出力することで確認できる。	テストデータ法で検証するときは本番データに影響を与えないよう十分に注意する必要がある。テストデータ法をテスト環境で実施する場合，少なくとも検証対象のロジックに関係する部分について本番環境と同一であることの検証が必要である。	
プログラム レビュー	直接プログラムソースの内容をレビューして，期待どおりの統制がプログラム上実施されていることを確認する。プログラムソースだけでなく設定ファイル，プロファイル等の設定の確認も含む。換算による検証を行わないが，再計算，テストデータ法がともに実施困難な場合には有効な検証手続となる。	技術的，時間的な制約を伴うことがある。 プログラムレビューでは実際に稼動しているプログラムのソースや設定ファイルを検証する必要がある。また，設定画面を確認するときは本番環境のコンピュータの画面であることを最初に確かめることに留意する。	

◎図表10-16 コントロールとテスト手法◎

コントロール タイプ	コントロール（例）	検証手続（例）				
		整備状況	運用状況			
		仕様書 レビュー	再実施	再計算	テスト データ法	プログラム レビュー
アクセスの管理	アクセス管理	○	○	—	○	△
入力情報の完全性，正確性，正当性等を確保する統制	電子承認	○	○	—	○	△
	エディット・バリデーション・チェック	○	○	—	○	△
	自動計算	○	△	○	○	△
	自動データ転送	○	○	○	○	△
	自動仕訳	○	○	○	○	△
	自動照合（マッチング）	○	△	○	○	△
例外処理（エラー）の修正と再処理	モニタリング・レポート	○	△	○	○	△

①入力情報の完全性，正確性，正当性等を確保する統制

　手入力や他システムからのデータ転送により情報が入力される場合，入力値や条件をあらかじめプログラムに組み込むことで，通常使われない範囲の値や，承認などの条件が未了の取引の入力を保留し，エラー・メッセージ等で確認を促したり処理を中断させるなどの方法による統制である。

②例外処理（エラー）の修正と再処理

　ネットワークの通信遮断等により処理が中断した場合，自動的に当該処理の完了部分と未了部分を切り分け，未了部分を再試行して正しい処理が行われるようにしたり，例外状況に関するエラー・レポートを出力し，人手により再処理等を実施するような統制である。

③マスタ・データの維持管理

　取引等は，個々の取引毎に異なる数量などに関するトランザクションデータと，それが参照する商品情報（名称・単価・納期等）や取引先情報（企業名・決済条件・与信額等）等の異なる取引に共通するマスタ・データに分けて記録することが多い。ただし，トランザクションデータほどは入力頻度が高くないため，①のような自動化された統制が整備されていないこともある。そのような場合には，マスタ・データの登録，修正手続の明確化などに関する統制となる。

④システムの利用に関する認証，操作範囲の限定などのアクセスの管理

　内部統制の基本機能である職務分離をシステムにより実現する場合には，あらかじめ定められた職務権限をシステム上に登録し，ＩＤとパスワードによる認証で統制することになる。

　これらの業務処理統制は，手作業により実施することも可能であるが，システムに組み込むことにより，より効率的かつ正確な処理が可能となる。ITに係る業務処理統制のイメージは図表10-9に示している。

(5) 経営者評価手続について

　内部統制を整備と運用に分けて評価するのはITの分野でも同様である。

①整備状況の評価

　整備状況の評価では企業が識別したリスクに対応するための内部統制の有

無や内容を判断することになり，たとえば手作業の内部統制に対しては，組織や社内規程やルールの存在であり，自動化された内部統制ではそれが仕様としてシステムの機能に組み込まれていることである。ここで，整備された内部統制が識別したリスクに十分に対応しているかが評価のポイントであり，残存リスクが大きければ内部統制の追加も必要となる。また，ITの場合，処理結果を人間が確認するなど，ITと補完関係の手作業の内部統制が存在することもある。

②運用状況の評価

運用状況の評価とは手作業の内部統制では決められた規程やルールに従った業務が行われているか，自動化された内部統制では処理結果が正しいかを確認することである。自動化された内部統制では同じ処理が反復継続するため，プログラム等の変更がなければパターン毎に1件のサンプル検証でも信頼できると考えられるケースもあるが，手作業の内部統制ではタイミングや作業の担当者により結果が異なる可能性に留意が必要である。

(6) ITに係る内部統制の有効性の判断

①ITに係る業務処理統制に不備がある場合

ITに係る業務処理統制に不備がある場合には，財務データに直接影響する可能性があり，業務プロセスに係る内部統制に不備がある場合と同様に評価する。

また，影響の範囲の確認のため，当該不備がプログラム等の自動化された処理に起因しているのか，人が関与している部分に起因しているのかを識別する。自動化された部分から生じた場合には，同種類の誤りが繰り返されている可能性があることに留意する。

②ITに係る全般統制に不備がある場合

ITに係る全般統制に不備がある場合には，関連するIT基盤上に存在する

システムとそのIT業務処理統制への影響を把握する。すなわち，IT全般統制は，ITによる業務処理を通じて財務報告の信頼性に寄与するため，その不備がITによる業務処理に影響しなければ虚偽表示に繋がらないケースもある。

　しかしながら，IT全般統制に不備がある場合，IT業務処理統制の検証時点以外の期間ではその有効性を保証できない可能性に留意する。

財務報告に係る内部統制の監査

　経営者の作成した内部統制報告書に対して，監査人は内部統制の有効性の評価結果をすべての重要な点において適正に表示しているかどうかについて意見表明する。

1 監査計画と評価範囲の検討

　日本ではダイレクト・レポーティングを採用していないため，経営者の評価結果である内部統制報告書を前提に，監査人は意見表明することになる。このことは，企業の状況に応じた経営者による内部統制の検証が尊重されるという趣旨である。これは，同時に経営者と監査人が評価着手前に評価範囲や実施時期を含む評価方針を十分に協議し，実施中では情報の共有が必要になることを示唆しており，特に評価範囲などは企業の活動状況や環境によるリスクの変化，過年度の逸脱の発見状況などの要因を考慮する必要がある。また，ITの分野でも重要なシステムの更新や障害，関連する人員の変化なども検討することになる。

2 監査人による監査手続の実施と不備対応

(1) 監査人による監査手続

監査人は実施基準に従い，経営者が実施したITを利用した内部統制の評価の結果を入手して監査手続を実施することになる。実施基準に記載されているIT全般統制とIT業務処理統制の検証内容は経営者評価とおおむね同じ視点であり，換言すれば経営者評価にも有用な内容である。

また，基準等のほかに日本公認会計士協会から監査・保証実務委員会報告第82号として「財務報告に係る内部統制の監査に関する実務上の取扱い」（2019年7月5日）が公表されており，実務上は監査人による監査手続の指針となるほか，ITについてはIT委員会実務指針第6号「ITを利用した情報システムに関する重要な虚偽表示リスクの識別と評価及び評価したリスクに対応する監査人の手続について」（2011年12月22日）や保証業務実務指針3852「受託業務のセキュリティ，可用性，処理のインテグリティ，機密保持及びプライバシーに係る内部統制の保証報告書に関する実務指針」（2019年11月6日）等が実務上の指針となっている。

(2) 監査人が発見した不備への対応

①内部統制監査上の不備対応

内部統制報告書は期末日時点の内部統制について報告する。そのため，期中にルールから逸脱した内部統制が発見され，それが内部統制上の不備に該当すると判断された場合，企業はその是正について検討することになる。手作業の内部統制であれば比較的早期の対応が可能なこともあるが，自動化された内部統制の場合には，プログラムの修正作業を伴うなど是正が間に合わないこともある。このような場合，不備のあった内部統制を補完する他の内部統制を識別してその有効性を検討する場合や，手作業による内部統制を追

加して対応することになる。

①財務諸表監査上の不備対応

　内部統制に不備がある場合，当該内部統制により処理された財務情報の信頼性についても，当該不備の影響の有無を判断する十分な検討が必要になる。その中には計算ロジックの誤りのように再計算を実施し修正が必要なものもあれば，IDの設定の不備のように不適切なアクセスの有無やデータ改ざんの事実を調査し，会計上の必要な修正金額の集計が必要となる場合もある。

②不備の事例

　内部統制報告制度の導入から10年が経過したが，企業による会計不正は毎年公表されており，開示すべき重要な不備として公表された報告書の中には原因としてITに言及しているものや，間接的な原因にITが関係していると思われるものもある。

　日本公認会計士協会では監査・保証実務委員会研究報告第32号「内部統制報告制度の運用の実効性の確保について」（平成30年4月6日）を出している。内部統制の不備事例としての参照を推奨する。

V まとめ

　今の日本企業の中には，少子高齢化社会で団塊の世代の大量の退職が生じて，文書化されていない詳細なノウハウが引き継がれなくなった企業や，ITの導入による少人数オペレーションで効率化を推進した際に，権限集中のリスクへの対応が不十分であった企業，またIT導入を拙速で進めたために脆弱性が残ってしまった企業などが少なくない。

　ITの技術的進歩は早くその利用の局面は広がる一方であり，本章では「財務報告」を対象としているが，他の目的のためにも使われており，利用局面が広がるのと同時にリスクも拡大している。常に環境の変化と自社の状況について情報を得ながら適切な評価の実施が必要となる。

参考文献

一般社団法人日本内部監査協会編［2015］『IT監査とIT統制（改訂版）—基礎からネットワーク・クラウド・ビッグデータまで—』同文舘出版。

企業会計審議会［2007］「財務報告に係る内部統制の評価及び監査の基準並びに財務報告に係る内部統制の評価及び監査に関する実施基準の設定について（意見書）」。

企業会計審議会［2011］「財務報告に係る内部統制の評価及び監査の基準並びに財務報告に係る内部統制の評価及び監査に関する実施基準の改訂について（意見書）」。

久保惠一・仁木一彦［2008］『図解　ひとめでわかる内部統制』東洋経済新報社。

社団法人日本内部監査協会［2007］『ここから始めるIT監査』同文舘出版。

日本公認会計士協会［2011］IT委員会実務指針第6号「ITを利用した情報システムに関する重要な虚偽表示リスクの識別と評価及び評価したリスクに対応する監査人の手続について」（12月22日）。

日本公認会計士協会［2021］IT委員会研究報告第57号「ITの利用の理解並びにITの利用から生じるリスクの識別及び対応に関する監査人の手続に係るQ＆A」。

日本公認会計士協会［2019］IT委員会研究報告第53号「IT委員会実務指針第6号「ITを利用した情報システムに関する重要な虚偽表示リスクの識別と評価及び評価したリスクに対応する監査人の手続について」に関するQ＆A」

日本公認会計士協会［2019］保証業務実務指針3852「受託業務のセキュリティ，可用性，処理のインテグリティ，機密保持及びプライバシーに係る内部統制の保証報告書に関する実務指針」（11月6日）。

日本公認会計士協会［2017］IT委員会実務指針第7号「受託業務のセキュリティ，可用性，処理のインテグリティ，機密保持及びプライバシーに係る内部統制の保証報告書」（4月26日）

日本公認会計士協会［2018］監査・保証実務委員会研究報告第32号「内部統制報告制度の運用の実効性の確保について」（4月6日）

第**11**章

ITガバナンス，
IT統制とIT監査の展望

　ここまで，ITガバナンス，IT統制およびIT監査等について，その理論や具体的実施方法について述べてきた。発達を続けるITに対して，今後求められるITガバナンスやIT統制，またIT監査とはどのようなものであるか，この課題に今後も，読者の皆様方と一緒に取り組んでいきたい。そういう思いも込めて，現状の思索を本章で概説して，本書の締めとしたい。

社会におけるITの潮流

　昨今の急速なITの発達と高度化は，「ITの一層の専門化」，「ITの日常生活への浸透」，「ビッグデータや人工知能（AI）の活用」という３つの潮流を生み出している。

　この３つの潮流の第１番目からは，IT機能サービスの提供は専門家に任せて，一般の組織体はIT機能サービスの利用に専念するという，クラウド・コンピューティング（以下，クラウドとする）やアプリケーション・サービス・プロバイダー（ASP）に代表される「ITの所有と利用の分離」というビジネスモデルを生み出している。

　一方，第２番目の潮流からは，Internet of Things（IOT：様々なモノ（物）がインターネットでつながり，情報交換により相互に制御し合いまた連携する仕組み，あるいは連携により生み出される「こと」（成果））という言葉が表すように，たとえばセンサーとネットワークの連携を利用した照明器具，空調機等の自動稼働等，あらゆる場所，時間でのITの利用，IT機器と非IT機器のボーダレス化，さらには，一般的な業務プロセスにおけるITのビルトインによるITの普遍化といった，いわば「ITの日常品化」という現象を生み出している。

　最後に第３番目の潮流からは，ビッグデータやAIの活用による従来より格段効果的・効率的な情報収集と分析，適切な評価や意思決定が日常生活や組織体の様々な場面で行われてきている。

　また，これらの３つの潮流を鳥瞰すると，第１番目の発達したITサービスの提供を基に，判断や意思決定に係る事項が３番目のビッグデータやAIの活用，業務の実施に係る事項がIOTと整理でき，これらの潮流は相互に影響し合っていることも留意しておく必要がある。

新しく求められるITリスク・マネジメント態勢，IT監査態勢

1 新しいニーズ

　こういった環境下，ITガバナンスは，ITによる経営戦略遂行支援のためだけでなく，組織体（会社等）の顧客へのサービスの提供，利害関係者への価値の提供のためにも重要となってきている（第1章Ⅱ，1(1)参照のこと）。また，ITガバナンスの下で，組織体はITリスク・マネジメント態勢や，IT監査態勢を構築する必要が求められている。

　そのようなニーズに対して，本書では紙面が許す限りにおいて，まず「ITの所有と利用の分離」，具体的にはクラウドに対する管理および監査については第7章で説明し，ITの普遍化（ユビキタス化）に対応した管理としては，第4章のコラム4-②で携帯端末のセキュリティについて言及した。いずれも，IT戦略の中でこれらのITツールやITサービスをどのように捉え，その利便性とリスクをどのように調整して対応していくかが重要である。本書でこれまでに述べてきたIT統制やIT監査に係る理論やフレームワーク等を応用して，これらの課題に対応していくときの考える土台として活用していただけるなら幸甚である。

　さらに，残された紙面においてこれらのITの潮流の中で残された留意すべき事項として，①業務プロセスにおけるITによる処理と人的処理が一体化した業務処理およびそれに対応した管理態勢に対する統合的監査の視点からのIT監査のあり方，②ITの普及に伴う不正の増加に対する対応のあり方，さらには③AIの活用可能性について述べていきたい。

2 統合的監査

　業務プロセスにおいてITによる処理と人的処理が一体化した業務処理が一般化する中で，監査においても，「業務監査」とIT監査を一体として監査するいわゆる「統合的監査」の重要性が叫ばれている（ここでいう「業務監査」とはいわゆる狭義での業務監査を意味し，業務全般に対するいわゆる広義の業務監査から，ITに係る監査（IT監査）を切り離した監査をいう）。たとえば，ある部署における情報セキュリティ監査において，紙ベースの情報セキュリティと情報システムベースの情報セキュリティを別々に監査した場合，監査範囲の網羅性を達成できず，紙と情報システムのインターフェイスの部分の監査が抜け落ちるリスクが発生する。そのような監査リスクの防止も含めた，効果的・効率的な監査形態として，紙と情報システムを一体的に検証・評価する「統合的監査」が推奨されているのである。また，この「統合的監査」を効果的・効率的に行うためには業務を熟知している監査人と情報システムに熟知している監査人が共同して監査を行うことが重要である。他にもたとえば，アンチ・マネーローンダリング管理態勢において情報システムの活用が不可欠になってきていることを勘案するなら，アンチ・マネーローンダリング管理態勢に係る監査においても，「業務監査」とIT監査の「統合的監査」が重要になってきている。

　なお，ここで注意したいのが，「統合的監査」の視点でリスク評価を行う場合と，情報システムだけに焦点を当ててリスク評価をしていた場合とでは，リスク評価の結果に異なるケースが出てくるということである。極端なケースとして，たとえば，システムAとシステムBがあったとする。システムAは，システムダウン・リスク大だが，人的処理で代替可能であり，一方，システムBは，システムダウン・リスク中だが，人的処理での代替は不可であったとする。このケースで，システムだけを対象としてリスク評価をした場合，システムAがリスク大でシステムBがリスク中となるが，業務とシステ

ムを統合してリスク評価をした場合，すなわちシステムAを活用する業務プロセスAとシステムBを活用する業務プロセスBを対象として評価した場合，代替手段のある業務プロセスAのリスクが中で，代替手段のない業務プロセスBがリスク大と評価されることもあり得る。このように，業務とシステムを統合的に監査することとしてリスク評価を行う場合とシステムだけを対象としてリスク評価を行う場合では，リスク評価の結果が変わってくることがあり，これは，たとえば事業継続態勢のリスク評価等において重要なポイントとなる。統合的監査を行う場合に起こり得るこのようなリスク評価の変化は，監査計画策定においての内部監査の優先順序付けに対して，また，監査実施結果の評価において，影響を与える可能性がある。

監査人は，業務プロセスにおいてITによる処理と人的処理が一体化した業務処理およびそれを前提とした管理態勢が構築されている現状の中で，「業務監査」とIT監査を一体的に監査する「統合的監査」の推進を図っていく必要があり，「統合的監査」実施上の留意点についても監査人は一層研究していく必要がある。

3 不正への対応

(1) ITに関連した不正

ITが高度化し，ITが業務プロセスの中で当然のこととして取り込まれている状況で，ITに関連した不正が増加してきているのも事実である。ITに関連する不正に対する具体的対策については，第4章および第5章「情報セキュリティ管理態勢の構築と監査」の「(上)」および「(下)」で言及してきたが，ここでは「組織体構成員の不正」に対する防止態勢の統合的な枠組みの一例を図表11-1により紹介したい。ITに関連した不正は，ITの具現化した情報システム自体の脆弱性から発生するのみではなく，ITの悪用によっ

ても発生するのであり，その不正防止にはITに対するコントロールだけで
なく，ITを活用する人や業務プロセスをも対象とした総合的な管理態勢（リ
スク・マネジメント態勢）を構築することが重要である。そういった観点か
ら，「不正のトライアングル」とCOSOの「内部統制システム　モニタリング
ガイダンス」のフレームワークとの概念を統合して作成した「不正防止態勢
のフレームワーク」を紹介したい。

(2) 不正のトライアングル

　まず，「不正防止態勢のフレームワーク」の構成の一部を成す「不正のト
ライアングル」について簡単に説明する。「不正のトライアングル」は，「動
機（プレッシャー）」，「機会」，「正当化」の3要素が揃う時，不正が発生し
やすくなることを示すモデルである。このモデルの「動機」についてまず説
明すると，役職員は，業務においての業績向上や，日常生活を送っていく中
での経済的必要等のさまざまなプレッシャーやニーズに直面する。そのよう
なプレッシャーやニーズに直面した役職員のすべてが不正を犯すというわけ
ではないが，それらのプレッシャーやニーズへの直面により，役職員に粉飾
や横領といった不正を犯してしまうかもしれない動機が生じている可能性は
否めない。したがって，不正に対する予防的コントロールの観点からは，役
職員に不正を犯してしまうかもしれない動機が生じていないかを認識する「日
常的なコミュニケーション」や「人事管理」等が重要である。次にそのよう
な「動機」が生じたときに，役職員が，たとえば安易に「家族を守るため仕
方がなかった」というような自分自身を納得させる甘えた言い訳（自分の不
適切な行為に対する「正当化」）を作り，組織体のお金を着服するような不
正を犯すことのないように，すなわち「正当化」防止のために，日常から「倫
理教育」や「コンプライアンス教育」等を実施し，倫理重視の風土を作り役
職員に高い倫理観をもたせておくことが重要となる。最後に，「動機」，「正
当化」の要素が整っても不正を犯させないために，組織体構成員が不正を犯
す「機会」を削減することが重要であり，そのためには，役職員が何か不正

をしようとしても，権限外の情報にアクセスできない，原則を逸脱した処理はITがブロックする，あるいは遅滞なく上司に報告されるなど，不正の「機会」を極小化するための「統制活動」が必要である。

そして，この「不正のトライアングル」のモデルに基づく，不正防止のための「日常的なコミュニケーション」，「人事管理」，「倫理教育」，「コンプライアンス教育」，「統制活動」等の要素を体系的に整理し，不正防止態勢を構築していく時に有効となるのが，COSOの「内部統制システム　モニタリングガイダンス」（以下，COSOモニタリング・ガイダンスとする）のフレームワークを活用した「不正防止態勢のフレームワーク」である（COSO [2009]）。

キーワード 11-①

役職員

　本章で「役職員」とは，組織体内にあって直接間接に組織体の指揮監督を受けて組織体の業務に従事している者をいい，雇用関係にある従業員（正社員，契約社員，嘱託社員，パート社員，アルバイト社員等）のみならず，取締役，執行役，理事，監査役，監事，派遣社員等も含む。

---

(3) 不正防止態勢のフレームワーク

　以下で「不正防止態勢のフレームワーク」（図表11-1）を「COSOモニタリング・ガイダンス」に従って説明していくと，まず「COSOモニタリング・ガイダンス」では「リスク評価」から始まる。「リスク評価」では，組織体においてどのような不正リスクがあるかの識別とその識別したリスクの評価を行う。不正リスクの種類とその深刻度，発生頻度等の現状を認識することが不正防止態勢の構築および監査の始めである。

　次に不正防止のための「統制環境」や「統制活動」であるが，これらの概観は図表11-2のとおりである。まず「統制環境」では「倫理観を重視する企業風土が確立されているか？」，「経営者の倫理に対する姿勢はどうか？」，「そういう企業風土の中で，風通しのよい組織となっており，倫理教育やコンプ

◎図表11-1　不正防止態勢のフレームワーク◎

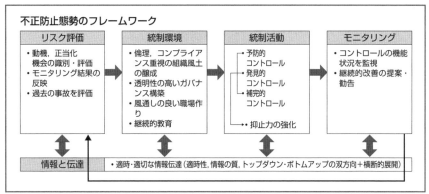

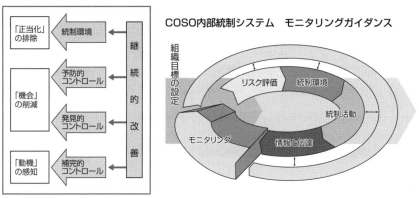

出所：COSO［2009］やWells［2009］などをもとに作成。

ライアンス教育が適切に行われているか？」等が要点となる。とりわけ，代
表取締役等トップの不正に対しては，"The Smartest Guys in the Room" 現
象（キーワード11-①参照）に陥らないように普段から取締役会等の機能を
通して透明性の高いガバナンスの構築に努め，取締役会や各取締役，監査役
等が期待される役割と責任をよく認識して組織としてまた個人としてしかる
べき行動をとることが当然であるとの組織風土を構築することが重要である。
この「統制環境」が適切であることが，前述の「不正のトライアングル」と
の関係では不適切な「正当化」を防ぐ機能となり，また次に説明する「統制

◎図表11-2　不正防止のための統制の例◎

統制環境	統制活動			
全社的コントロール	直接的コントロール		補完的コントロール	抑止力
	予防的コントロール	発見的コントロール		
• 倫理, コンプライアンス重視の風土, 文化の育成 • 透明性の高いガバナンスの構築 • 風通しの良い職場作り • 継続的教育	• 職務の分離 • アクセス・コントロール • ジョブ・ローテーション • 事務プロセスの改善 • 事務プロセスの移管・廃止, 等	• 管理者による点検 • 当該部署による点検 • 本部による点検 • 内部監査 • 内部通報制度 • 取引先の声(Voice of Customer)の吸上げ制度, 等	• 採用時の調査 • 採用後の人事管理 • 職場における良好な人間関係構築, 等	• 堅牢な管理(不正をすることは無理) • 早期発見の積み重ね(不正してもすぐ見つかってしまう) • 断固とした措置(懲罰が怖い)

継続的改善：CSA, 点検・監査結果, 事故(社内外), 環境変化(業務, 組織体制, 法制度, 技術革新等)を踏まえたコントロールの継続的見直し

活動」の基となる。

キーワード11-②

"The Smartest Guys in the Room" 現象

　会議等でその場で一番上位者や権威のある人が語ったことに対しては，おかしいとか疑問に思っても，意見を述べたり質問ができない現象のことで，ここから不正や失敗が発生しやすい。エンロン破綻の教訓を，Bethany McLeanとPeter Elkindが小説にし，主張した。

　次に「統制活動」は，「不正のトライアングル」でいう「機会」の削減がその主な機能であるが，補完的コントロール機能（人事管理等）により「動機」の把握をも果たす。「統制活動」は大きく「予防的コントロール」，「発見的コントロール」，「補完的コントロール」の３つに分けることができる。

　「予防的コントロール」とは文字どおり，不正を未然に防ぐコントロールであり，情報への不正なアクセスを防ぐアクセス・コントロールや，相互チ

ェック機能としての職務の分離，癒着防止等の適切なジョブ・ローテーション（係替に伴う業務引継の実施は検証活動としても機能する），不正リスクの低減を狙いとした業務プロセスの改善や廃止等が含まれる。

「発見的コントロール」とは，不正をできるだけ短期間で発見する仕組みであり，現場での発見の仕組み，所管部署による発見の仕組み，さらには内部通報制度等（いわゆる３ライン・モデル（キーワード11-③参照）の第１ラインと第２ラインにおける不正発見の仕組み，加えて，内部通報制度）が含まれる。

また，内部監査と監査役監査，会計監査人による監査の連携によるいわゆる三様監査も不正発見の有効な手段となり得る。さらに次節で説明するITの活用も不正の兆候を発見する有力な手段となる。以上の不正を予防し発見する統制に係る態勢を図で示すと図表11-3のとおりである。またそれらに加えて，取引先からの話が不正発見の有力な源泉になっており，取引先の声をいかに収集してその声に対して感度よく効果的に反応することも重要な発見

◎図表11-3　不正管理（予防，発見）の体制（イメージ図)◎
３ラインモデル，三様監査，その他のモニタリング活動，ITの活用，内部通報制度の連携

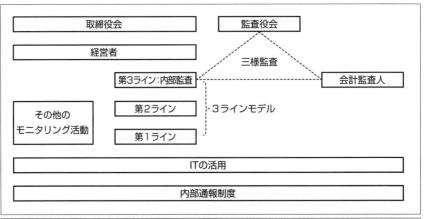

不正発見の手段：通報43%，内部監査15%，マネジメントレビュー12%，偶然５%，外部監査４%，他
（ACFE「2020年度版 職業上の不正と濫用に関する国民への報告書」）

的コントロールである。

キーワード 11-③

3ライン・モデル（The Three Lines Model）

3ライン・モデルとは，第1ライン（業務執行の現場における管理・監督），第2ライン（コンプライアンスやリスク管理等の内部統制の統括機能による管理・監視），第3ライン（内部監査部門による監視・監査）の3つのラインが適切に連携するとき内部統制が効果的・効率的に機能するという考え方に基づくモデル。

また，「補完的コントロール」には，人事管理が含まれる。人事管理は不正防止だけのためになされるのではないが，採用時や採用後の役職員の状況等を法的に許される範囲で継続的に把握しておくことは，「不正のトライアングル」における「動機」の把握のためのコントロールとなる。

適切な「予防的コントロール」は，不正はとてもできないという思いを起こさせるし，適切な「発見的コントロール」は，不正してもすぐに露見してしまうから不正はできないという思いを起させる。さらに加えて，適正な懲戒は，不正が露見したときのペナルティーの重さを考えれば，不正を起こすことは合理的でないという思いを起こさせる。これら「予防的コントロール」，「発見的コントロール」，「懲戒」等の適切な組み合わせは，不正発生への抑止力となる。

図表11-1に戻り，次にこれらの「リスク評価」，「統制環境」，「統制活動」が適切に整備され，運用され，有効であるかを継続的に監視していくことが「モニタリング」である。「モニタリング」は不正防止態勢を継続的に改善していくための重要な機能である。

最後に，「リスク評価」，「統制環境」，「統制活動」，「モニタリング」が効果的・効率的に実施されていくためには，適時・適切な「情報と伝達」が必要となる。伝達される情報が適切でないと対応を間違えてしまう可能性があるため情報の質は大切であるし，情報受信者がその情報から何を読み取るかの情報への感度も重要である。また，情報は適時に伝達されていないと対応

が遅れてしまう可能性がある。さらに，情報はその背景や意味も含めて適時に適切な範囲に適切に伝わらないと効果を発揮しない。その組織体内の伝達ルートとしては，内部情報か外部情報にかかわらず，その内容に応じて，現場から権限者へのボトムアップのルート，権限者から現場へのトップダウンのルート，組織横断的に共有すべき情報である場合のホライズンタルなルートがある。

　以上，COSOモニタリング・ガイダンスのフレームワークに基づいて「不正防止態勢のフレームワーク」について説明してきたが，ITに関連する不正防止についても，このフレームワークに基づいて内部監査を実施するなら，効果的・効率的な内部監査が期待できる。また，業務執行部署も，このフレームワークに基づいて態勢を構築するなら，効果的・効率的に不正防止態勢が構築できると考える。さらに，業務執行部署と内部監査部署が共に同じフレームワーク，すなわち共通の言語，共通の評価基準として上記の「不正防止態勢のフレームワーク」に基づいて建設的に話し合うなら，両者間のコミュニケーションもより効果的・効率的になるはずである。

(4) 不正防止管理態勢におけるIT（CAATTs）の活用

　また，上記の不正防止態勢をより効果的・効率的に整備・運用する時にも，ITの活用を考えるべきである。不正防止のためのIT活用例は図表11-4のとおりであるが，たとえばID・パスワードは不正アクセス防止，暗号化は情報漏えい防止といった予防的コントロールに活用できるし，情報システムに対する操作の記録であるログや，例外処理情報を提供したり疑わしき取引を検出したりし，継続的監査（Continuous Auditing）を可能にするCAATTs（Computer Assisted Audit Tools and Techniques）は発見的コントロールとして活用できる。なお，CAATTsが十分な効果を発揮するためには，適切な情報の入手と有能な分析者の確保が重要である。情報分析のために収集した情報をCAATTsにデータとして取り込む際には，取り込むデータの誤りや重複を修正し，欠損値への対処や不要なデータの整理等により，データ

◎図表11-4　不正防止のコントロールに活用できるITツールの例◎

不正の類型 （注）	不正の 対象	不正の例	コントロールに活用できるITの例	
			予防的コントロール	発見的コントロール
資産の 不正利用 (Asset Misappro- priations)	現金， 預金	・不正アクセスによる資金送金	・ID，パスワード等，認識ソフト	・ログ
		・架空の仕入れ先への支払	・仕入れ先マスターファイル，仕入品マスターファイル，価格マスターファイル等の管理	・分析的手続きを実行するCAATTｓ
	情報	・機密情報売却 ・顧客情報売却	・ID，パスワード等，認識ソフト ・暗号化 ・メールチェックソフト	・ログ ・スパイウェア対策ソフト
不正な報告 (Fraudulent Statements)	財務関連	・粉飾決算	・ID，パスワード等，認識ソフト ・マスターファイル管理 ・入力データチェック	・分析的手続きを実行するCAATTｓ（監査モジュール法等）
	非財務 関連	・コストを他案件等へ不適切に付替えての虚偽報告	・原部署による入力操作機能と他部署（会計等）による承認操作機能の分離	・分析機能，異常値検出機能のあるCAATTｓ（監査モジュール法等）
汚職 (Corruption)	情報資産	・情報破壊 ・情報システムの機能横取り	・ファイアーウォール ・DMZ（DeMilitarized Zone） ・Web閲覧管理（閲覧制限）ソフト ・ウイルス対策ソフト	・ウイルス対策ソフト
	ブランド	・WEB画面への中傷記載	・Web画面管理ソフトへのアクセスのID，パスワード等，認識ソフト	・Web画面監視ソフト
	規則違反	・権限外の値引き，発注等	・IDごとの権限付与とパスワード ・異常値ブロック	・異常値や例外処理を報告するCAATTｓ

注：ACFE(Association of Certified Fraud Examiners, Inc.)による不正の類型。
　　ACFEは不正を「資産の不正利用」，「不正な報告」，「汚職」の３つに分類している。

の品質を改善し，形式を統一化していく必要がある。このような作業や処理を「データクレンジング」といい，CAATTsの活用のために骨は折れるが重要な作業である。またさらに昨今，不正の兆候のより効果的発見等のためにAI（Artificial Intelligence）を活用する研究が進み出しており，この研究の進展についてフォローしていくことは重要である（次節参照）。以上のとおり，ITツールの活用によって，上記の不正防止態勢は一層効果的・効率的に機能する。よって，内部監査人が不正防止のためにITの活用について

助言することは望ましいし，内部監査人も監査のためにITの活用を進めていくべきである。不正防止や発見のためのより効果的・効率的なITツールの一層の進化が期待される。

4 AI活用の可能性（AIによる意思決定，AI監査の可能性）

さらにCAATTs活用の延長線上で，分析や監査を飛躍的に，効果的・効率的に行うためにAI（Artificial Intelligence）の活用について研究が進められている。現状，CAATTsによる監査とAI監査の境界は必ずしも明確でないが，図表11-5が示すように，筆者は分析および意思決定，あるいは監査等のために，情報収集，情報分析，判断・意思決定の3つのプロセスでAIの

◎図表11-5　AIによる意思決定，AI監査の可能性◎

収集する情報	情報収集上の主な課題		情報の分析手法
現状で価値ありと判断する情報	＊情報の構造化 ＊データ・クレンジング		現在有効と考えられている分析方法 　仮説による分析 　ベンフォード分析 　回帰分析 　（多変量解析を含む） 　真因分析（ツリー等），等
現状では価値ありとは認められない情報も含めて収集	＊情報の収集範囲の決定・ストレージ機能（情報システムの容量とコストの問題）		
AIがディープラーニングにより収集する情報を判断	＊AIが満足する情報の収集と保管 ・センサーの認知機能 ・データ測定機能 ・センサー収集機能 ・データ連携機能 ・ストレージ機能 ＊情報システムに係るコスト高	×	AIがディープラーニングにより分析方法を開発

活用が可能であると考えている。

(1) 情報収集

　収集を求められる情報は情報の分析手法の影響を受ける。すなわち組織体は現状用いている分析手法で必要とされる情報をまず収集するが，実務上は，将来に新たな分析手法が開発されて今の分析手法によって必要とされている情報以外の別の情報が必要になる場合に備えて，組織体内の適当な人物が収集する情報の範囲を決定していることが多い。もちろん，できるかぎり多くの情報を収集することも考えられるが，その分，収集コスト（収集に要する労力，保管によるシステム（ストレージ）の容量等）が多くなる。

　将来，AIが情報システムを利用して異次元に多様かつ深度のある分析を行おうとした場合，従来以上にはるかに膨大な情報の収集をAIは要求して

分析手法上の主な課題	判断, 意思決定	意思決定上の主な課題
＊分析能力の向上 ＊分析者の育成, 確保	分析結果に基づき, 主として人間が意思決定し, 一部の業務処理はAIが判断	＊人間の認識, 判断の限界 ＊感情による判断の合理性侵害
＊AIが満足するデータ分析システムの開発, 調達 ・ストレージ機能 ・データ連携機能 ・分析機能 　（アルゴリズム, 処理速度, 等） ・他のシステムとの親和性 ＊情報システムの巨大化と技術進歩に伴う情報システム更新の必要性 →コスト高	分析結果に基づき, 主としてAIが意思決定する可能性	＊倫理観, 価値観の意思決定への適切な反映 ＊人間の感情や納得感の意思決定への適切な反映 ＊弁証法的解決策の導出

⇒

261

くる可能性がある。また，AIが必要とする情報の認知単位は，現状の認知
単位とは粒度が異なってくるかもしれない。たとえば，AIが要求するのは，
物質を物の単位ではなく分子や原子の単位で認知したり，声を音声としてで
はなく，声紋あるいは音声（ピッチ，振動数）とフォルマントの組み合わせ
等で認知した情報かもしれない。現状では，AIの判断根拠を人間がたどる
ことができないという課題があるため，AIがどのように判断したかを解明
する研究が行われている。

　なお，AIがディープ・ラーニング（**キーワード11-④**参照のこと）等によ
り分析手法を確立した場合は，それ以降に必要とされる情報は減少される可
能性があるが，一方で分析手法が継続的に改善されていく場合には，必要と
される情報が減少するかは不明である。

　また，これらの情報収集に対応できる情報システムを整備する必要があり，
センサー等の認知機能，異なる情報システムで収集した情報をつなぐための
データ連携機能，収集した情報をデータとして保管するストレージ機能の観
点から対応していく必要がある。

キーワード 11-④

ディープ・ラーニング

　人間の脳神経回路をモデルにしたニューラルネットというアルゴリズムの何層もの積み上
げ（多層化）により，コンピュータは，抽象的なデータを含め認識対象の特徴をその潜在的
な特徴を含めてより精緻に認識することが可能になり，それによってより正確で有効な判断
を実現させる技術や手法。ディープ・ラーニングにおいては，認識対象を大量に機械学習さ
せることで，人間が直接関与することなく，コンピュータがその特徴を自動的に学んでいく
こととなる。

---

(2) 情報分析

　CAATTsでは，分析のために仮説に基づく分析，ベンフォード分析，回
帰分析等の人間が考えた手法を用いているが，AIでは，これらの手法の使
用や自らの試行錯誤から新しい分析手法を開発する可能性がある。たとえば

過去の事象を従来以上に詳しく深い単位で認知することによりAIは新しい分析手法を発見するかもしれない。また，テスト環境の設定が可能な場合，AIはさまざまなテストを自ら繰り返して分析手法を試行錯誤し，新しい分析手法を開発するかもしれない。しかしながら分析対象が実社会自体である以上，テスト環境が設定できずテストを行うことが現実的には不可能な場合もあると考えられ，この場合は，AIは人間が与える分析手法に基づき過去の事象を分析し，その範囲内で新しい分析手法を作り上げていくに留まる可能性がある（**コラム11-①**参照）。ただし，AIと人間では対象の捉え方，認識具合が違うので，分析に人間が関わる場合，AIにとって有効な分析方法であっても人間の対象認識能力の限界から，人間にとっては有効な分析方法とはならない可能性がある。また，AIは実社会で適用困難な，あるいは必要とされる以上の認識，分析を行ってしまう可能性もある。

　いずれにしろ，この情報分析に用いられる情報システムは，ストレージ機能，データ連携機能，分析機能（アルゴリズム，処理スピード，熱処理等），他の情報システムとの親和性等の観点から検討され整備されていく必要がある。

　また，これらの機能を備える情報システムは巨大になり，また技術の進歩とともに更新していく必要があることから，この情報システムに係るコストは相当高額になると推察され，自前で購入するか，リースあるいはクラウドで調達するかなどの意思決定を慎重に行う必要がある。

　さらにAIに係る情報，データは高度な機密性が要求されることから，企業秘密の保全の観点からも社会的信用の保持の観点からも，情報，データの適切な管理が必要とされる。

(3) 判断・意思決定

　このプロセスでは情報の分析結果から物事を判断し意思決定する行為がなされる。組織体の運営を業務プロセスと経営プロセスに分けるなら，業務プロセスにおける比較的単純な意思決定はAIが行うようになる可能性が高い。

一方，組織体の運営において顧客との長期的関係性と短期的な収益増加が一致しないような一種の価値観が伴う意思決定や，業務改革等において関係する人間の感情や納得感等にも配慮する必要があるような意思決定等をどこまでAIに任せることができるのかについて現状不明である。さらに経営プロセスにおいては，収益追求に加えて社会貢献，社会的責任の遂行といった倫理観や価値観を踏まえた意思決定をどこまでAIに委ねることができるのか，あるいは，たとえば対立する2つの案の検討から第3の案を生み出すといった弁証法的な意思決定をAIは可能なのかなど，AIと人間との共同，役割分担をどのようにしていくかについても現状不明であり，これらはAIの進化とともに，AIと人間の役割分担が変化していく可能性がある。

　以上，AIの提供する機能と課題について説明してきたが，AIは組織体の目的達成を桁違いに効果的・効率的に支援する可能性があり，その活用に向けての継続的な検討は重要である。一方，AIが倫理に反する方向や組織体の価値観とは違う方向に意思決定するリスクや，AIに係る膨大な情報についての安全性が損なわれるリスクがあり，リスク管理も一層重要となる。

Column　コラム11-①：アルファ碁ゼロ

　Nature誌（Vol.550　No.7676）に掲載された論文"Mastering the Game of Go without Human Knowledge"によると，囲碁の世界トップクラスの棋士を破った囲碁ソフト，アルファ碁を今般アルファ碁ゼロが110勝0敗のスコアで破ったとのことである。アルファ碁とアルファ碁ゼロの違いは，アルファ碁が人間のプロ棋士の棋譜と自己対局からディープ・ラーニングで学習していったのに対して，アルファ碁ゼロは自己対局からだけでディープ・ラーニングによって学習していった違いだけである。

　この事実は，対局のように勝利の方法を見いだすために何回も試行錯誤できる場合のAIの自己学習能力の高さを示している。AIの視界の広さや分析の深度は人間のそれを遙かにしのいでいると思われる。一方，不正の検知のように実社会において試験を行うことが制約されるような場合には，AIは過去の不正の事例（保管されている情報の認知粒度と質・量）から検知方法を見出す以外に方法はない

かもしれない。また，AIの視界の広さや分析の深度は人間のそれとは桁違いであることから，AIの「勝利の方程式」と人間の「勝利の方程式」は違ってくる可能性がある。

※アルファ碁とアルファ碁ゼロの違いについては，日本棋院所属棋士，林子淵八段の解説を受けた。

(4) ITガバナンスの視点から

　以上，AIの活用について述べてきたが，ITガバナンスの観点からは，①AIが非倫理的な活動を行わずAIが人間の幸福のために用いられるという基本原則の確立，②AIを組織体運営の何に用いるか，③AIの活用を開始し，進化をさせていくタイミングをどう考えるか，④そのための準備（AI活用のための環境（AI活用のための意識，雰囲気，姿勢等）の醸成，経営資源（要員等）の確保，体制の整備等）をどうしていくかの4点が重要である。

　特に①については注意が必要で，AIが非倫理的な意思決定をしたり，非倫理的な行為を支援することのないように徹底される必要がある。AIがどれだけ多大な貢献をするにしても，AIが活用される究極的目的は人間の幸福，社会の持続的成長のためであり，かつAI活用の最終責任は人間にあるという基本的な原則は重要である。AIが倫理に反する判断をした場合は人間によってそのような判断は取り消される必要があるし，AIがしたことだから私には責任がないというような言い訳は，AI活用・管理の責任者やその組織体には許されない。

　そのような観点から内閣府の統合イノベーション戦略推進会議は，「各ステークホルダーが留意すべき基本原則を定めることが重要」と，「人間中心のAI社会原則」（2019年）を公表し，（1）人間中心の原則，（2）教育・リテラシーの原則，（3）プライバシー確保の原則，（4）セキュリティ確保の原則，（5）公正競争確保の原則，（6）公平性，説明責任及び透明性の原則，（7）イノベーションの原則の7つの社会原則を示している。この7つ

の原則は，AIの活用を推進していく上で，社会や個人に対しての悪影響を避けながらAI活用による便益を社会や個人ができる限りもたらすために，社会全体が理解し適合していかねばならない社会原則である。

　各組織体においても，この社会原則の趣旨を踏まえて，各組織体としてのAI活用のための基本原則を定め，適合していく必要がある。AIが適切に活用された場合は多大な効果を組織体にもたらすが，リスクが顕在化した場合には組織体や社会に計り知れない被害をもたらす可能性があるからである。

　以上，取締役会や経営陣が上記3点の意思決定を適切に行うためには，AIに係る適切な情報が適時に取締役会や経営陣に伝えられている必要がある。内部監査人は，AIの進化やAI活用を担う情報システム等に関する情報，社内のAI活用に向けた準備状況やAI活用状況等の情報が取締役会や経営陣に適時適切に伝達されているか，また伝達される仕組みが機能しているかの監査を行い，その結果を取締役会や経営陣に報告することによってガバナンスに資することが望ましい。

5 おわりに

　以上，これからの内部監査人は，IT監査を専門に行うか否かにかかわらず，IT監査に係る一定の知識等が必須であるとの認識に立ち，内部監査人に必要と思われるIT統制やIT監査の理論，知識およびノウハウ等について述べてきた。

　本書が，標準的な内部監査人の方々が必要とされる理論や知識，あるいは実践的なノウハウを少しでも提供できているなら幸いである。

　願わくは，読者の皆様が本書を活用され，ITガバナンスに資する効果的・効率的なIT監査を実施され，組織体の価値の増加に寄与されていくこと，さらにはIT監査の進歩のために共に歩んでくださることを願うものである。

Column **コラム11-②：AIソフトウェア開発契約における論点**

AIソフトウェアの開発では，開発の元となるデータの信頼性，専門的開発能力，成果物に係る権利帰属等に関して後日議論となる可能性があるので，AIソフトウェア開発契約時には，特有の注意が必要である。

西村あさひ法律事務所 福岡真之介弁護士は，AIソフトウェア開発契約（学習済みモデルを念頭）において問題となる論点を次のように挙げられている（福岡[2018]）。

①生データに特有の問題

ユーザがベンダに提供する生データの内容，品質・十分性，遅延した場合の取り扱い

②AIソフトウェアに特有の問題

　・AIソフトウェアの完成の可否・完成義務の有無

　・AIソフトウェアの品質

③知的財産権の権利帰属や利用条件に関する問題

　・成果物（学習済みモデル，学習用データセット）の権利帰属・利用条件

　・開発途中で生じた知的財産の権利帰属・利用条件

　・成果物からの派生物の権利帰属・利用条件

④責任に関する問題

　・開発に失敗した場合の責任分担

　・成果物の理由により発生した事故等の責任分担

　・第三者の知的財産権を侵害した場合の責任分担

また2018年6月に経済産業省が「AI・データの利用に関する契約ガイドライン」を策定し公表している。

これは，「民間事業者等が，データの利用等に関する契約やAI技術を利用するソフトウェアの開発・利用に関する契約を締結する際の参考」となることを目指して策定されたガイドラインである。

参考文献

角田篤泰［2018］「人工知能の発展と企業法務の未来（3・上）」『New Business Law』第1115号。

経済産業省［2018］「AI・データの利用に関する契約ガイドライン」。

内閣府統合イノベーション戦略推進会議［2019］「人間中心のAI社会原則」。

中村和洋［2018］「AIと弁護士業務の未来」『New Business Law』第1113号。

福岡真之介［2018］「AI技術の開発契約の特徴とレビューの際の留意点」『M&Aニューズレター』6月号。

古川直裕［2018］「機械学習システム開発における法務（上）」『New Business Law』第1119号。

吉武一［2010］「金融機関における，より効果的かつ効率的内部監査を目指して」『月刊監査研究』第36巻第12号。

Anderson, D.J. and G. Eubanks [2015] "LEVERAGING COSO ACROSS THE THREE LINES OF DEFENSE," Committee of Sponsoring Organizations of the Treadway Commission.

IIA Position Paper [2013] "The Three Lines of Defense in Effective Risk Management and Control," The Institute of Internal Auditors.

McLean, B. and P. Elkind [2004] *The Smartest Guys in the Room: The Amazing Rise and Scandalous Fall of Enron*, Portfolio Trade.

Silver, D., J. Schrittwieser, K. Simonyan, I. Antonoglou, A. Huang, A. Guez, T. Hubert, L. Baker, M. Lai, A. Bolton, Y. Chen, T. Lillicrap, F. Hui, L. Sifre, G. van-den Driessche, T. Graepel, and D. Hassabis [2017] "Mastering the Game of Go without Human Knowledge," *Nature,* Vol.550 No.7676.

The Committee of Sponsoring Organizations of the Treadway Commission (COSO) [2009] *Guidance on Monitoring Internal Control Systems.*（八田進二監訳／太陽ASG有限責任監査法人訳［2009］『COSO内部統制システム　モニタリングガイダンス』日本公認会計士協会出版局。）

Wells, J.T. [2007] *Corporate Fraud Handbook: Prevention and Detection*, 2nd Edition, Association of Certified Fraud Examiners, Inc.（八田進二・藤沼亜起監訳／日本公認不正検査士協会訳［2009］『企業不正対策ハンドブック　—防止と発見—第2版』第一法規。）

ステップアップ

さらに詳しく学びたい方，興味のある方々のために，IIAやIIA関係団体COSOが公表している文書の中で参考になると思われるものを次のとおり紹介する。（2021年1月1日現在）IT統制やIT監査に係る知識を豊かにかつ体系的に提供すると同時に，効果的・効率的な監査の実践のために大いに役立つことと思う。

第1章　ITガバナンスとITリスク・マネジメント

Auditing IT Governance（Global Technology Audit Guide，以下GTAG）

Developing the IT Audit Plan（GTAG）

Assessing Organizational Governance in the Private Sector（Practice Guides-General，以下PG-General）

Auditing the Control Environment（PG-General）

Improving Organizational Performance and Governance: How the COSO Frameworks Can Help（COSO）

Enterprise Risk Management-Integrating with Strategy and Performance（COSO）

（日本内部監査協会，八田進二，橋本尚，堀江正之，神林比洋雄監訳［2018］『COSO全社的リスクマネジメント―戦略とパフォーマンスとの統合』同文舘出版）

第2章　ITリスクとIT統制

Information Technology Risk and Controls, 2nd Edition（GTAG）

GAIT Methodology（GAIT for Business and IT Risk，以下GAIT）

GAIT for Business and IT Risk（GAIT）

Developing a Risk-based Internal Audit Plan（PG）

Coordinating Risk Management and Assurance（PG）

IT Essentials for Internal Auditors（GTAG）

Internal Control-Integrated Framework（COSO）

（八田進二・箱田順哉監訳［2014］『内部統制の統合的フレームワーク』日本公認会計士協会出版局）

第3章　情報システムのライフ・サイクルに沿った管理態勢の構築と監査

Auditing IT Projects（GTAG）

IT Change Management: Critical for Organizational Success, 3rd Edition（GTAG）

Auditing User-developed Applications（GTAG）

Information Technology Outsourcing, 2nd Edition（GTAG）

第4章，第5章　情報セキュリティ管理態勢の構築と監査（上），（下）

Information Security Governance（GTAG）

Identity and Access Management（GTAG）

Assessing Cybersecurity Risk: Roles of the Three Lines of Defense（GTAG）

Information Technology Outsourcing, 2nd Edition（GTAG）

Auditing Privacy Risks, 2nd Edition（PG-General）

第6章　事業継続管理態勢の構築と監査

Business Continuity Management（GTAG）

Business Continuity Management（PG）

第7章　クラウド・コンピューティング管理態勢の構築と監査

Enterprise Risk Management for Cloud Computing（COSO Guidance）

第8章　ソーシャルメディア管理態勢の構築と監査

Auditing Social Media : A Governance and Risk Guide

（櫻井通晴・伊藤和憲・吉武一 監訳［2013］『ソーシャルメディア戦略―ガバナ
ンス，リスク，内部監査―』日本内部監査協会）

第9章　ビッグデータ管理態勢の構築と監査

Understanding and Auditing Big Data（GTAG）

Data Analysis Technologies（GTAG）

第10章　内部統制報告制度におけるIT統制と内部監査

GAIT Methodology（GAIT）

GAIT for Business and IT Risk（GAIT）

Information Technology Risk and Controls, 2nd Edition（GTAG）

GAIT for IT General Control Deficiency Assessment（GAIT）

Auditing Application Controls（GTAG）

Information Technology Outsourcing, 2nd Edition（GTAG）

第11章　ITガバナンス，IT統制とIT監査の展望

Integrated Auditing（PG）

Continuous Auditing: Coordinating Continuous Auditing and Monitoring to Provide Continuous Assurance, 2nd Edition（GTAG）

Internal Auditing and Fraud（PG）

Fraud Prevention and Detection in an Automated World（GTAG）

Understanding and Auditing Big Data（GTAG）

Data Analysis Technologies（GTAG）

The IIA's Three Lines Model（PP）

Internal Auditing's Role in Governing Body/Executive Committees（PP）

・上記のうち，IIAの公表している文書は，IIA Research Foundationによる"Auditing Social Media : A Governance and Risk Guide"（「ソーシャルメディア戦略—ガバナンス，リスク，内部監査—」）を除いて，すべてIIAの"International Internal Audit Professional Practices"（IPPF）の枠組み内"Supplemental Guidance"である"Practice Guides"（PG），またはIPPF 枠組み外の"Position Papers"（PP）に属する文書である。

・PGは，ITに関する内容を取り扱う"Global Technology Audit Guides"（GTAG）と"Guide to the Assessment of IT Risk"（GAIT）と，それ以外から成っており，それ以外のPGを本書では単にPGと表記した。

・GTAGは，その時々のIT監査に係るホットなテーマについての指針や監査方法等についての情報を提供するガイダンスであり，IT監査に係るニーズの発生に対して順次公表してきている。

・GAITは，US-SOXに効率的に対応すべく，IT全般統制の評価範囲をどのように設定するかから始まったシリーズであるが，最終的にGAITシリーズの３つの文書により，IT全般統制を中心に，ITリスクに対するコントロールの効率的構築と監査のガイダンスになっている。

・PPは，主にステーク・ホルダーに向けた内部監査に関する意見表明である。

・COSOの文献からは，ガバナンス，リスク・マネジメント，内部統制に係るガイダンスを紹介したが，リスク・マネジメントと内部統制に関する文書は，『COSO全社的リスクマネジメント—戦略およびパフォーマンスとの統合』，『内部統制の統合的フレームワーク』としてそれぞれ和訳が出版されており，一読をお勧めする。

索 引

〔英数〕

AI ································· 260
AI監査の可能性 ······················ 260
AIによる意思決定 ···················· 260
APT ···························· 116, 126
AS-IS ································· 60
Availability ···················· 13, 88, 89

BCM ································ 138
BCM対策本部 ······················· 146
BCP ···························· 141, 145
BEC ···························· 120, 127
BIA ································· 142
BYOD································ 104

CAATTs ···························· 258
Confidentiality ················· 13, 88, 89
Contingency Plan ···················· 145
COSO ··························· 90, 140
COSOモニタリング・ガイダンス ··········· 253
CSIRT ·························· 95, 108
CSM ································· 86
CSRF ······························ 115

DDoS攻撃 ···················· 100, 113, 121
DLP ································ 118
DMZ ································· 98
DoS攻撃 ···························· 113

EDMモデル ··························· 9
EDR································ 101
EUC ································· 75

FAR································· 99
FIDO認証 ···························· 99
FIM ································ 115
FRR ································· 99

GTAG5···························· 110, 158

IaaS ································ 162

IDS ···························· 101, 129
Integrity ····················· 13, 88, 89
Intelligence ························· 13
IoT ································ 105
IPS ···························· 101, 130
IRBC································ 140
IT-BCP ···············141, 142, 145, 147
ITガバナンス ·················· 6, 169, 172
ITガバナンスに係るIT監査 ·············· 10
ITガバナンスの定義 ···················· 6
ITガバナンスの目的 ···················· 7
IT環境への対応 ····················· 224
IT業務処理統制 ······················ 32
IT資源 ····························· 15
ITシステムの脆弱性 ·················· 187
IT全般統制 ························· 32
IT戦略企画プロセス ··················· 57
IT投資の目的 ······················· 58
IT統制 ························· 30, 172
IT統制の成熟度モデル ················· 39
IT統制目標 ························· 14
IT統制目標の構造化 ·················· 38
ITに係る業務処理統制 ················ 228
ITに係る業務処理統制の評価 ············ 238
ITに係る全般統制 ··················· 228
ITに係る全般統制の評価 ··············· 233
ITの活用例 ························· 2
ITの所有と利用の分離 ················ 249
ITの統制 ························· 226
ITの日常品化 ······················ 248
ITの利用 ························· 225
ITへの対応 ························ 222
ITリスク ·························· 20
ITリスク・マネジメント ············· 11, 172
ITリスク顕在化の例 ··················· 3
ITリスクの評価 ····················· 27
ITリスク量 ························· 27
ITを利用した内部統制の評価 ············ 231

KGI（Key Goal Indicator）··············· 38
KPI（Key Performance Indicator）··········· 38

MDM ··· 103
MITB ································· 116, 125
MITM ······························· 120, 124

NIST ··· 90

PaaS ·· 162
PESTN ·· 24
Pharming ··································· 119
Phishing ····························· 119, 124
Proxy ································· 118, 128

QCD ··· 64

RA ·· 142
Resource ····································· 80
RLO ·· 143
RPA ··· 75
RPO ·· 142
RTO ·· 142

SaaS··· 162
Scope ··· 80
SDLC（Systems Development Life Cycle）
································· 15, 50
SLA ··· 77
SQLインジェクション ············· 113, 122
SSO ··· 98

"The Smartest Guys in the Room"現象 ······ 255
The Three Lines Model ················· 257
Time ·· 80
TLS/SSL ····················98, 104, 120, 130
TO-BE ·· 60

UPS ····························· 102, 149, 152

VPN ····························· 104, 120, 154

WAF（Webアプリケーション・ファイアウォ
ール）····························· 115, 130

XSS··· 115

3 ライン・モデル ······················· 257

あ

アウトソース ································ 77
アクセス・操作監視 ······················ 101
アクセス制御 ······························ 97
アジャイル型開発 ························· 80
新しいタイプの攻撃（APT）··············· 126
アルファ碁ゼロ ························· 264
あるべき姿 ································ 60
案件管理態勢構築プロセス ··············· 58
案件責任者 ································ 60

移行プロセス ······························ 67
イテレーション ··························· 80
移転 ·· 28
入口対策 ··································· 15
インシデント ······················ 107, 108
インテグリティ（Integrity）（完全性）··· 13, 88, 89
インテリジェンス（Intelligence）··············· 13

ウイルス対策 ······························ 100
ウォークスルー ··························· 147
ウォータフォール型開発手法 ··············· 64
ウォームサイト ··························· 150
上振れリスク ······························ 21
運用/保守部署 ······························ 60
運用・利用プロセス ······················ 68
運用管理 ··································· 69

影響 ·· 23
エンド・ユーザ・コンピューティング
（End-user Computing）························· 75

オンプレミス ······························ 57

か

開発範囲（Scope）························· 80
開発部署 ··································· 60
開発プロセス ······························ 64
回避 ·· 28
可用性（Availability）··············· 13, 88, 89
監査証拠 ··································· 82
監査役等監査 ······························ 11
完全復旧 ··································· 147
管理部署 ··································· 60

関連部署 ……………………………… 60

技術的コントロール …………… 33, 97, 147
机上チェック ………………………… 147
基本方針（ポリシー）………… 90, 93, 141
機密性（Confidentiality）……… 13, 88, 89
脅威 ………………………… 23, 92, 142
境界防御 ……………………………… 87
狭義の開発プロセス ………………… 65
業務委託先の管理 ………………… 77, 96
業務活動レベル ……………………… 25
業務プロセス上のITリスク ………… 25
業務への影響度分析 ……………… 142
共有 …………………………………… 28
拠点責任者 …………………………… 95
緊急時対応計画（Contingency Plan）…… 67, 145

クラウド（・）サービス ………… 57, 78, 160
クラウド・コンピューティング …… 160
クラウド事業者 ……………………… 78
クラウドに係る監査 ……………… 178
クロスサイト・スクリプティング（XSS）… 114, 122
クロスサイト・リクエスト・フォージェリ
　（CSRF）…………………………… 115

経営判断の原則 ……………………… 11
経営レベル（階層）のITリスク …… 25
計画停電 …………………… 149, 151
計画保守 ……………………………… 71
計画保守プロセス …………………… 71
継続的モニタリング ……………… 174
携帯端末 …………………… 103, 115
検疫セグメント …………………… 118
限界値チェック ……………………… 69

広域災害 …………………………… 151
公開鍵 ……………………………… 131
効率性 ……………………………… 13
コールドサイト …………………… 150
個別の情報システムに係るITリスク … 25
コマンドインジェクション ………… 113, 122
コミュニティ・クラウド …………… 164
固有リスク …………………………… 41
コンティンジェンシー・プラン ……… 67, 145
コンテンツ・フィルタ（リング）……… 118, 129

コンプライアンス …………………… 13

さ

サーバ証明書 ……………………… 131
サービス品質 ……………………… 169, 175
サービス品質保証契約 ……………… 77
再委託 ………………………………… 77
サイバー攻撃 ……………………… 112
サイバーセキュリティ・フレームワーク …… 90
サイバーセキュリティ経営（CSM）……… 86
サニタイジング処理 ……………… 122
残存リスク …………………………… 41
暫定対応策（ワークアラウンド）……… 109
暫定復旧 …………………………… 147
残余リスク …………………………… 41

自家発電装置 ……………………… 149, 152
時間（Time）………………………… 80
事業継続 …………………………… 170, 176
事業継続管理（BCM）……………… 138
事業継続計画（BCP）……………… 141, 145
資源（Resource）…………………… 80
事後保守 ……………………………… 71
資産管理 …………………………… 69
事象 ………………………………… 23
下振れリスク ………………………… 21
実機訓練 …………………………… 147
実施基準 …………………………… 219
実施手順（プロシージャ）…………… 93
自動化されたコントロール ………… 36
自動化されたコントロールと人的コントロール
　を組み合わせたコントロール ……… 36
指導的コントロール ………………… 36
シミュレーション ………………… 147
重要業績評価指標 …………………… 38
重要目標達成指標 …………………… 38
受容 …………………………………… 28
情報資産 …………………………… 91
情報システム企画プロセス ………… 58
情報システムの開発・調達 ………… 57
情報システムのライフ・サイクル（SDLC）… 15, 50
情報システムの利用 ………………… 68
情報セキュリティ ………………… 170, 176
情報セキュリティ管理責任者 ……… 95
情報セキュリティ管理組織 ………… 95

情報漏洩 ······························· 73, 189, 209
職責の分離······································· 72
初動 ·· 146
シンクライアントなどの仮想PC ········· 154
シングル・サインオン（SSO）·········· 98
人的コントロール ············ 33, 36, 96, 146
侵入検知/防止システム（IDS/IPS）········· 115
侵入検知システム（IDS）·········· 101, 129
侵入防止システム（IPS）·········· 101, 130
シンプレックスシステム ················· 150
信頼性 ·· 13

スイッチオーバー ··························· 108
スパイウェア···························· 100, 116
スパイラル型································· 65
スプレッド・シート ························· 75

脆弱性 ······························· 23, 92, 142
脆弱性診断····································· 115
生体認証 ··· 98
是正的コントロール ························· 36
ゼロデイ攻撃································· 117
ゼロトラスト··································· 87
全社的なIT統制······························· 32
全社的リスクマネジメント ················· 13
全般的統制···································· 172
戦略レベルのITリスク ····················· 25

ソーシャル・ネットワーキング・サービス
·· 151
ソーシャルメディア等のリスク ········· 187
ソーシャルメディアの管理 ················· 190
ソーシャルメディアの定義 ················· 184
ソーシャルメディアの利用状況の監査······· 194
組織的コントロール ············ 33, 93, 145

た

対策基準（スタンダード）················· 93
多層防御 ·· 118
他人受入率····································· 99
多要素認証····································· 98

チェックディジット ························· 69
中間者攻撃（MITM）··············· 120, 124

ディープ・ラーニング ····················· 262
低減 ·· 28
出口対策 ·· 118
デジタル証明書·························· 120, 130
テストプロセス································· 66
デュアルシステム ···························· 150
デュプレックスシステム ··················· 150
電子署名 ·································· 120, 131

統合的監査···································· 250
統制リスク····································· 41
特命チーム（CSIRT）····················· 95
特権的ID··· 97
トランザクション認証··············· 120, 125, 131
取締役の善管注意義務 ······················· 11
トロイの木馬···························· 100, 116

な

内部監査組織··································· 95
内部統制基準··································· 219
内部統制の基本的枠組み ··················· 219
内部統制報告制度 ···························· 218

日常的保守プロセス ························· 71
二要素認証····································· 98
人間中心のAI社会原則 ····················· 265

ネットワークの二重化················· 145, 148, 149

は

廃棄プロセス··································· 72
ハイブリッド・クラウド ··················· 164
バックアップ··············· 101, 104, 145, 148, 149
発見的コントロール ························· 36
バッファ・オーバーフロー ················· 113
パブリック・クラウド ····················· 164
パンデミック··································· 153

非機能要件····································· 62
ビジネスインパクト分析（BIA）········· 142
ビジネスメール詐欺（BEC）········· 120, 127
ビッグデータに係る監査 ··················· 212
ビッグデータに係るリスク ················· 207
ビッグデータの概念 ························· 204
ビッグデータの管理態勢 ··················· 210

ビッグデータの利用 ······················· 206
標的型攻撃 ···························· 116, 126

ファーミング（Pharming） ·············· 119
ファイアウォール ················ 98, 115, 128
ファイド（FIDO）認証 ···················· 99
フィッシング（Phishing） ········· 119, 124
フールプルーフ ·························· 108
フェールオーバー ························ 108
フェールセーフ ·························· 108
フェールソフト ·························· 108
フォールトトレランス ···················· 108
不正のトライアングル ···················· 252
不正への対応 ···························· 251
不正防止態勢のフレームワーク ············· 252
物理的コントロール ············· 33, 102, 148
部門責任者 ······························ 96
プライベート・クラウド ·················· 164
プロキシ（Proxy） ················ 118, 128
プロジェクト成功の鍵 ···················· 64
プロセス管理 ···························· 15
プロダクト・バックログ ·················· 83
プロトタイピング型開発 ·················· 65
文書管理 ································ 73
文書体系例 ······························ 74

防止的コントロール ······················ 36
法令・制度等 ······················ 171, 177
保守プロセス ···························· 71
ホステッドサイト ························ 150
ボット ································· 100
ホットサイト ··························· 150
ホワイトリスト ·························· 104
本人拒否率 ······························ 99

ま

水飲み場攻撃 ···························· 120

無停電電源装置（UPS） ············· 102, 149

目標復旧時間（RTO） ···················· 142
目標復旧ポイント（RPO） ················· 142
目標復旧レベル（RLO） ··················· 143
モバイルサイト ·························· 150

や

有効性 ·································· 13
ユーザ認証 ······························ 98
ユーザ部署 ······························ 60

要因 ··································· 23
要件定義 ································ 60
要件定義プロセス ························· 59
予防的コントロール ······················ 36
予防保守 ································ 71

ら

ランサムウェア ····················· 100, 116

リスクアセスメント（RA） ················ 142
リスクの定義 ···························· 21
リスクへの対応 ·························· 45
リスク量の評価 ·························· 20
リモートアクセス ························ 120
リモートロック ·························· 103
利用管理 ································ 69
リリース ································ 83

連番チェック ···························· 69

ロールプレイング ························ 147
ロボット ································ 76
論理的コントロール ······················ 33

わ

ワーム ································· 100
ワイプ ································· 103
ワンタイム・パスワード ············ 98, 99, 131

執筆者紹介

吉武 一（よしたけ はじめ）第1，2，11章

　太陽誘電株式会社常勤監査役，日本内部監査協会理事，IIA　The International Internal Audit Standards Board Member，明治大学専門職大学院兼任講師，金融情報システム監査等協議会顧問（前会長）。公認内部監査人（CIA），公認金融監査人（CFSA），内部統制評価指導士（CCSA），公認リスク管理監査人（CRMA），公認情報システム監査人（CISA），公認ITガバナンス専門家（CGEIT），公認不正検査士（CFE）

　神戸大学経営学部卒業，American Graduate School of International Management卒業（Master of International Management）。1979年㈱協和銀行（現株式会社りそな銀行）入行，業務監査部立ち上げに参画，日本ユニシス㈱ビジネス・イノベーション・オフィスシニアマネジャー，㈱りそなホールディングス執行役内部監査部長，㈱近畿大阪銀行社外取締役，㈱埼玉りそな銀行常勤監査役等を経て現在に至る。

〔著書〕
　『ここから始めるIT監査』（共著）同文舘出版，2007年
　『経営倫理用語辞典』（共著）白桃書房，2008年
　『組織運営と内部監査』（共著）放送大学教育振興会，2009年
　『IT監査とIT統制（改訂版）—基礎からネットワーク・クラウド・ビッグデータまで—』（共著）同文舘出版，2015年
　『バリューアップ内部監査Q＆A』（共著）同文舘出版，2018年
　「内部監査業務とロジカル・シンキング」『月刊監査研究』第37巻第10号，2011年（青木賞受賞）ほか

辻本 要子（つじもと ようこ）第3章

　三井住友トラスト・ホールディングス㈱，三井住友信託銀行㈱内部監査部審議役。公認内部監査人（CIA），公認情報システム監査人（CISA），公認システム監査人（CSA），情報処理技術者（特種他），IBM I/Tスペシャリスト，IBM I/Tアーキテクト，弁理士有資格（未登録）

　京都大学工学部卒業，1981年㈱大和銀行（現　㈱りそな銀行）入行，㈱りそなホールディングス，ディアンドアイ情報システム㈱，住友信託銀行㈱（現　三井住友信託銀行㈱）を経て現在に至る。

茅野 耕治（ちの こうじ） 第4～6章

　青木あすなろ建設株式会社管理本部情報システム部部長。情報処理技術者（システムアナリスト，システム監査，特種，オンライン他），一級建築士

　早稲田大学理工学部建築学科卒業。建設会社の設計・施工・情報システム部門を経て，2005年から情報セキュリティ・コンサルティング業務に従事。2017年から現職。
〔著書〕
『ここから始めるIT監査』（共著）同文舘出版，2007年
『IT監査とIT統制（改訂版）―基礎からネットワーク・クラウド・ビッグデータまで―』（共著）同文舘出版，2015年

小池 聖一・パウロ（こいけ きよかず・ぱうろ） 第7～10章

　千葉商科大学大学院 会計ファイナンス研究科 教授
　公認会計士（CPA），公認内部監査人（CIA），公認情報システム監査人（CISA），公認不正検査士（CFE），内部統制評価指導士（CCSA），内部監査品質評価者，他

　横浜国立大学経営学研究科修了，経営学修士。元現有限責任監査法人トーマツ，パートナー。監査部門にて，製造業，建設不動産業，小売業，証券会社，リース業，システム開発業，学校法人等の財務諸表監査，上場支援業務，非営利法人の特殊調査等に従事。3年間一般事業会社に常駐し内部監査の高度化・要員教育に従事。リスクアドバイザリー部門でIT監査の品質管理，情報セキュリティ診断，不正調査，データアナリティクス業務・教育等に従事。内部統制監査導入期にマニュアル室兼務。人材教育部門（研修センター長）。大学・官公庁・外部機関・企業での講師多数。
日本公認会計士協会，元IT教育専門委員，元IT委員会副委員長，元監査IT実務指針検討専門委員長。
経済産業省，システム監査基準改訂WGメンバー。
〔著書〕
『会計処理ハンドブック　第6版』（共著）中央経済社，2014年
『経営者のためのITガバナンスの実務』（共著）中央経済社，2011年
『内部監査実務ハンドブック　第2版』（共著）中央経済社，2013年
『学校法人の内部統制Q＆A』（共著）第一法規出版，2013年ほか

〈編者紹介〉

一般社団法人　日本内部監査協会

　内部監査および関連する諸分野についての理論および実務の研究，並びに内部監査の品質および内部監査人の専門的能力の向上を推進するとともに，内部監査に関する知識を広く一般に普及することにより，わが国の産業および経済の健全な発展に資することを目的に活動。また，国際的な内部監査の専門団体である内部監査人協会（The Institute of Internal Auditors, Inc.：IIA）の日本代表機関として，世界的な交流活動を行うとともに，内部監査人の国際資格である"公認内部監査人（Certified Internal Auditor：CIA）"の認定試験を実施している。

　昭和32（1957）年創立。企業や団体など加盟数は2021年3月現在9,866。

　〒104-0031 東京都中央区京橋3-3-11　VORT京橋
　TEL（03）6214-2231　FAX（03）6214-2234
　http://www.iiajapan.com/

平成30年9月30日　初版発行
令和2年3月31日　初版2刷発行
令和3年5月30日　補訂版発行
令和6年10月30日　補訂版5刷発行　　　　略称：ITガバナンス（補）

　　　　内部監査人のための
　　IT監査とITガバナンス（補訂版）

　編　者　Ⓒ一般社団法人日本内部監査協会
　発行者　　中　島　豊　彦

発行所　同 文 舘 出 版 株 式 会 社
　　　　東京都千代田区神田神保町1-41　　〒101-0051
　　　　営業（03）3294-1801　　　編集（03）3294-1803
　　　　振替 00100-8-42935　https://www.dobunkan.co.jp

Printed in Japan 2021　　　　　　　　　製版　一企画
　　　　　　　　　　　　　　　　　印刷・製本　萩原印刷
　　　　　　ISBN978-4-495-20832-5